Paul Lindau

Literarische Rücksichtslosigkeiten

Feuilletonistische und polemische Aufsätze

Paul Lindau

Literarische Rücksichtslosigkeiten
Feuilletonistische und polemische Aufsätze

ISBN/EAN: 9783743652484

Hergestellt in Europa, USA, Kanada, Australien, Japan

Cover: Foto ©Thomas Meinert / pixelio.de

Weitere Bücher finden Sie auf **www.hansebooks.com**

LITERARISCHE
RÜCKSICHTSLOSIGKEITEN.

FEUILLETONISTISCHE

UND

POLEMISCHE AUFSÄTZE

VON

PAUL LINDAU.

Motto: *Blüthe edelsten Gemüthes*
Ist die Rücksicht; doch zu Zeiten
Sind erfrischend wie Gewitter
Goldne Rücksichtslosigkeiten.
Th. Storm.

LEIPZIG, 1871.
VERLAG VON JOHANN AMBROSIUS BARTH.

I.

Feuilletonistische
Aufsätze vermischten Inhalts.

*Blüthe edelsten Gemüthes
Ist die Rücksicht.*

MEINEM LIEBEN FREUNDE

LUDWIG von LILIENTHAL

IN HERZLICHER, DANKBARER ERINNERUNG

AN FROHE STUNDEN IM WUPPERTHAL.

Inhalt

I.

Feuilletonistische Aufsätze vermischten Inhalts.

Seite

Heinrich Laube als Bühnenleiter. Die Geschichte seiner Theaterdirection in Leipzig 1
Heinrich Kruse, der Redacteur der Kölnischen Zeitung . . 39
Alexander Dumas der Jüngere und die Frauen des Kaiserreichs. 47
Henri Rochefort unter dem Kaiserreich 62
Victor Hugo als Politiker 76
Heiter in ernster Zeit 87
Ein Malerfest in Düsseldorf 99
Ein Hoffest in Gotha 116
Ein Fest der Berliner Presse 128

II.

Kritisch-polemische Aufsätze.

Deutsche Gründlichkeit und französische Windbeutelei. Offener Brief an den Literarhistoriker Herrn Dr. Julian Schmidt. 145
Molière in Deutschland 158
Molières „Tartuffe" und Gutzkows Urbild des „Tartuffe" 179
Proben moderner Uebersetzungskunst.
   I. Ein toller Tag oder Figaros Hochzeit von Caron de Beaumarchais, übersetzt von Franz Dingelstedt . . 236
   II. Othello der Mohr von Venedig von William Shakespeare, übersetzt von Friedrich Bodenstedt 279

Heinrich Laube als Bühnenleiter.

Die Geschichte feiner Theaterdirection in Leipzig.

Mit einer perfönlichen Bemerkung möchte ich die Schilderung der Laube'fchen Thätigkeit als Director des Leipziger Stadttheaters beginnen: Ich habe das Vergnügen gehabt, Laube perfönlich kennen zu lernen, habe ihn, zu meinem wefentlichen Gewinn, in der Werkftatt an der Arbeit beobachten können, habe die ganze Zeit des Theaterfcandals in Leipzig zugebracht, den tumultuarifchen Auftritten als Augenzeuge beigewohnt und auf diefe Weife die Schale fich bis zum Rande füllen fehen, fo dafs ein Stückchen Deckenputz genügen konnte, um diefelbe zum Ueberlaufen zu bringen.

Leipzig befitzt eines der fchönften Theatergebäude Deutfchlands und, was noch mehr werth ift, ein vorzügliches Theaterpublicum, das allerdings fehr kritifch geftimmt ift, aber der Sache felbft, dem Theater, eine wohlthuende Theilnahme entgegenbringt. Ich glaube nicht, dafs es in Deutfchland eine zweite Stadt ungefähr gleicher Gröfse giebt, in welcher das Abonnement auch nur annähernd einen fo hohen Betrag erreichte, wie hier. Das Theater ift für eine grofse Anzahl von Leipziger Familien ein unentbehrliches Bedürfnifs, und für alle Leipziger der Mittelpunct der öffentlichen Vergnügungen geworden. So haben wir in Leipzig, ohne dafs es nöthig wäre, besondere Zugmittel anzuwenden, regelmäfsig ein gutbefetztes Haus und das, was man dort eine »fchlechte Einnahme« nennt, würde an anderen Orten noch immer eine vorzügliche Einnahme genannt werden. Dazu kommt noch die Meffe, mit ihrem ganz abnormen Fremdenbefuch. Während der Meffe wird das Abonnement aufgehoben, und, wenn nicht ganz aufsergewöhnliche Fälle eintreten, ift auch in den fechs Mefswochen (Neujahr, Oftern und Michaelis) allabendlich das Haus beinahe ausverkauft.

Ueberdies ift noch das »Alte Theater« da, in welchem an jedem Sonn- und Fefttage und während der Mefszeit alltäglich gefpielt wurde; in dem «Alten Theater» giebts kein Abonnement. An Sonn- und Feiertagen ausverkaufte Häufer in beiden Theatern gehörten unter Laubes Leitung keineswegs zu den Seltenheiten.

Gegenüber allen diefen Vortheilen, welche die Stadt Leipzig ihrem Theaterdirector zu bieten vermag, fpielt die von diefem an die Stadt zu zahlende Pachtfumme (unter Laube 6000 Thaler für beide Theater) gar keine Rolle. Das Gefchäft ist auf alle Fälle fehr einträglich und es gehört ein ganz eigengeartetes Talent dazu, als Leipziger Theaterdirector mit fchmalem Verdienft oder gar leer auszugehen. Ich glaube, nicht einmal Herr Rudolf Cerf würde das Kunftftück fertig bringen. Es fällt mir nicht ein, dem Director feine Einnahme nachzurechnen, aber fchon eine ganz oberflächliche Calculation ergiebt, dafs die höchftgegriffenen Ausgaben die Höhe der niedrigft angefetzten Einnahmen nicht erreichen können. Das Abonnement foll fich auf täglich zweihundertfünfzig Thaler,

die Tageseinnahme felbft nur auf hundertfünfzig Thaler
belaufen; rechnet man dazu die Einnahme während der
Meſſe in beiden Theatern und die Einnahme an p. p. fünf-
zig Sonn- und Feiertagen im Alten Theater, fo ergiebt ſich
eine Gefammteinnahme, welche es dem Director möglich
macht, im Schaufpiele wie in der Oper ein vollſtändiges
Perſonal bedeutender Künſtler mit hohen Gagen zu engagiren und welche ihm in der fcenariſchen Ausſtattung und
Befchaffung der Requiſiten allen erforderlichen Luxus ge-
ſtattet. Es braucht alfo keine gezupfte Watte auf Mufchel-
fchälchen als Eis zu figuriren, und, wenn der Autor Sect
vorfchreibt, hat man nicht nöthig aus der Apotheke Limo-
nade gazeuſe oder nachgemachten Champagner zu
12½ Sgr. zu beziehen.

Am Ende des Jahres bleibt dem Director immerhin
ein fehr beträchtlicher Ueberſchuſs, der — ſoweit die Angaben ungefähr Sachkundiger (*der* Sachkundige hüllt ſich
natürlich in ein undurchdringliches Schweigen) auch von
einander abweichen — auf alle Fälle, da er zum mindeſten
ſich auf 30,000 Thaler beläuft, von Einigen ſogar auf 60
bis 70,000 Thaler angegeben wird, als ein ſehr reichlicher
Lohn für die gehabte Mühwaltung und künſtleriſche Lei-
ſtung zu betrachten iſt.

Nicht ohne Grund habe ich mit dieſer, der geſchäftlichen Seite begonnen, denn ſie iſt die entſcheidende. Sie
iſt die glänzende Licht-, aber auch die trübe Schattenſeite
des Leipziger Theaterunternehmens; und ſie iſt es, welche
Laubes Vorgänger, Herrn von Witte, den Kragen gekoſtet
hat und dann auch Laube von dort entfernte.

Die finanzielle Einträglichkeit der Directorſtelle iſt alſo
eine notorifche Thatfache, die ſich jeder Spiefser an den
fünf Fingern abzählen kann. Daraus entſteht bei der immer

unzufriedenen und begehrlichen Mehrheit von vornherein ein gewiſſes ſcheeles Miſsbehagen gegen den jeweiligen Leiter des Theaters, das zunächſt in dem mit zweifelhafter Neidloſigkeit ausgeſprochenen Satze: »Der Mann macht gute Geſchäfte« Ausdruck findet und ſich mit der Zeit zu dem miſsbilligenden: »Der Mann macht zu gute Geſchäfte« potenzirt. Haben wirs doch erlebt, daſs während der Theaterunruhen wochenlang durch Inſerate in den Localblättern zum Strike der Theaterbeſucher aufgefordert wurde. »Machts ſo wie ich, geht nicht hinein!« Der Geldbeutel des Directors ſollte die Unzufriedenheit des Publicums verſpüren. Auf der andern Seite ſteigert natürlich das Bewuſstſein der Einträglichkeit des Theaters die Anſprüche des Publicums in hohem Maſse. Deutſchland iſt, wie männiglich bekannt, nicht nur das Land der Dichter und Denker, ſondern auch und vielleicht in noch höherem Grade das Land, wo in Geldſachen die Gemüthlichkeit gänzlich aufhört. Was dem Franzoſen das Renommiren mit der Gloire, das iſt dem Deutſchen die ängſtliche Sorgfalt um die dem Objecte angemeſſene Bezahlung. Nur ſich nicht »übervortheilen« laſſen! »Wir wollen für unſer Geld auch etwas haben« iſt in der That ein vom Standpunkt der Nationalökonomen unanfechtbarer und echt deutſcher Nationalſatz.

Herr von Witte muſste weichen, weil er das Theater einfach als ein gutes Geſchäft betrachtet hatte. Er machte keine künſtleriſchen Anſprüche, er erblickte in dem Theater eben nur ein gewinnbringendes Unternehmen, deſſen finanzielle Blüthe ihm als die Hauptſache galt. Trieb es auch künſtleriſche Blüthen, ſo war dies mehr das Verdienſt der Künſtler ſelbſt, als des Leiters des Inſtituts, dem der Verdienſt höher ſtand als das Verdienſt. An dem Tage, da das Gefühl des Publicums zum Durchbruch kam: Herr von Witte bereichert sich auf unser Kosten, wir bekommen nicht genug fürs Geld, er beutet uns aus, wir werden »übervortheilt« — an dem Tage war es mit seiner hiesigen Stellung vorbei; durch eine Reihe gegen ihn gerichteter polemischer Aufsätze, welche im heftigsten Stile abgefasst waren und als Flugblätter massenhaft verbreitet wurden, wurde ihm das Dasein in Leipzig vollends verleidet. Er zählte die Häupter seiner Lieben, die ihm überall ein anständiges Leben gestatteten, und reichte seine Entlassung ein.

Mit dem »Geschäftsmann« unzufrieden, wandten die Leipziger ihre Aufmerksamkeit auf einen dramatischen Dichter von hoher Bedeutung, der nahezu zwanzig Jahre das bedeutendste Schauspielhaus meisterlich geleitet hatte. Laube, der in Folge der bekannten Vorgänge die artistische Direction der Hofburg niedergelegt hatte, wurde zum Director gewählt und begann am ersten Februar 1869 mit einem sechsjährigen Contracte seine Thätigkeit als Director des Leipziger Stadttheaters.

Der neue Director wurde von dem Leipziger Publicum mit sehr verschiedenen Gefühlen aufgenommen — die Hoffnungen, mit welchen der mit Herrn v. Witte's Theaterleitung unzufriedene Theil des Publicums Heinrich Laube begrüfste, hielten den Befürchtungen, welche namentlich die Freunde der Oper und der leichteren dramatischen Waare hegten, ungefähr die Waage. Diese jubelten dem grollenden Exdirector und halbwegs Dictator der Hofburg wie einem dramatischen Messias entgegen und verkündeten in ihren »einflufsreichen« Organen: nun sei die neue Aera für das deutsche Schauspiel angebrochen, Leipzig werde mit Laube verwirklichen, was Düsseldorf einst mit Immermann erstrebt: die Errichtung einer deutschen Musterbühne.

Jene fchüttelten den Kopf, dafs ein im Schaufpiel allein grofsgewordener Director und dramatifcher Dichter obenein, an die Spitze eines Inftituts trete, das, nach ihrem Gefchmack, der Oper den Vorrang vor dem recitirenden Drama gönnen müffe und es beruhigte fie nicht vollkomme, als fie hörten, dafs Laube zur Leitung der Oper vorzügliche Kräfte gewonnen, refp. feiner Direction erhalten hatte: als Director den verdienftvollen Herrn Behr, welcher bis dahin die Direction des Stadttheaters zu Mainz geführt hatte, als Regiffeur den umfichtigen Herrn Seidel aus Berlin.

Im Allgemeinen aber waren die Erwartungen hoch gefpannt, zu hoch gefpannt, wie Laube meinte und er fand fich daher veranlafst mit einer Art Thronrede zu debutiren, in welcher er die durch die Fluthen der überfchwänglichen Reclame gefchwellten Hoffnungen in das Bett der kühlen Betrachtung und nüchternen Auffaffung der Dinge zurückzudämmen fuchte. »Wenn Ihr glaubt,« fo ungefähr fprach fich Laube aus, »dafs ich Euch hier in Leipzig eine zweite Hofburg bereiten werde, fo irrt Ihr. Mittelgut — mehr vermag ich Euch nicht zu bieten, aber das follt Ihr bekommen, fo gut ichs herftellen kann.«

Die ehrlich gemeinte Antrittsrede verftimmte einen grofsen Theil des Publicums. »Mittelgut?« wiederholte man kopffchüttelnd. »Mittelgut wars auch unter Witte, für uns Leipziger ift aber das Befte gerade gut genug.«

Alfo von vornherein: Mifsverftändnifs.

Erftes Mifsverftändnifs zwifchen Laube und dem Publicum; wir wollen gleich numeriren.

Gottfchall, der Kritiker des einflufsreichften Localblattes (Leipziger Tageblatt) fühlte fich feinerfeits ebenfalls bewogen, über die Haltung, welche die unabhängige Kritik dem Laube'fchen Inftitut gegenüber einnehmen werde, eine allgemein gehaltene Erklärung zu veröffentlichen. Er fagte darin unter Anderen: er werde dem Laube'fchen Theater einn »gefinnungsvolle Oppofition« machen. Es ift nicht zu glauben, aber es ift Thatfache: diefes harmlofe Citat hat Laube Gottfchall niemals verziehen. Dafs Gottfchall einfach das Wort citirte, mit welchem Friedrich Wilhelm IV. den jungen Herwegh empfing: »Ich liebe eine gefinnungsvolle Oppofition«, deffen hat fich Laube jedenfalls nicht erinnert, fonft würde man fchwerlich bis zur Stunde aus feinem Munde hören können, Gottfchall habe von vornherein erklärt, er wolle dem Theater immer Oppofition machen, allerdings »gefinnungsvolle«.

Alfo: Zweites Mifsverftändnifs, zwifchen Laube und Gottfchall.

Die erfte Vorftellung unter Laube war glänzend, ein völliger Triumph für den Dichter und Director. Es wurde der Schiller-Laube'fche »Demetrius« gegeben. Auch in einem Lande, wo die »*recherche de la paternité interdite*« ift, würde man ohne Schwierigkeiten bei diefer Dichtung auf eine doppelte Vaterfchaft fchliefsen. Laube hat fich nicht bemüht, die Schiller'fche Dichtung im Schiller'fchen Geifte fortzufetzen; er hat fehr wohl mit dem ihm innewohnenden Scharffinn erkannt, dafs er dazu ganz und gar nicht der rechte Mann fei. Denn fo vorzüglich feine Profa ift, fo fehr ermangeln feine Verfe des harmonifchen Wohllauts und des idealen Schwunges, welcher die herrlichen Jamben Schillers auszeichnet. Ihm war nur daran gelegen, das wundervolle Fragment Friedrich Schillers der deutfchen Bühne zu erhalten, und das ift ihm vollftändig geglückt. Er hat in weifer Anknüpfung an die Schiller'fche Dichtung ein echt Laube'fches Drama gefchrieben, intereffant in der

Handlung, packend in der kernig-derben Sprache, wahr und lebendig in der Charakteriſtik, ſtark in der Wirkung, kurz, ein echtes, gutes Laube'ſches Stück, das ſeine Geſundheit, Kraft und Lebensfähigkeit mit der Unſterblichkeit des Schiller'ſchen Anfangs glücklich verbindet. Der Koſakenhäuptling Komla und Fürſt Schuiskoi gehören unſtreitig den beſten Schöpfungen der modernen Bühnendichtung an. Die Vorſtellung ſelbſt überraſchte geradezu. Das waren freilich dieſelben Künſtler, welche ſchon unter Herrn von Witte ihre zum Theil bedeutende Begabung bekundet hatten, aber ſo waren ſie dem Leipziger Publicum noch nicht erſchienen. Es war, als ob das Künſtlerperſonal ſein Pfingſten gefeiert habe, als ſei ihm plötzlich die Weihe des heiligen Geiſtes zu Theil geworden. Die Vorſtellung war eigentlich zu gut; ſie überſpannte die Anforderungen an die Folge. Die Demetrius-Aufführung iſt in der That eine der Glanzleiſtungen Laubes geblieben, von wenigen der ſpäteren Vorſtellungen erreicht, von keiner einzigen übertroffen worden.

Mit der Zeit ſtellte ſich natürlich heraus, daſs ſowohl die Enthuſiaſten auf Credit wie die voreingenommenen Unzufriedenen im Unrecht waren. Namentlich die Letzteren. Das Opernrepertoir erhielt unter Laube namhafte Bereicherungen. Wagner's »Rienzi«, »Fliegender Holländer«, »Lohengrin« wurden in neuer Einſtudirung wieder aufgenommen, die claſſiſchen Opern ſorgfältig gepflegt und die Compoſitionen der leichten modernen Richtung als Novitäten gebracht; ſo »Hamlet«, »Mignon«, die »Grofsherzogin von Gerolſtein« etc. Dieſe letztere Geſangsburleske wird nämlich in Leipzig ebenfalls als — Oper aufgefaſst. Ernſthaft. Man ſpricht von »Offenbach'ſchen Opern«. Ich halte das aber für ganz verfehlt. Schlechter Champagner ist höchstens dann geniefsbar, wenn er, sobald der Stöpsel geknallt hat, in das Glas gegossen und heruntergestürzt wird. Schüttet man ihn in solide deutsche Bierkrüge um, so geht das bischen Kohlensäure in die Luft und der Champagner wird ein abscheuliches Getränk. Mit Offenbach mufs man auch all seine Extravaganzen in den Kauf nehmen: das ist *ein* Standpunkt, oder ihn sammt seiner Extravaganzen bei Seite laßen: das ist ein anderer. Einen Mittelweg suchen, Offenbach decent machen, dem Cancan das Schleppkleid eines zugeknöpften Ritterfräuleins anlegen wollen, das ist ebenso unausführbar wie das Verlangen des Sprüchworts: Wasch mir den Pelz, aber mach mich nicht nafs. Mit einer Offenbachiade kann man im Nothfall eine Operation vornehmen, eine Oper wird man nie daraus machen.

In jeder Weise hervorragend waren aber Laubes Verdienste um das Schauspiel, und es ist ewig beklagenswerth, dafs dieselben erst dann zur richtigen Würdigung gelangten, als es zu spät war. Nur verblendete Gehässigkeit und Unverstand können Laubes guten Willen, das Leipziger Theater, wenn auch nicht gerade zu einer »Musterbühne«, so doch zu einem der vorzüglichsten Theater in Deutschland zu machen, in Frage ziehen. Man braucht ihm das nicht einmal so hoch anzurechnen, denn er that eben nur, was er nicht lassen konnte; war ihm doch die Thätigkeit auf der Bühne nicht eine gelegentliche Liebhaberei, sondern eine tiefe Passion, die ihn ganz in Anspruch nahm.

Dagegen mag der Vorwurf, dafs Laube die jungen Talente, die ihren Entwicklungsprocefs unter ihm durchmachen, aufserordentlich begünstige und dafs er sich zu Gunsten der »Jungen« hier und da eine Unbilligkeit gegen verdiente ältere Mitglieder zu schulden kommen lasse, eine gewiffe Berechtigung haben. Er vertraut lediglich *feinem* Urtheil, die Beliebtheit des Einen oder Andern bei dem Publicum ift ihm ganz gleichgiltig. Und diefem etwas rückfichtslofen »Kehr mich nicht dran« hat er manche unangenehme Stunde in Leipzig zu verdanken. Die Künftlerin, welche Laube hier als erfte Liebhaberin vorfand, gefiel ihm nicht, obgleich das Publicum und die Kritik mit ihr zufrieden waren. Mit Recht oder Unrecht, ich laffe es dahin geftellt fein; ich will hier nur eine neue Thatfache anführen, welche Laubes Stellung in Leipzig unerquicklich machte. Er verfuchte es, eine andere Liebhaberin hier einzubürgern. Er hatte Unglück. Keine einzige der zahlreichen Debütantinnen, welche als erfte tragifche Liebhaberinnen auftraten, hatte Erfolg. Erft kurz vor Thoresfchlufs fand er eine Künftlerin, welche er engagiren konnte. Die Kritik, namentlich Gottfchall, nahm fich der vernachläffigten, beim Publicum beliebten Schaufpielerin mit lebhaftem Intereffe an. Laube bekümmerte fich nicht darum. Gottfchall wurde deutlicher, fchmollte ob der offenbaren Rückfichtslofigkeit der Direction; Laube glaubte in feinem Rechte zu fein, glaubte beffer beurtheilen zu können, was dem Theater fromme, und fchenkte den fich immer vornehmlicher und unwilliger äufsernden Worten Gottfchalls kein Gehör. Dadurch erweiterte fich die Kluft, welche fich von Anfang an zwifchen Gottfchall und Laube aufgethan hatte, immer mehr.

Es war überhaupt eine Malice des Schickfals, dafs es zwei fo grundverfchiedene Naturen auf einen Fleck zufammengeführt und dem Einen die Feder zur Kritifirung der Thätigkeit des Andern in die Hand gedrückt hatte. Der Idealift Gottfchall konnte mit dem Realiften Laube niemals denfelben Weg gehen; ihre Grundanfchauungen

über die Kunſt liefen diametral auseinander. Sie entfernten
ſich ſoweit von einander, daſs ſie ſich gegenſeitig in der
merkwürdigſten Weiſe unterſchätzten.

Nur in einem Punkte berührten ſich die Extreme und da
erfolgte denn auch der Zuſammenſtoſs: Beide waren, obwohl
ein Jeder für ſich das Recht der ziemlich rückſichtsloſen
Durchführung deſſen, was er für das Richtige hielt, in Anſpruch nahm, gegen öffentliche Angriffe in der Preſſe
höchſt empfindlich. An Angriffen auf Beide fehlte es nicht,
und ein Jeder nahm ohne Weiteres an, daſs der Angriff,
der gegen den Einen gerichtet ſei, nothwendigerweiſe von
dem Anderen ausgehen müſſe. Die Rollen waren in dieſem
Zeitungskriege ſo vertheilt, daſs in loco Leipzig Gottſchall,
als Kritiker des »Tageblatts«, über die Macht des öffentlichen Worts gebot, in der auswärtigen Preſſe aber die
Laube freundlich geſinnten Stimmen überwogen. Das
«Tageblatt« hat auf die öffentliche Stimme in Leipzig
einen groſsen Einfluſs. Die Folge davon war, daſs Diejenigen, welche ſich in den auswärtigen Blättern den vom
»Tageblatt« vertretenen Anſichten entgegenſtellten, allmählich auch in Widerſpruch mit der öffentlichen Meinung in
Leipzig traten, daſs die Redlichkeit ihrer Aeuſserungen
bezweifelt und ihnen der Ruf gewiſſenloſer Reclameſchreiber
angehängt wurde. Soweit ich die Verhältniſſe kenne, iſt
dieſe Auffaſſung, gegen welche in Leipzig anzukämpfen
ganz vergeblich wäre, dennoch eine ſchiefe, wenn auch ein
Körnchen Wahrheit dabei ſein mag. Dies Körnchen Wahrheit iſt: daſs Laube, der, an die nicht ſo ängſtlichen Preſs-
verhältniſſe Wiens gewöhnt, dort die Nothwendigkeit,
durch häufige Notizen über das Theater auf das Publicum
zu wirken, begriffen hatte, in ähnlicher Weiſe hier vorgehen
zu müſsen glaubte, und es nicht ungern ſah, wenn in den

Blättern des »Auslands« über feine Leipziger Direction in möglichſt verbindlicher Weiſe berichtet wurde. In Wien iſt das gar nichts Auffälliges, es wird als ſelbſtverſtändlich, als harmlos betrachtet; hier verargte man es ihm ſehr. Daſs aber der Schriftſteller (es iſt nur von Einem die Rede geweſen und nur auf den Einen hat ſich der öffentliche Unwille gewälzt) im eigentlichen Sinne »Reclamen« über Laube geſchrieben, d. h. alſo wider ſeine Ueberzeugung gelobt, wider beſſeres Wiſſen Tadelnswerthes todtgeſchwiegen und dafür Bezahlung bekommen habe, das beſtreite ich aus tieffſter Ueberzeugung. Ich habe den Betreffenden nahe genug kennen gelernt, um zu wiſſen, daſs ſeine begeiſterte Schwärmerei für Laube — man mag ſie meinetwegen excentriſch nennen — ſo intereſſelos, aufrichtig und wahr war, wie denkbar. Aber gleichviel: das Publicum glaubte, Laube läſst ſich von bezahlten Literaten in auswärtigen Blättern lobhudeln; und das miſsfiel ebenfalls.

Als weiteres Moment in dem Zerwürfniſs zwiſchen Laube und dem Leipziger Publicum muſs noch der folgende Punkt hervorgehoben werden: man glaubte, daſs gewiſſe Perſönlichkeiten, die nicht zu den Günſtlingen des Leipziger Publicums gehörten, einen erheblichen und verderblichen Einfluſs auf Laube gewonnen hätten. Man ſagte, daſs ſie die wahren *advocati diaboli* ſeien, welche Laube in allen Dingen ſchlecht beriethen und ihn ſeinen Mitgliedern und dem Publicum entfremdeten. Ein Factum iſt, daſs ſich Beide der beſonderen Freundſchaft Laubes zu erfreuen hatten, daſs der Eine ſich eine Ungehörigkeit gegen Gottſchall hatte zu Schulden kommen laſſen und daſs der Andere ſeine delicate Vertrauensſtellung mit viel zu viel Geräuſch umgab. — Gegen dieſe richtete ſich auch der Unwille hauptfächlich zur Zeit des Theaterfcandals, welchen ich jetzt befprechen will.

* * *

Ich halte mich an die Thatfachen. Da ich den beiden Betheiligten, Laube wie Gottfchall, perfönlich nahe ftehe, ift es mir, offen gefagt, peinlich, mit aller Entfchiedenheit in diefer Angelegenheit Partei zu ergreifen; und ich habe eine Zeit lang lieber an einen Principienftreit, als an einen aus kleinlichen Motiven hervorgegangenen Privatfcandal glauben mögen. Auch in der Preffe fuchte ich daher eine vermittelnde Stellung einzunehmen. Leider war nicht viel zu vermitteln. Jemehr ich aber den Einflüffen »des Ortes und der Zeit der Handlung« entrückt worden bin, jemehr fich meine Anfichten über die Vorfälle in Leipzig geklärt haben und je gröfsere Objectivität zur Beurtheilung der Sache ich gewonnen habe, defto fympathifcher ift mir die Laubefche Sache geworden. Ich habe eingefehen, dafs man Laube in Leipzig unverdientermafsen das Leben fauer gemacht hat, und ich würde mir, wenn ich die Ehre hätte, Leipziger Kritiker zu fein, gewifs nichts darauf einbilden, wenn ich auf die Tafel meiner literarifchen Verdienfte fchreiben könnte: »ich bin es, der Laube aus Leipzig entfernt hat«. Im Gegentheil.

Der fchon feit geraumer Zeit im Stillen glimmende Conflict zwifchen Laube und Gottfchall loderte zuerft in der Mitte November 1869 in hellen Flammen auf.

Die Stellung eines Theaterkritikers ift überall eine dornenvolle und in Leipzig vielleicht mehr, denn irgendwo. Das Leipziger Publicum nimmt, zum Glück für Stadt und für Theater, an allem, was mit der Bühne zu fchaffen hat, reges Interelle; es weifs, dafs »des tapfern Mann's Behagen Parteilichkeit« ift und giebt bei jeder Gelegenheit feine Sympathien für und feine Antipathien wider irgend ein Stück, irgend ein Bühnenmitglied, einen Theaterartikel oder eine Anordnung der Direction mit grofser Offenherzigkeit kund. Es kommt ihm dabei der Umftand zu ftatten, dafs es in einem der beiden concurrirenden Localblätter immer ein williges Organ für den Ausdruck feines Halles oder feiner Liebe findet; der diefen »Stimmen aus dem Publicum« angewiefene Raum unter den Inferaten führt hierzulande den recht bezeichnenden Namen »Efelswiefe«. Auf diefer »Efelswiefe« begannen auch diesmal die Vorpoftengefechte zu der grofsen Schlacht. Anläfslich eines Verfehens, welches Gottfchall in einer Kritik des »Tageblatts« fich hatte zu Schulden kommen lafien, brachten die »Nachrichten« eine Reihe gehäffiger Inferate gegen den Kritiker des Concurrenzblattes; gleichgiltige, längft vergellene Gefchichten wurden hervorgezogen und in möglichft malitiöfer Zubereitung wieder aufgetragen; alles das gefchah offenbar, um Gottfchall als Kritiker in den Augen des Publicums herabzufetzen. Juft zu derfelben Zeit kam Gottfchalls »Pitt und Fox«, deflen Aufführung durch mancherlei Zwifchenfälle immer ausgefetzt werden mufste, neu einftudirt hier zur Darftellung und wurde beifällig aufgenommen. Gerade diefen Moment glaubte aber die Gottfchall feindfelig gefinnte Partei als eine treffliche Gelegenheit benutzen zu follen, dem unliebfamen Kritiker, der dem Laube'fchen Theater allerdings durchaus nicht fympathifch gefinnt war, etwas am Zeuge zu flicken. In den »Nachrichten« erfchien ein anonymer Artikel, welcher in Verunglimpfung des Kritikers das Mögliche leiftete: Leichtfinn, Unkenntnifs, Parteilichkeit — ich kenne keine

Sünde, welche einem Kritiker aufgebürdet werden kann, die in diesem Artikel Gottschall nicht zum Vorwurf gemacht worden wäre. Da rifs auch Gottschall, der durch die Hetzereien auf der Eselswiese schon gereizt und — ich will einmal menschlich sprechen — vielleicht auch in Folge des Geschickes seiner »Annexion« am Wallnertheater nicht gerade zum Schäkern aufgelegt sein mochte, der Geduldsfaden; er nahm den ihm hingeworfenen Handschuh auf und antwortete auf die Kritik seiner Kritiker mit einer Kritik der Leipziger Theaterzustände unter Laube. Er drehte den Spiefs herum; er vertheidigte sich nicht gegen die dunkeln Ehrenmänner, die mit gesenktem Visir auf ihn eingestürmt waren; er griff Laube offen an, mit einer Vehemenz und Schonungslosigkeit, die sich nur daraus erklären läfst, dafs er Laube selbst für den intellectuellen Urheber der wider ihn erschienenen Einsendungen hielt. Gottschall nahm auch keinen Anstand, dies öffentlich auszusprechen.

Bevor ich auf diese, die wichtigste Frage des Streites eingehe, will ich die Anklagen, welche Gottschall gegen die jetzige Theaterleitung erhob, kurz zusammenfassen: Sinnlose Zerfetzung der Schiller'schen Dramen, unverdiente Zurücksetzung tüchtiger Künstler, Experimentiren mit Anfängern, unerlaubte Ausbeutung der Messe, Geldmacherei zum leitenden Prinzip erhoben, Scheu vor Novitäten, Lücken im Personal, Vorliebe für neufranzösische Komödien, — das waren die Hauptpunkte, welche auf dem von Gottschall aufgestellten Sündenregister Heinrich Laubes figurirten. Diese Anklageschrift wirkte wegen des lebhaften Stils, in welchem dieselbe abgefafst war und wegen des Schlusses.

Nachdem nämlich Gottschall sich zu dem Satze verstiegen hatte: »Die Thatsache ist unleugbar: der Geschäftsmann Laube hat den Dramaturgen Laube *todtgeschlagen* oder mindeſtens ſtark lädirt«, kam er zu folgendem Schluſs: »Vor allen Dingen möge ſich Herr Director Laube durch öffentliche Erklärung von dem Verdachte reinigen, der auf ihm laſtet, Mitwiſſer und geiſtiger Urheber von Inferaten zu fein, durch welche feine eigenen Mitglieder in gehäſſiger Weiſe angegriffen wurden, ſo wie von dem Verdachte, daſs Director Laube die Stücke, die er an ſeiner Bühne giebt, ſelbſt in öffentlichen Blättern herunterreiſst oder herunterreiſsen läſſt« .... »denn wer ſich bei einem Director engagirt oder demſelben ein Stück einreicht, glaubt nicht, ſich ſeinem Feinde zu überliefern, ſo lang in deutſchen Landen noch Treu und Glauben gilt.«

Ich bedaure lebhaft, daſs Laube ſich nicht veranlaſst geſehen hat, auf die Gottſchall'ſche Interpellation etwas zu erwidern. Dagegen — ich wage nicht zu ſagen: ſtatt ſeiner — haben verſchiedene Namenloſe, ferner die nicht interpellirte Redaction der »Nachrichten«, ſowie ein Herr, der ruhig hätte anonym bleiben können — denn ſein Name war hier ganz bedeutungslos — theils erklärt, daſs Laube mit den Angriffen auf Gottſchall nichts zu ſchaffen hätte, theils mit neuen und noch heftigeren Beſchuldigungen gegen Gottſchall geantwortet. Gottſchall wäre nach dieſen Behauptungen nichts als der reine literariſche Schwindler, ein Reclamenmacher ohne alles Verdienſt, ſein Ruf wäre eigenes Fabrikat. Dieſe herben Angriffe muſsten ſchon deswegen unangenehm wirken, weil ſie von einem Mitgliede der Leipziger Bühne ſelbſt ausgingen.

Auf der andern Seite iſt aber auch die Erbitterung der Laube'ſchen Freunde wohl zu begreifen. Sie ſehen den redlichſten Willen mit der glücklichſten Thatkraft in der Perſon ihres Directors vereinigt. Und wie dankt man ihm? Man fetzt ihn in der öffentlichen Achtung herab, beftreitet ihm jedes künftlerifche Verdienft und verfagt ihm jede kritifche Ermuthigung, man fchildert ihn als einen elenden Plusmacher und behandelt ihn wie den erften beften hergelaufenen Strolch. Weder dem Inhalt noch der Form nach waren Gottfchalls Angriffe zu vertheidigen. Die Forderung, aus einer guten Provinzialbühne im Zeitraume von etwa 9 Monaten ein Theater erften Ranges zu machen, war mehr als fonderbar. Aber auch Gottfchall hat fpäter feinen Tag von Damaskus gehabt und nach Laubes Fortgang feine Anfprüche ganz erftaunlich herabgefetzt. Leider zu fpät.

Abgefehen von einer Demonftration, welche ohne Folgen blieb, fchien fich allmählich das Publicum wieder zu beruhigen und es fah beinahe fo aus, als ob auch der Friede zwifchen Laube und Gottfchall ftillfchweigend wieder hergeftellt fei. Aber diefer friedliche Zuftand war nur ein Waffenftillftand von kurzer Dauer. Im März (1870) brachte nämlich die »Augsburger Allg. Ztg.« einen Artikel über die Leipziger Theaterverhältniffe, in welchem der Laube'fchen Leitung die wärmfte Anerkennung ausgefprochen, gleichzeitig aber Gottfchall's kritifche Thätigkeit auf das heftigfte angegriffen wurde: in einem Ton, welcher fonft in der »A. A. Z.« nicht üblich ift. Gottfchall, der felbft jahrelang für das Cotta'fche Blatt gearbeitet hat und, abgefehen von allem andern, fchon aus diefem Grunde auf eine refpectvollere Behandlung Anfpruch machen mochte, fühlte fich durch diefen Angriff beleidigt, um fo mehr, als er glaubte, dafs jener Artikel entweder von Laube felbft gefchrieben oder wenigftens mit deffen Wiffen und Willen veröffentlicht worden fei. Laube ftellt dies auf das entfchiedenfte in Abrede. Genug, das erlöfchende

Feuer des Haders erhielt neue Nahrung und loderte in hellen Flammen auf. Die kritifche Majeftät war verletzt!!

Nach der Aufführung des »Tell« in faft durchweg neuer Befetzung fchrieb Gottfchall im »Tageblatt« eine Kritik, die fich nicht fowohl gegen die Befetzung der Rollen im »Tell« wie gegen die ganze Laube'fche Dramaturgie richtete. Er eiferte gegen diefen »Rollen-Carneval«, gegen den »dreffirten Nachwuchs«, worunter wohl die von Laube herbeigezogenen und geförderten künftlerifchen Kräfte verftanden werden follten; die ganze Aufführung kam ihm vor, wie »eine Oper, in der der Baffift das Sopranfolo, der Tenor Bafs und der Sopran Tenor fingt«, fie erinnerte ihn an die »Sommerbühnen«, wo »in allen Fächern herumgefpielt wird«. Nach der Kritik des «Tageblattes« mufste es alfo fcheinen, als ob die Aufführung des »Tell« eine durchaus verfehlte gewefen, während fie doch vom Publicum günftig, ftellenweife fogar mit grofsem Beifall aufgenommen worden war. In demfelben beifälligen Sinne äufserten fich auch die Kritiker in *allen* anderen Leipziger Blättern, ein Beweis, dafs Gottfchalls Kritik durch feine perfönliche Erbitterung beeinflufst worden war. Das »Fremdenblatt« ging einen Schritt weiter: es lobte nicht nur die Aufführung, fondern wandte fich direct gegen den übelgelaunten Kritiker in einer nicht paffenden Weife. Gottfchall ift der Mühe, darauf zu antworten, enthoben worden. Mittags erfchien die Kritik des »Fremdenblattes«, am Abend erhielt der Verfaffer derfelben, Dr. Adolf Silberftein, von Herrn Herzfeld, welcher den Tell gefpielt hatte, im Foyer des Theaters einen Fauftfchlag in das linke Auge.

Weshalb? Fühlte fich Herr Herzfeld in feiner künftlerifchen Ehre beleidigt? Die Kritik des »Fremdenblattes«, welche die künftlerifche Darftellung des »Tell« durch Herrn

Herzfeld in vollstem Mafse anerkannte, dies Lob indeffen
dadurch wesentlich einschränkte, dafs sie der Laube'schen
Leitung und der Vorbereitung der Rolle durch den Laube'-
schen Vortragsmeister einen erheblichen Theil an dem Erfolge zuschrieb, mochte zu einer solchen Deutung Veranlaffung geben. Es ist in der That kränkend für einen
Künstler, der eben einen glänzenden Erfolg gefeiert hat,
wenn man ihm zwar die Thatsache des Erfolges zugesteht,
ihm aber gleichzeitig zu verstehen giebt, dafs die Rose
nicht auf eigenem Beet gewachsen ist. Aber nicht diese
Schmälerung des künstlerischen Verdienstes hatte Herrn
Herzfeld gekränkt; er erblickte in jener Kritik eine Krän-
kung nicht seiner künstlerischen, sondern seiner privaten
Ehre. Herr Herzfeld ist nämlich mit Fräulein Rosa Link
verlobt, welche unter Wittes Direction das Fach der ersten
Liebhaberinnen mit bedeutendem Erfolg spielte. Laube hat
Fräulein Link sehr wenig beschäftigt und Gottschall, welcher das Talent dieser Künstlerin hoch stellt, hat oft dar-
über Klage geführt, dafs diese Schauspielerin in den Schatten gestellt würde. Diese Thatsache wollte ohne Zweifel
Silberstein noch einmal in malitiöser Form registriren, als
er seine Kritik im »Fremdenblatt« mit den Worten schlofs:
»Auf dem Altar, auf welchem der Herr Hofrath all das,
was Leipzig liebt, hinopfert, bleiben nur Herr Gottschall
und Fräulein Link übrig«. Kein Mensch, der die Leipziger
Verhältniffe einigermafsen kennt (und die Verbreitung des
»Fremdenblattes« beschränkt sich auf Leipzig allein) wird
diesen Zeilen eine andere als die vom Verfaffer beabsichtigte Deutung gegeben haben. Herr Herzfeld indefs mifs-
verstand diesen Paffus. Er liefs sich zu einem Schritt hin-
reifsen, den die »donnernden Hochs«, welche ihm dafür
im Inseratentheile des »Tageblattes« ausgebracht wurden,

nicht beffer machen. Mit den Worten: »Wie können Sie
fich unterftehen, meine Braut zu beleidigen!« fchlug er auf
den Recenfenten los, traf ihn in das linke Auge und verfetzte ihm eine körperliche Verletzung.

Das ift die Thatfache.

Eine Mifshandlung herbeigeführt durch ein unbegreifliches Mifsverftändnifs, verübt im Theater — und die
Stadt jubelt! Derjenige, welcher den Schlag geführt, wird
als Held gefeiert, derjenige, welcher ihn empfangen hat,
mit Hohn und Schmach bedeckt!

. Nicht der Sache kann jener Jubel, nicht der Sache
diefer Unwille gelten.

Alfo der Perfönlichkeit?

In der That hat fich Herr Dr. Silberftein durch feine
Betheiligung an den oben erwähnten »Flugblättern«,
welche den Sturz des Witte'fchen Regiments herbeigeführt
haben, zahlreiche und mächtige Feindfchaften zugezogen.
Ich habe keines diefer »Flugblätter« gelefen — ich war
zur Zeit ihres Erfcheinens noch nicht in Leipzig — aber
man fagt mir allgemein, dafs der in denfelben angefchlagene Ton geradezu empört habe. Nun pfeifen es zwar die
Spatzen auf den Dächern, dafs die Verantwortlichkeit für
diefe Flugblätter nur zum geringen Theil Dr. Silberftein
trifft, dafs diefer in dem kritifchen Momente, da das Gericht gegen eines derfelben einzufchreiten fich veranlafst
fand, als Alleinverantwortlicher vorgefchoben wurde und
mit feinem Namen diejenigen deckte, die es vorzogen,
nicht aus der Anonymität herauszutreten; indeffen fo feine
Unterfchiede verwifchen fich fchnell in der Oeffentlichkeit:
Silberftein war und blieb fortan der Vertreter der »Flugblätter unfeligen Angedenkens«. Man gewöhnte fich daran,
ihn als einen Pamphletiften zu betrachten, als einen Lands-

knecht der Feder, der für Geld und gute Worte fchmäht und fchimpft. Mit Unrecht. Mir erfcheint Silberftein nur als ein unerfahrener, leidenfchaftlicher Menfch. Er lobt und tadelt ftets in den grellften Farben, und deshalb erfcheint fein Lob wie Reclame, fein Tadel wie bezahlte Bosheit. Aber eben fo wenig wie er aus den »Flugblättern« unerlaubten Verdienft gezogen, eben fo wenig wie er fich für feinen Panegyricus zu Gottfchalls Ehren hat bezahlen laffen, eben fo wenig ift er ein Söldling Laubes, deffen Verdienfte er allerdings mit wahrer Stentorftimme auspofaunt hat. Wenn die Welt wüfste, dafs Silberftein von dem fauren, redlichen und rechtlichen Verdienfte feiner Feder fein Dafein kümmerlich friftet, dafs fein Hafs und feine Liebe fich aus reiner Verehrung vor Laube mit dem Hafs und der Liebe der Leipziger Theaterdirection amalgamiren, dafs kein unreines Metall diefen Verfchmelzungsprocefs fördert — man würde vielleicht anders urtheilen und die Haltung des Publicums, welches Partei ergreift für eine im Theater verübte Rohheit und Gewaltthat, würde dem Fremden nicht fo räthfelhaft erfcheinen, wie fie ihm erfcheinen mufs. Aber der Makel der Flugblätter haftet an ihm. Man fagt: ein käuflicher Literat hat von dem Bräutigam einer Künftlerin, die auf alle Weife zurückgefetzt wird, Prügel bekommen, weil er diefe öffentlich gefchmäht hat — und man ruft Bravo!

Herr Herzfeld wurde entlaffen. — Die Entlaffung machte böfes Blut, fie fteigerte den Unwillen, um fo mehr, als Herr Herzfeld mit einer Erklärung auftrat, in welcher er fagte, dafs er alles, feine Stellung, feine Penfionsberechtigung, feine Ehre habe »opfern« müffen, dafs die Zuftände am hiefigen Theater heillofe feien und dafs er feine Braut dem Schutze des Publicums empfehle. Er rührte und hüllte fich in die Toga des Chevaleresken. Damit reuffirt man immer.

Nun kam das »Tageblatt« mit einem in der Form fehr ruhig gehaltenen, aber dem Inhalte nach aufregenden Artikel über die Theaterzuftände unter Laube. Es wurde Klage geführt über das Cliquenwefen, welches fich unter Laube an dem hiefigen Theater gebildet habe und dafs dies der wahre Zankapfel fei zwifchen Publicum und Direction. Laube laffe fich in feinen Handlungen beftimmen durch feinen Vortragsmeifter Strakofch und feinen Dramaturgen Claar, die überall die Hand im Spiele hätten und als die eigentlichen Urheber des beftehenden Zerwürfniffes anzufehen feien.

Laube fchwieg. Man betrachtete diefes Schweigen, welches Laube deshalb beobachten zu müffen glaubte, weil er fich von einer Anfprache nur eine vorübergehende Wirkung verfprach, die 24 Stunden fpäter durch das »Tageblatt« wieder zu Schanden gemacht werden könnte — als eine Mifsachtung des Publicums; und nun ging der frifche, fröhliche Scandal los!

Am Abend des 19. März entlud fich das Ungewitter. Bauernfeld's »Bekenntniffe« wurden gegeben. Herr Claar fpielte die Rolle des Commercienraths. In der zweiten Scene, als er die Bühne betrat, erfchollen von verfchiedenen Seiten lebhafte Zeichen des Mifsfallens: es wurde gezifcht und gepfiffen. Das Pfeifen und Zifchen dauerte an und wurde fo ftark, dafs es die Stimmen der beiden in Scene befindlichen Schaufpieler völlig deckte. Eine Weile ertrug Herr Claar mit grofser Ruhe das Unvermeidliche. Schliefslich führte er feine Partnerin, Frau Mitterwurzer, bei Seite, liefs fie Platz nehmen und ftellte fich wieder unbeweglich neben fie, als ob ihn das Pfeifen und Zifchen nichts angehe. Nach einigen Minuten wurde der Vorhang heruntergelaffen, unter flürmifchem Beifall. Gleich darauf peinliche Stille. Herr Mittell, der Regiffeur des Luflfpiels, trat hervor und richtete an das Publicum eine kurze und gewandte Anfprache, in welcher er an die Verfammlung die Frage richtete, ob es ihrem Wunfche entfpreche, wenn die Vorflellung jetzt ihr Ende erreicht habe, oder ob man wünfche, dafs mit Herrn Claar weitergefpielt werde. Ein wüfles Durcheinander von Stimmen antwortete darauf. »Ich glaube, verflanden zu haben«, verfetzte Herr Mittell fchnell gefasst, »dafs fich die Majorität für Weiterfpielen ausfpricht.« Allgemeiner Beifall. Herr Mittell verbeugt fich und tritt ab. Der Vorhang hebt fich wieder, und unter Todtenflille im Saale erfcheinen wieder Herr Claar und Frau Mitterwurzer.

Zweite Demonflration: Im zweiten Akte, als Herr Link, der zukünftige Schwager des Herrn Herzfeld, die Bühne betritt, wird er mit minutenlangem flürmifchem Beifall empfangen.

Schlufsdemonflration: Nach Schlufs des Theaters wurde plötzlich, zuerfl im Parterre, gerufen: Laube! Laube! Laube foll fprechen! Das zündete. In den Ruf wurde von verfchiedenen Seiten eingeflimmt, und wie das immer geht, die Uebrigen blieben, um zu fehen, was aus der Gefchichte werden würde. Nach einiger Zeit erfchien Herr Grans, Regiffeur des Schaufpiels, und fprach fein Bedauern darüber aus, dafs dem Verlangen eines Theils des Publicums nicht entfprochen werden könne, da Herr Director Laube nicht im Haufe anwefend fei. »Holen laffen!« wurde ihm entgegengerufen. Herr Grans verneigte fich und trat bei Seite. Das Publicum blieb. Der Lärm fchien kein Ende nehmen zu wollen. Es wurden Reden gehalten, Hochs ausgebracht, Mifstrauensvota in der allerunzweideutigflen Form gegeben. Wenn ich die Augen gefchloffen hätte, würde ich nimmermehr geglaubt haben, dafs ich in dem den Mufen geweihten Prachtbau mich befände, auf welchen Leipzig ftolz war und deffen Leiter damals ein Heinrich Laube war. Es war ein widerwärtiges Schaufpiel.

Am folgenden Abend wiederholte fich im alten Theater der Scandal und nahm folche Verhältniffe an, dafs nicht ausgefpielt werden konnte. Das Haus war ausverkauft, das Orchefter geräumt. Gleich nach Beginn der Vorftellung, Bauernfeld's »Bürgerlich und Romantifch« wurde gegeben, entftand ein allgemeiner Tumult. Nach vieler Mühe gelang es Herrn Grans zu Worte zu kommen. Er erklärte, dafs er fich Inftructionen bei Herrn Director Laube holen und noch im Laufe des Abends dem Publicum das Refultat feiner Bemühungen mittheilen werde. Die Vorftellung verlief darauf bis auf einige harmlofe Demonftrationen ruhig. Bei dem Beginn des vierten Actes ging der Spectakel von Neuem los. Herr Grans trat wieder vor und erklärte: Herr Director Laube fei gern bereit, die Wünfche des Publicums, fo weit es ihm möglich fei, zu berückfichtigen. Es würde ihm angenehm fein, durch eine Deputation aus dem Publicum von diefen Wünfchen unterrichtet zu werden. Ein wahrhafter Sturm brach nach diefer Erklärung aus. Hunderte von Stimmen kreuzten fich: »Wir brauchen nicht zu Laube zu gehen, Laube foll fich vor uns rechtfertigen«, fchrie man auf der einen Seite, auf der anderen wurde durch Schreien zur Ruhe gemahnt, und der Lärm war fo gewaltig, dafs die armen Damen, welche fich auf der Bühne befanden, alle Faffung verloren. Frau Dr. Bachmann-Günther und Frau Mitterwurzer waren der Ohnmacht nahe, Frl. Delia fiel in Krämpfe. An Weiterspielen war nicht zu denken.

Der nächftfolgende Tag (Montag 21. März) verlief ruhiger. Der unanftändigen Action folgte die anftändige Reaction, die Krakehler verloren ihre Sicherheit. Das Mafs war eben gefüllt. Man fing an fich zu fchämen. Die Anfchläge des Magiftrats und der Theaterdirection im Theatergebäude verfehlten ihre günftige Wirkung nicht. Der Rath der Stadt Leipzig forderte in würdigen und energifchen Worten zur Aufrechterhaltung der Ruhe auf; er wandte fich an den »gefunden Sinn« der Bürgerfchaft, um die Wiederholung von Auftritten zu verhindern, welche ihm die peinliche Pflicht auferlegen würden, amtlich einzufchreiten, um Auftritten, welche den guten Ruf Leipzigs nach aufsen fchädigen müfsten, entgegenzutreten. Gleichzeitig theilte die Direction mit, dafs Herr Emil Claar um feine Entlaffung nachgefucht und diefelbe erhalten habe. — Am Abend war das Theater wiederum bis auf den letzten Platz gefüllt. Unter Todtenftille hob fich der Vorhang. Laube erfchien auf der Bühne und richtete an das Publicum, welches im tiefften Schweigen verharrte, eine kurze Anfprache, deren Gedankengang etwa der folgende ift: Er komme fpät, vielleicht fchon zu fpät; nicht aus Mifsachtung des Publicums habe er dem ftürmifch documentirten Verlangen, ihn an diefer Stelle zu fehen, nicht früher entfprochen, fondern deshalb, weil er geglaubt habe, dafs der der Kunft geweihte Tempel nicht der richtige Ort fei, um über Differenzen zu verhandeln, welche zwifchen dem Publicum und der Theaterleitung beftehen. Diefer Meinung fei er noch. Er müffe fich daher vorbehalten, durch die Presse in eingehender Weife den gegenwärtigen Conflict zu befprechen und er hoffe,

dafs er das erfchütterte Vertrauen wieder befeftigen werde;
bis dahin aber möge man fich gedulden, möge vor allen
Dingen mit vereinten Kräften dahin wirken, dafs die Ruhe
wieder hergeftellt werde, deren die dramatifche Kunft vor
allem bedürfe. Er fei fich vollbewufst, dafs bei einer
grofsen Verwaltung, welche nach beftimmten Principien
geleitet wird, bisweilen perfönliche Intereffen gekränkt
werden müfsten. Aber das Einzelne möge man nicht
verallgemeinern. Er wende fich noch einmal mit der herz-
lichen eindringlichen Bitte an das Publicum, dafür zu forgen, dafs die tumultuarifchen Scenen der letzten Abende
fich nicht wiederholten. Allgemeiner Beifall dankte dem
Redner und der Conflict fchien fomit beendigt zu fein.

Bis auf Weiteres.

Laube kam feinen Verfprechen nach. Er veröffentlichte in den Leipziger Blättern eine den Sachverhalt be-
leuchtende Erklärung, in welcher er in feinem bekannten
knappen Stile, phrafenlos und derb, alle Gründe, welche
die Tumultuanten zur Befriedigung ihres Scandalgelüft-
chens vorgefchützt hatten, als nichtig und haltlos hin-
ftellte; und er fchlofs mit dem Bemerken, es fei ihm klar
geworden, dafs er nicht der richtige Mann für Leipzig fei,
und deshalb habe er an den Magiftrat das Erfuchen gerichtet, ihn feines Contractes zu entheben. Die ftädtifchen
Behörden, welche in demonftrativer Weife bekunden moch-
ten, dafs fie mit den Scandalmachern nicht gemeinfame
Sache machen wollten, wiefen Laubes Entlaffungsgefuch
einftimmig zurück.

Der Scandal war beigelegt, aber das Verhältnifs Laubes
zu feinem Theater und dem Publicum war ein anderes geworden. Es feffelte ihn nicht mehr das rege, künftlerifche,
alles belebende Intereffe, es feffelte ihn nur noch das Ge-

fühl der Pflicht an die Leipziger Bühne. Er hatte die wahre Luſt und Liebe zur Sache verloren. Und Gottſchall änderte den Ton in ſeinen Kritiken in keiner Weiſe. Allwöchentlich wiederholten ſich zum Ueberdruſs die beſtändigen Klagen über die »Lücken im Perſonal«. Laube behauptete, er könne dieſelben nicht auf der Stelle ausfüllen; Gottſchall meinte, für Geld und gute Worte könne man Alles bekommen, und wenn Leipzig beinahe ein Jahr lang keine Poſſenſoubrette und in einigen Fächern keine den Anſprüchen des Publicums genügende Beſetzung habe, ſo rühre das von der Sparſamkeit der Direction her.

Und ſomit ſind wir wieder bei der Frage angelangt, mit welcher ich begonnen habe, bei der Geldfrage. Ich weiſs, das Thema iſt mit groſser Vorſicht zu behandeln. Da ich es mir aber zur Aufgabe gemacht habe, Niemand zu Lieb und Niemand zu Leid die Geſchichte von Laubes Wirkſamkeit und Rücktritt zu erzählen, will ich auch hier kein Blatt vor den Mund nehmen und ohne Umſchweif ſagen, was ich für die Wahrheit halte. Ich glaube allerdings, daſs Laube bei gröſserem Geldaufwande berechtigte Wünſche in noch höherem Maſse hätte befriedigen können, als es geſchehen iſt. Er war zu ängſtlich; der weite Blick des unternehmenden Geſchäftsmannes fehlte ihm. Und deshalb war er trotz der glänzenden Geſchäfte immer etwas beſorgt. Er klagte zwar nicht über die Einnahmen, welche er machte, aber er fürchtete, daſs ſich die Einnahmen ſtetig verringern könnten, daſs er eines Tages, anſtatt den Ueberſchuſs einzuſtreichen, einem Deficit gegenüber ſtände, und deshalb glaubte er bei Zeiten ſparen zu müſsen, um in der Noth zu haben. Daſs die »Noth« eine illuſoriſche war, wollte er nicht glauben. Nun iſt aber Leipzig eine viel zu kleine Stadt, als daſs derartige Aeuſserungen im Privatcirkel verhallten. Sie waren in Aller Munde — fonft würde ich fie hier nicht niederfchreiben — und verdroffen mehr, als alles Andere. Gelegentlich kamen fie auch in die Preffe. So wurde es ihm z. B. fehr übel genommen, als ein Leipziger Blatt einen Artikel brachte, in welchem die Zahlung der fehr niedrigen Pachtfumme (für beide Theater 6000 Thaler) als eine Unbilligkeit hingeftellt wurde. Es war ftadtbekannt, dafs Laube fich in diefem Sinne mehrfach ausgefprochen hatte; man wufste, dafs er die 6000 Thaler nicht gerade mit Begeifterung zahlte, und deshalb fchob man ihm die Vaterfchaft des Artikels ohne Weiteres zu. Sogar die Vorliebe Laubes für junge Talente wurde auf ökonomifche Grundfätze zurückgeführt und die Creirung der Stelle des »Vortragsmeifters« ebenfalls weniger mit den dramaturgifch-künftlerifchen Principien der Direction als mit dem Capitel von den Thalern, Silbergrofchen und Pfennigen zufammengebracht. Derfelbe — fo wurde mit mifstrauifcher Behäbigkeit allerorten erzählt — habe gar keinen anderen Zweck, als der Direction zu billigen Engagements zu verhelfen. Die jungen Leute müfsten den Nimbus der Laube'fchen Schule bezahlen; d. h. fie bekämen hier weniger bezahlt, als fie nach den Verhältniffen des Leipziger Stadttheaters und nach der Verdienftlichkeit ihrer Leiftungen zu beanfpruchen hätten. Kurzum, man glaubte, dafs Laube am unrechten Orte knapp fei, und da man wufste, dafs das Gefchäft florirte, fo wurde die Stimmung gegen ihn immer erbitterter.

.Ich kann mir die Aengftlichkeit Laubes in Geldfachen menfchlich fehr wohl erklären. Laube hat fein ganzes Leben in guten, geregelten, aber immerhin ziemlich befcheidenen Verhältniffen gelebt. Nun tritt er, als Sechziger, felbftftändig an die Spitze eines grofsartigen Gefchäftes, in welchem die Taufende auf dem »Soll« und »Haben« ſtehen, die Summen beſtändig fünf- und fechsſtellige Zahlen bilden. Alles das auf eigene Rechnung und Gefahr. Daſs dies ungewohnte Schauſpiel einen Mann, der kein Jüngling mehr iſt, behutſam, ja ängſtlich macht, erſcheint mir ganz natürlich; und ich werfe deshalb keinen Stein auf ihn. Aber dieſe Aengſtlichkeit hat ihm hier — ich wiederhole es — mehr als alles Andere das Leben vergällt und die leidige Geldfrage wars, die ihn von Leipzig verdrängte.

Der tragikomiſche Schluſs ſeiner Leipziger Thätigkeit iſt bekannt: der nicht ganz zuverläſſige Plafond machte eine Reparatur nothwendig, deren Dauer auf den erſten Blick nicht zu beſtimmen war. Das Neue Theater mufste geſchloſſen werden. Laube forderte eine Entſchädigungsſumme, welche dem Rath und den Stadtverordneten als zu hoch gegriffen und unannehmbar erſchien. Laube äuſſerte darauf, dann wäre es ihm lieber, man enthebe ihn ſeines Contractes; und auf diefen Wunſch gingen die Behörden mit einer Bereitwilligkeit ein, für welche wir in den Leiſtungen Laubes als Theaterdirector keine, in all den kleinen und groſsen Häkeleien aber, die ich aufgeführt habe, eine ſehr genügende Erklärung finden. Die Gröfse der Einnahmen, die Sparſamkeit in den Ausgaben, der Tadel des einfluſsreichſten hieſigen Kritikers, das Lob in der auswärtigen Preſſe, die Begünſtigung junger, die Zurückſetzung alter Künſtler, die Behauptung, daſs er gegen das Publicum rückſichtslos verfahren, dagegen den Einflüſterungen ſeiner *advocati diaboli* zugänglich ſei — alles das zuſammengenommen hat Laube in einen ſchroffen Gegenſatz zu den Leipzigern und deren ſtädtiſchen Behörden gebracht; ſo ſchroff, daſs man bei der erſten günſtigen Gelegenheit das Stück Papier, welches die beiden Theile noch aneinander feſſelte, in Fetzen zerriſs.

Laube iſt nicht mehr Director des Leipziger Stadttheaters. Die kunſtſinnige Stadt hat ihren Willen gehabt.

* * *

Betrachten wir zuguterletzt den Meiſter in der Werkſtatt.

Laube hat in ſeiner Geſchichte des Burgtheaters ſeine Principien der Bühnenleitung in eingehender und ſehr klarer Weiſe dargelegt, und wie er als Hofburgdirector lange Jahre hindurch ſyſtematiſch nach ganz beſtimmten Grundſätzen darauf hingearbeitet hatte, ein umfaſſendes Repertoir herzuſtellen und die künſtleriſchen Kräfte heranzubilden und zu entwickeln, ſo wollte ers auch in Leipzig machen. Aber das ging an der Pleiſse nicht ſo gut, wie an der ſchönen blauen Donau.

Zunächſt hatte es mit dem Repertoir ſeine Schwierigkeiten. Laube arbeitet ſehr gewiſſenhaft; er läſst kein Stück ohne ſorgfältige Vorbereitung aufführen; vier bis fünf vollſtändige Proben für jedes neue Stück galten als die Regel, zur Einſtudirung der groſsen claſſiſchen Dramen mit ſchwierigen Volksſcenen und dergleichen nahm er ſogar ſieben, acht Proben in Anſpruch. Nun war er von Wien her daran gewöhnt, daſs ein derart vorbereitetes Stück, wenn es Erfolg hatte, eine lange Reihe von Abenden das Haus füllte; in Leipzig war das natürlich nicht der Fall. Wenn ein Stück drei oder vier Mal gegeben war, ſo hatten es alle Leute, welche am Theater Intereſſe nehmen, geſehen; und den Abonnenten, die ein ſehr erhebliches Contingent des Theaterpublicums bilden und auf

welche alle Rückfichten zu nehmen find, konnte man es
fchliefslich nicht verdenken, wenn fie den Wunfch aus-
fprachen, dafs man nun des graufamen Spiels genug fein
laffe. Daher die Klage Laubes: »Die Stadt ift zu klein«,
die gewifs nicht zu bedeuten hatte: »Ich verdiene zu
wenig«, fondern: »ich kann die Stücke nicht oft genug
geben, um Zeit zu gewinnen, die Novitäten fo einzuftudi-
ren, wie ich es für richtig halte; ich fehe hier kein Ende
der Arbeit.« Dafs diefes Bewufstfein eine gewiffe Mifs-
ftimmung hervorrief, ift erklärlich genug. Ein Factum ift,
dafs Laube hier mit einem Eifer, mit einer Ausdauer und
Unverdroffenheit gearbeitet hat, die beifpiellos genannt
werden können. Die Welt würde ftaunen, wenn fie Kenntnifs erhielt von der Summe der Stunden, welche Laube in
den fünfzehn Monaten feiner Direction auf den Theater-
proben zugebracht hat.

Laubes praktifche Thätigkeit auf den Proben, welcher
er feine grofsen Erfolge zu verdanken hat und die ich als
aufmerkfamer Augenzeuge habe beobachten können, ift für
einen angehenden Dramatiker das intereffantefte Studium;
und jeder Schriftfteller, der das Glück gehabt hat, fein
erftes Werk von Laube in Scene gefetzt zu fehen, wird
eine dankbare Erinnerung daran bewahren; ich weifs das
auch von Spielhagen, Hans Hopfen, Heinrich Krufe und
mir, deren erfte dramatifche Verfuche »Hans und Grete«,
»Afchenbrödel in Böhmen«, »die Gräfin« und »Marion«,
der geiftvollen und belebenden Einftudirung Laubes fo
viel verdanken.

Von dem Augenblicke an, da Laube fich zur Aufführung eines Stückes entfchloffen hat, wird er der enthufia-
ftifche Verehrer deffelben, und bleibt es, bis er es aus den
Händen giebt. Er betrachtet fich als Adoptivvater des

dramatifchen Kindes und liebt es nicht minder zärtlich, behandelt es aber viel rationeller, als der leibliche. Er ift ftolz darauf. Er will damit Staat machen.

Auf der Lefeprobe ftellt er es den Künftlern vor, und fucht durch kleine Bemerkungen, welche er hier und da einftreut, das Intereffe der Einzelnen für ihre Rollen, für das ganze Stück, für den Autor zu erregen.

Die erfte Theaterprobe wird ziemlich leicht abgehalten. Es wird fozufagen nur der Rahmen aufgeftellt, in welchen das dramatifche Bild gefpannt werden foll; die erften groben Contouren werden flüchtig gezeichnet, die Stellungen, die Auftritte und Abgänge werden geordnet; kurz, es bewendet bei den rein äufserlichen Momenten.

Auch bei der zweiten Probe ift Laube noch fehr fparfam mit Bemerkungen. Aber was er fagt, hat Hand und Fufs. Er unterbricht den Redeflufs der Bühnenmitglieder felten, läfst felbft ein offenbares Mifsverftändnifs anfcheinend unbeachtet vorübergehen, bis das Stück felbft einen Ruhepunct darbietet, eine Unterbrechung ftatthaft erfcheinen läfst, einen Abfchlufs möglich macht. Dann fteht er auf von feinem Regieftuhl, tritt in die Mitte der Bühne und entrollt den in Scene befindlichen Künftlern ein fcharfes, mit wunderbarer Charakteriftik gezeichnetes Bild der Situation und der handelnden Perfonen. Er fpricht mit halber Stimme, einfach, intereffant, ohne docirende Gefpreiztheit, und wer Ohren hat zu hören, wird ihm gern und zu feinem wefentlichen Nutzen zuhören. »Was will der Autor damit fagen?« beginnt Laube. »Er will fagen ...« und nun folgt in drei, vier Sätzen eine jedes wefentliche Moment berührende, bis in das innerfte Mark der Dichtung eingedrungene Schilderung der Situation, deren frappante Richtigkeit jedem Darfteller einleuchten mufs. »Und nun wollen wir die Scene noch einmal machen«, fchliefst er und kehrt auf feinen Regieftuhl zurück.

Auf den erften beiden Proben hat Laube, wie gefagt, das Princip, möglichft wenig zu unterbrechen und zu bemerken, »denn die Schaufpieler müffen erft ficher werden«; bei der dritten, für mich intereffanteften Probe beginnt die Ausarbeitung im Einzelnen. Da klappt er mit dem Buche auf den Tifch, um den Schaufpieler auf das Wort aufmerkfam zu machen, auf welches es ankommt und welches betont werden mufs, da giebt er durch Bewegungen mit den Händen, durch Nicken mit dem Kopfe, durch eigenes Geberdenfpiel einen fortlaufenden lebendigen und belebenden Commentar zur Dichtung — einen auf den Ungeweihten im erften Moment etwas fonderbar wirkenden Commentar, den der eingeweihte Künftler ihm aber von der Phyfiognomie fofort ablefen kann und deffen naturwahre realiftifche Auffaffung und Richtigkeit imponiren. Es vergeht Einem gar bald die Luft, über die etwas poffirlichen Manieren des alten Herrn zu lächeln; man bewundert feine fcharffinnige Auffaffung und die wunderbare Gabe, das Erfafste durch den Vortrag, durch Mienen und Geften zu veranfchaulichen. Hätte Laube die Mittel zur Darftellung erhalten, fo wäre er der erfte Schaufpieler feiner Zeit geworden. Seine Gabe der dramatifchen Veranfchaulichung erftreckt fich auf alle Gebiete der Kunft; ob derbe Komik, ob tragifches Pathos erforderlich ift, ihm gilt es gleich viel; er weifs das Eine wie das Andere fo charakteriftifch zu fkizziren, fo verftändlich darzuftellen, dafs man über den kleinen Mann mit feinen eckigen Bewegungen und feinem herrifch knatternden Organe geradezu ftaunen mufs.

Ich habe ihn im Winter in feinem Pelz mit Taille und Schnürwerk, mit aufgeklapptem Kragen, unter welchem die Hälfte des klugen Kopfes vergraben war, den niedrigen Hut ins Geficht gedrückt, grofse Filzfchuhe über die Stiefeln gezogen — ich habe ihn in diefem Aufzuge, der gewifs nichts Malerifches, nichts Anmuthiges, nichts Impofantes darbot, naive Liebhaberinnen und tragifche Heldinnen fprechen hören, und feine Schalkhaftigkeit hat mir ein herzliches Lachen abgewonnen, feine Leidenfchaft hat mich erfchüttert — trotz Pelz und Filzpantoffeln.

In Betreff diefer praktifchen Unterweifung der Künftler nimmt Laube unter den gegenwärtigen Bühnenleitern wohl unbedingt die erfte Rolle ein. Das ift feine Stärke; und er verdankt diefelbe feinem dichterifchen Scharfblick, welcher überall das Richtige fchnell erfafst, feinem eifernen Fleifse, mit welchem er fich in das Studium des von ihm aufgeführten Stückes verfenkt, feiner bewunderungswürdigen Geduld, welche keine Grenze zu haben fcheint, feiner Gabe der Veranfchaulichung und feiner Autorität als einer unferer bedeutendften dramatifchen Dichter.

Ich führte eben feine Geduld an; diefelbe ift allerdings erftaunlich. Er verbeffert, ohne den mindeften Verdrufs zu verrathen, zehnmal, wenn's fein mufs, denfelben Fehler, und das zehnte Mal in derfelben knappen, kurzangebundenen, aber nicht ärgerlichen, nicht verletzenden Art, wie das erfte Mal. Er läfst fchwierige Scenen drei-, viermal wiederholen, keine Miene verräth, dafs ihn das langweilt: fein ganzes Beftreben ift vielmehr darauf hin gerichtet, bei den Schaufpielern das Gefühl der Verdroffenheit, der Langweile nicht aufkommen zu laffen, fie in Frifche und Spannkraft zu erhalten; und deshalb macht er auch von

Zeit zu Zeit einen kleinen Scherz, welcher die Stimmung erhöht.

Vor Allem kommt es ihm auf die Deutlichkeit in der Darstellung an. Er verlangt, dafs das Publicum ganz genau wisse, worum es sich handle, dafs jedes wesentliche Moment reliefartig hervorspringe, sodafs selbst das Auge des zerstreuten Zuschauers darauf fallen mufs. Noch ehe ich Laubes Wirksamkeit hinter den Coulissen gesehen hatte, war mir bei den von ihm geleiteten Vorstellungen aufgefallen, dafs ich von allen den Stücken, welche er in Scene setzt, einen bei Weitem tiefern Eindruck empfing, dafs mir ihr Inhalt ungleich klarer wurde, dafs ich den Lauf der Handlung weit müheloser verfolgen konnte, als es mir bei früher gesehenen Aufführungen derselben Stücke möglich gewesen war. Jetzt, nachdem ich gesehen habe, wie sorgfältig Laube den Kern der Handlung aus der Schale des Dialogs herausschält, habe ich die Erklärung dafür gefunden. Wo der Dichter schon für die Klarheit der Exposition gesorgt hat, begnügt sich Laube, den Schauspielern den deutlichen Vortrag der exponirenden Sätze warm ans Herz zu legen. »Sprechen Sie das recht langsam und scharf; darauf kommts an. Im vierten Act ist wieder die Rede davon. Das Publicum mufs dann wissen, was das zu bedeuten hat.« Oder: »Machen Sie eine Pause, gehen Sie ein paar Mal auf und ab, richten Sie es so ein, dafs das Publicum die Ohren spitzt, und dann sprechen Sie!« Hat aber der Dichter, der sich in der Wirkung des gesprochenen Wortes bisweilen täuscht, die Exposition nicht scharf genug modellirt, so unterzieht Laube dieselbe einer sehr discreten, kunstverständigen Retouche, macht aus einem Relativsatz einen neuen Satz, fügt ein Prädicat bei, läst anstatt »er« oder »sie« den Eigennamen sagen, schiebt auch wohl felbflftändig eine kleine erläuternde Bemerkung ein — und fiehe da! was kaum verftändlich war, wird durch diefe finnigen kleinen Aenderungen plötzlich prägnant und klar; aus den verfchwommenen Umriffen ift eine fcharflinige Figur erftanden, die jedes Auge auf den erften Augenblick verfteht und deren Form fich dem Gedächtnifs einprägt.

In diefem Puncte ift Laube unerbittlich. Die Expofition mufs mit einer dem Laien fchier pedantifch erfcheinenden Deutlichkeit vorgetragen werden, ebenfo alle diejenigen Stellen, welche die eigentliche Handlung des Stückes enthalten, oder zum Verftändnifs der Handlung nothwendig find — namentlich Recapitulationen, Berichte über Vorgänge, die hinter den Couliffen gedacht find und fpäter fichtbare Auftritte motiviren etc. etc. — Im Uebrigen liegt es ihm fehr fern, in die künftlerifche Auffaffung des Einzelnen einzugreifen; er gönnt jeder Individualität ihr volles Recht und Gottfchalls Vorwurf, dafs er »dreffire«, ift fo ungerecht wie nur möglich.

Die letzten Proben find nur für die Ausarbeitung des Details beflimmt. Das dramatifche Gemälde ift nun fertig, Laube fetzt nur noch feine Lichter auf. Hier nimmt er noch einen zweckmäfsigen Strich vor, dort macht er einen kleinen Zufatz, welcher einer matten Stelle Glanz verleiht und einem lahmen Satze auf die Beine hilft, hier befchleunigt er das Tempo, dort ritardirt er — »Paufe! Das ift ein Witz! Laffen Sie dem Publicum Zeit, ihn zu verfchlucken!« — hier bringt er eine köftliche Nüance an, dort läfst er eine Einzelheit, die zu abfichtlich erfchien, in den Schatten treten; und auf diefe Weife erreicht er, dafs die darftellenden Künftler an dem Stücke lebhaftes Intereffe gewonnen haben, erreicht er eine in jedem Puncte forgfältig ausgearbeitete, durchgeiftigte Darftellung, deren correcte Zeichnung und lebensfrifche Färbung auf den Zufchauer einen unwiderftehlichen Reiz ausüben.

So arbeitet Laube; der Unverftand allein kann behaupten wollen, dafs feine dramaturgifche Tüchtigkeit nur eine durch die Reclame in Umlauf gefetzte Mär fei. Wer ein Stück gefehen hat, wie es in Laubes Hände kommt, und gefehen hat, wie es aus ihnen hervorgeht, mufs geftehen, dafs das überfchwänglichfte dem Dramaturgen gefpendete Lob noch hinter der Wahrheit zurückbleibt.

Das ift Heinrich Laube als Director. Und diefen Mann hat Leipzig nicht nur nicht zu feffeln vermocht, es hat ihm den Aufenthalt geradezu unerträglich gemacht!

Man wird mir zugeftehen, dafs ich die Dinge fo nüchtern wie möglich aufgefafst und gefchildert habe; indeffen, der letzte Satz, den ich niedergefchrieben, erfüllt mich doch mit wahrer Wehmuth. Wenn ich an die Abende zurückdenke, an welchen ich die von Laube in Scene gefetzten Stücke gefehen, an welchen ich mich über die taufend kleinen Feinheiten, von denen fich jeder gebildete Menfch einbildet, dafs er fie allein bemerkt, herzinniglich habe erfreuen können, wenn ich mir vergegenwärtige, welchen Gewinn ich davon gehabt, wie der beftändige Blick auf das künftlerifch Wahre und Tüchtige mein Auge gefchärft, mein Urtheil gebildet hat, wenn ich des köftlichen Genuffes gedenke, welchen mir die Aufführungen des »Demetrius«, des »Cäfar«, »Lear« und zahllofer anderer claffifcher und moderner Dramen gewährten, dann mags geftattet fein, dem Mann, welchem wir Alles das zu danken haben, zum fchmerzlichen Lebewohl im Geifte warm die

Hand zu drücken. Nach meinem Gefühl und nach meiner Ueberzeugung würde mit Laube die bedeutendſte dramatiſche Kraft der Gegenwart ihre praktiſche Thätigkeit einſtellen und ſein Abſchied von der Leipziger Bühne wäre, wenn er in der That Laubes Rücktritt von der praktiſchen Bühnenleitung bedeutet hätte, ein harter Schlag für die deutſche dramatiſche Kunſt geweſen.

Zum Glück haben aber die unliebſamen Erfahrungen, welche Laube in Leipzig geſammelt, und die verſtimmenden Eindrücke, welche er von dort mitgenommen hat, ſeine Thatkraft zu lähmen, ſeinen raſtlos arbeitenden Geiſt zur Unthätigkeit zu erſchlaffen nicht vermocht. Als Director des »Wiener Stadttheaters« wird er hoffentlich erreichen, was er als Leipziger Theaterdirector unabläſſig erſtrebt und mit jedem Tage erſichtlich dem Ziele näher geführt hatte: ein gutes deutſches Schauſpiel.

Heinrich Kruse.
Der Redacteur der »Kölnifchen Zeitung«.

» Es ift ganz luftig. Wir fammeln wie die Bienen, durchfliegen im Geift die ganze Welt, faugen Honig, wo wir ihn finden, und ftechen, wo uns etwas mifsfällt. Ein folches Leben ift nicht gerade gemacht, grofse Heroen zu bilden, es mufs aber auch folche Käuze geben, wie wir find.«
Konrad Bolz in Freytags »Journaliften«.

Nicht in fentimentalen Redensarten über das Loos der Journaliften will ich mich ergehen; will nicht daran erinnern, wie viel bedeutende Talente, wie viel Wiffen und Vermögen, wie viel der edelften geiftigen Kräfte in der »Tretmühle der Gedanken«, wie man die Tagespreffe genannt hat, aufgerieben werden, und mit welcher undankbaren Gleichgültigkeit dem immer regen Fleifse, dem raftlofen Schaffen des Journaliften gelohnt wird. Der Journalift ift noch weniger glücklich, als der Mime: weder Zukunft, noch Gegenwart flechten ihm Kränze. Der erste befte Schreier, dem die gütige Natur ein paar wohlklingende Töne in die Kehle gelegt, jede Balleteufe, die im Pirouettiren einige Kunftfertigkeit erlangt hat, findet ermuthigendere und lohnendere Anerkennung, als der Journalift, der von dem angebornen Schatz von Talent und dem mühfam erworbenen Schatz von Wiffen alltäglich in kleiner Münze einen Theil in die Menge ſtreut, bis er, alt und abgenutzt, »*vis à vis de rien*«, ſteht. Sinkt ihm die Feder aus der zitternden Hand, ſo hebt ſie ein Anderer auf, und führt ſie mit unverdroſſenem Eifer, bis ſie auch ſeinen erſchlafften Fingern entgleitet. Und um ihn bekümmert man ſich gerade ſo viel, oder vielmehr gerade ſo wenig, wie man ſich um ſeinen Vorgänger bekümmert hat, wie man ſich um ſeinen Nachfolger bekümmern wird. »Ich ſchreibe friſch drauf los«, ſagt Konrad Bolz, »ſo lange es geht. Gehts nicht mehr, dann treten Andere für mich ein und thun daſſelbe. Wenn das Weizenkorn in der groſsen Mühle zermahlen iſt, ſo fallen andere Körner auf die Steine, bis das Mehl fertig iſt, aus welchem vielleicht die Zukunft ein gutes Brod bäckt zum Beſten Vieler.«

Dieſes »vielleicht«, dieſe Ungewiſsheit, dieſer Hinblick auf die Möglichkeit eines Nutzens für die Zukunft — das iſt der ideale Lohn des Journaliſten; dafür bekommt er während ſeiner Thätigkeit obenein noch alle möglichen Liebenswürdigkeiten zu hören. Geſinnungsloſigkeit, Käuflichkeit etc. werden ihm von zarter Hand als Roſen in den Weg geſtreut, und als Dank wird ihm das Troſteswort aus hohem Munde: »Freund, Du haſt Deinen Beruf verfehlt.«

Heinrich Kruſe iſt einer der befähigtſten und ehrenhafteſten Männer von dieſem »verfehlten Beruf«. Seit nahezu zwanzig Jahren iſt er Chefredacteur der »Kölniſchen Zeitung«. Das Anſehen und die weite Verbreitung, welcher ſich dieſes Organ zu erfreuen hat, verdankt es, auſser der günſtigen Lage der rheiniſchen Metropole und der vorzüglichen geſchäftlichen Leitung des Unternehmens, hauptſächlich der ſehr geſchickten und umſichtigen Redaction Kruſes. Ueber den Lebenslauf des Kölniſchen Redacteurs ſtehen mir nur wenige Notizen zu Gebote.

So viel ich weifs, ift Heinrich Krufe in Stralfund geboren und jetzt (1871) vierundfünfzig bis fünfundfünfzig Jahre alt. Nach Vollendung feiner akademifchen Studien (in Bonn und fonftwo) trat er als Hauslehrer in eine ariftokratifche Familie der ruffifchen Oftfeeprovinzen ein; von diefer Zeit her hat er immer ein gewiffes Faible für das kurländifche Junkerthum behalten. Im Vormärz war er Gymnafiallehrer in Minden. Der Strom der Bewegung im Jahre 1848 führte ihn in den politifchen Strudel hinein; er wurde Mitredacteur der von Gervinus zuerft in Heidelberg und dann in Frankfurt herausgegebenen »Deutfchen Zeitung«. Gegen Ende des Jahres 1849 oder zu Anfang des folgenden Jahres trat er unter Brüggemann in die Redaction der »Kölnifchen Zeitung« ein und übernahm, als diefer beim Ausbruch des Krimkrieges zurücktreten mufste, die Chefredaction, welche er bis zu diefem Augenblick führt.

Seit Krufes Redaction vertritt die »Kölnifche Zeitung« confequent den von der Mehrheit der rheinifchen Bourgeoifie getheilten Standpunct der »liberalen Mittelpartei«; der Vorwurf, dafs die genannte Zeitung in unfchlüffigem Schwanken fich bald diefer, bald jener Seite zugeneigt habe, fcheint mir nicht begründet zu fein. Krufe hat allerdings die Schwankungen feiner Partei, theils ihnen vorauseilend, theils ihnen folgend, mitgemacht, aber ift confequent der Vertreter der liberalen Mittelpartei geblieben und hat fich weder nach rechts, noch nach links hinüberzerren laffen. In der Vertretung diefer politifchen Meinung hat Krufe ein ungewöhnliches publiciftifches Talent an den Tag gelegt. Er hat das Kunftftück fertig gebracht, dem zahmen Liberalismus wilde Geberden zu geben, als Mittelparteiler die Sprache eines Radicalen zu führen.

Sein kerniger, derber Stil giebt allen feinen Leitartikeln, wenn fie auch die Materie, um welche es fich handelt, noch fo vorfichtig berühren, einen kecken, forfchen Charakter. Seine Leitartikel, die jeder einigermafsen geübte Zeitungslefer an ihren Vorzügen und Schwächen auf der Stelle erkennt, find zwar nicht in akademifchem, aber in urkräftigem Deutfch gefchrieben, mit vortrefflich gewählten Citaten aus allen möglichen und unmöglichen lateinifchen Autoren, mit Sprüchwörtern, Schlagworten und Bildern gefpickt und und oft von gutem Humor gewürzt. Krufes Witz hat etwas vom Rabelais'fchen; er ermangelt gänzlich der Eleganz, er wirkt durch feine ungefchlachte Natürlichkeit. Es ift eine Eigenthümlichkeit, die ich mir nicht erklären kann, dafs Krufe feine Bilder mit auffälliger Vorliebe der Confiferie entlehnt. »Bonbons«, »gebrannte Mandeln«, »Torten« und dergleichen kommen häufig in feinen Artikeln vor, fo häufig, dafs ich, als ich der erften Aufführung des anonymen Trauerfpiels: »Die Gräfin« beiwohnte, bei dem Verfe:

„Rehbraten, Schnepfendreck, Rofinenpudding"

meinem Nachbar mit Beftimmtheit zuraunen konnte: »Jetzt weifs ich, von wem das Stück ift, es ift von Krufe«. Der verhängnifsvolle »Rofinenenpudding« hatte mir den Autor verrathen.

Krufe fchreibt, wie es fich für den Chefredacteur ziemt, aufser über die wichtigen Fragen der innern Politik, auch mit Vorliebe über »hohe Politik«. Ich würde der Wahrheit nicht die Ehre geben, wenn ich behaupten wollte, dafs ich von diefer Seite feiner publiciftifchen Wirkfamkeit fehr erbaut wäre. Die diplomatifche Ueberlegenheit, welche Krufe im *pluralis majeftatis* auf der erften Spalte der

»Kölnifchen« zur Schau trägt, wirkt auf mich immer etwas komifch. Wenn ich lefe: »*Wir* haben es dem Grafen Beuft immer gefagt«, »hätte Fürft Gortfchakoff *unfern* guten Rath befolgt«, »*wir* haben Bismarck rechtzeitig gewarnt«, wenn ich die beftändige abfichtliche Betonung des »Gutunterrichtetfeins« bemerken mufs, und mir bei jeder Gelegenheit erzählt wird, dafs die »Kölnifche Zeitung« grofs fei und Krufe ihr Prophet, fo genirt mich das einigermafsen und ich frage mich, ob es nicht, Angefichts der von der grofsen »Kölnifchen Zeitung« begangenen grofsen Verftöfse, ziemlicher fei, fich weniger in die Bruft zu werfen und eine etwas befcheidenere Sprache zu führen. Ein Blatt, welches der preufsifchen Regierung die Abtretung der Graffchaft Glatz an Oefterreich auf das Allerenergifchfte anempfahl, das fpäter Luxemburg ohne Weiteres preisgeben wollte, fodann mit einer Beharrlichkeit, die einer beffern Sache würdig wäre, für die Abtretung der nordfchleswigfchen Provinzen an Dänemark agitirte und fich mit ungewöhnlicher Energie gegen die Annexion von Metz ausfprach, um diefelbe einige Wochen fpäter mit derfelben Energie zu befürworten, ein folches Blatt follte fich die Mühe erfparen, die europäifchen Staatenlenker zu fchulmeiftern und mit feinem politifchen Scharfblick zu renommiren.

Diefes aufdringliche Hervortreten der eigenen Fürtrefflichkeit zeigt fich nicht nur in der hohen Politik der »Kölnifchen Zeitung«, auch aus den harmloferen Rubriken bricht daffelbe hervor. Es fcheint eben gültige Regel zu fein, dafs nur die Früchte, die am Baume der »Kölnifchen Zeitung« felbft gewachfen find, dem Publicum munden follen.

Nul n'aura de l'esprit, hors nous et nos amis.

Bedeutende Erſcheinungen auf dem Gebiete der Dichtung, der Kunſt und Wiſſenſchaft werden in einem Winkel des Feuilletons mit zwei Zeilen geringſchätzig abgefertigt, dagegen wird jedesmal gewiſſenhaft verzeichnet, wo immer irgend eine naive Liebhaberin »ihr Herz entdeckt hat« (von Wolfgang Müller von Königswinter), wo immer irgend eine Oper eines der Redaction befreundeten Componiſten, ſei es auch mit dem allermäſsigſten Erfolge, über die Bretter gegangen iſt. Alles, was mit der »Kölniſchen Zeitung« in Berührung kommt, wird, wie es ſcheint, welthiſtoriſch. Als der Redacteur Otto Hagen in Inſterburg wegen Verweigerung des Zeugeneides eingeſperrt und wochen-, ja monatelang feſtgehalten wurde, ging die »Kölniſche« an dieſem Ereigniſs mit kühler Betrachtung vorüber; als aber ihrem Redacteur, Heinrich Kruſe, wegen derſelben Thatſache daſſelbe Schickſal auf ein paar Stunden paſſirte, da wurden die oberen und unteren Götter in Bewegung geſetzt, da hagelte es wochenlang Leitartikel über das Unſtatthafte des Zeugenzwangs, da wurden Rechtsgutachten von deutſchen und ausländiſchen Autoritäten eingefordert, ja, Bauer, da wars ganz was Anderes.

Es wäre unbillig, nur die Kehrſeite der Medaille zu muſtern, nur die kleinen und groſsen Schwächen des Redacteurs hervorzuheben und die bedeutenden Eigenſchaften deſſelben unberückſichtigt zu laſſen. Abgeſehen von den originellen ſtiliſtiſchen Vorzügen, auf die ich ſchon früher hinwies, beſitzt Kruſe ſehr bedeutende Kenntniſſe, eiſernen Fleiſs, einen klaren, umſichtigen Kopf, kurzum alle Eigenſchaften, welche ein guter Redacteur beſitzen ſoll. Seine Polemik iſt bisweilen brillant; unter Umſtänden genügen ihm zwei Zeilen, um ſeinen Gegner gründlich *ad abſurdum* zu führen, und ebenſo beſitzt er die Gabe des vornehmen Schweigens in hohem Grade. Wenn er es nicht für gut hält, zu fprechen, giebt es keine Macht auf Erden, die ihn dazu bewegen könnte; die directeften Interpellationen betrachtet er als nicht vorhanden, er lacht ins Fäuftchen und feine Gegner ärgern fich. Die »Kölnifche Zeitung« hat fich unter ihm auf die höchfte Stufe der deutfchen Journaliftik emporgefchwungen, fie ift, wenn auch nicht in dem Mafse, wie Krufe es meint, eine wirkliche Macht geworden. Und fchliefslich ift Krufe — *laft, not leaft* — nicht nur einer der befähigtften und gelehrteften Publiciften, fondern auch einer der ehrenhafteften und lauterften Charaktere.

In allerneuefter Zeit hat fich Krufe auch auf einem andern fchriftftellerifchen Gebiete mit Glück verfucht: er hat ein Trauerfpiel »Die Gräfin« gefchrieben, welches ein ungewöhnlich dichterifches Talent verräth und mit Recht einen Preis erworben hat. Wenn es bei der Aufführung weniger Erfolg fand, als es feinem Werth nach verdient, fo liegt dies nur daran, dafs Krufe von den Erforderniffen der Bühne, von dem Handwerke, von der dramatifchen Mache fehr wenig verfteht. Die Dichtung zeigt diefelbe Frifche und gefunde Derbheit, die wir an dem Publiciften bereits kennen, und die Sprache erhebt fich hier, wo fie die Flügel frei entfalten kann, bisweilen in kühnem Schwunge fogar zu grofsartiger Schönheit.

Allerdings ift auch an wunderlichen Ausdrücken kein Mangel. Abgefehen von dem oben citirten culinarifchen Verfe, von der etwas gewagten Behauptung:

„Der Schlag der Stute thut dem Hengft nicht weh"

und ähnlichen Seltfamkeiten, fcheint mir der hochpathetifche Vers:

„Sie ftarb an Engelmann und ihrer Liebe"

immer von verhängnifsvoll komifcher Wirkung zu fein. Wie kann ein Geliebter überhaupt mit dem Vornamen »Engelmann« heifsen, im zärtlichen Diminutiv: Engelmännchen! Und wie kann eine rechtfchaffne tragifche Liebhaberin an Engelmann fterben, gerade an Engelmann! Man könnte dagegen freilich einwenden, dafs Krufe in der »Gräfin« alle Todesarten erfchöpft hat und dafs ihm fchliefslich nichts weiter übrig blieb, als eine der dem Tode Geweihten an Engelmann acut erkranken und zu Grunde gehen zu laffen. In der That Kronos-Krufes poetifcher Grimm verfchlingt alle Kinder feiner Schöpfung. Enno verfumpft, Gerd zur Heide wird von Engelmann erftochen (ftirbt alfo an Engelmann und deffen Dolche), Engelmann feinerfeits wird von den Oftfriefen überfallen und in Stücke gehauen, Gela ftirbt am Gehirnfchlag im Klofter und Almuth ftirbt an Engelmann und ihrer Liebe, wobei ihr noch obenein das Unglück zuftöfst, dafs fie durch einen Sturz aus dem Fenfter zerfchmettert wird.

Aber trotz alledem ift die Dichtung reich an wundervollen Schönheiten und des ihr zuerkannten Preifes würdig. Namentlich ift die Charakteriftik vorzüglich. Bei der Aufführung wird das Stück indeffen immer nur einen lauen *fuccès d'eftime* finden.

Hoffentlich wird Krufe noch oft den politifchen Staub, den er aufwirbelt, abfchütteln und in den luftigen Gefilden der Dichtung Kraft und Stimmung finden, um in das politifche Einerlei ein dramatifches Intermezzo einzufügen.

Alexander Dumas der Jüngere
und die Frauen des Kaiferreichs.

(Gefammtausgabe feiner dramatifchen Werke mit neuen Vorreden.
Paris 1868. Bei Michel Lévy Frères.)

Unter den Schriftftellern, welche das zweite Kaiferreich hervorgebracht hat, nimmt der jüngere Dumas eine der hervorragendften Rollen ein. Der künftige Gefchichtfchreiber, der die focialen Zuftände Frankreichs unter der »glorreichen« Regierung des Kaifers Napoleon III. fchildern will, wird nicht umhin können, die Werke Dumas' — ich fpreche immer vom Sohne — und namentlich fein Theater forgfältig zu ftudiren. Denn Dumas hat es fich nicht zur Aufgabe gemacht, Charaktere zu fchaffen, fondern die Charaktere, welche er in der Parifer Gefellfchaft fertig vorfand, fo wie fie durch die focialen Verhältniffe fich gebildet oder verbildet hatten, mit photographifcher Treue wiederzugeben und auf die Bühne zu bringen. Er hat nie ein Organ fein wollen, ihm genügte es, ein Echo zu fein; er will nicht erfinden, fondern fchildern. Vor Allem kommt es ihm dabei auf *Treue* an; und in diefem Punkte geht er vielleicht zu weit. Realismus ift gewifs etwas Schönes, und ich würde der Letzte fein, der dawider eifern möchte; indeffen die Bühne verlangt nicht nur Wahrheit der Beobachtung und Treue der Schilderung; bei der Wahl des Stoffes z. B. muſs auch der Idealismus eine mindeſtens berathende Stimme haben. Mit dem wirklich Unſchönen, mag es nun wahr ſein oder nicht, ſoll ſich die Kunſt überhaupt nicht befaſſen. Ich berühre dieſe Frage nur im Vorübergehen, denn es ſteht mir fern, eine äſthetiſche Controverſe gegen Dumas einzuleiten, die ſchwerlich zum Abſchluſs gelangen würde. Es wird ſich überdies hie und da, bei objectiver Auseinanderſetzung der Dumas'ſchen Theorie, die Gelegenheit von ſelbſt bieten, Halt zu machen zu einem kritiſchen Vorbehalt oder Proteſte.

Was man aber auch von der Aeſthetik Dumas' denken mag, ſoviel ſteht feſt: daſs alle ſeine gröſseren Werke ein unbeſtreitbares ſchriftſtelleriſches Talent, ein redliches Streben nach Wahrheit und eine beſtimmte Weltanſchauung, die mit den Erzeugniſſen ſeines Geiſtes nie in Widerſpruch geräth, bekunden. Mehr als ein Grund, wie mir ſcheint, um an dieſem merkwürdigen Menſchen nicht mit der übel angebrachten Vornehmheit der Moralphariſäer vorüber zu gehen.

Iſt denn wirklich der Schriftſteller, der die unmoraliſchen Stoffe, die ihm die Wirklichkeit aufdrängt, verarbeitet, deshalb ſchon ein unmoraliſcher Schriftſteller? Dann würde Molière den Heuchlern beigeſellt werden müſſen und der Spiegel, der das verzerrte Geſicht des heulenden Kindes wiedergiebt, verdiente, daſs er zertrümmert würde. Die Beſchönigung des Laſters, die manche Leute aus den Dumas'ſchen Luſtſpielen herausleſen, iſt allerdings unſittlich; aber wer eine ſolche Tendenz in dieſen Luſtſpielen erblickt, der giebt ſich nicht die Mühe, genau hinzuſehen, der verwechſelt das Mitgefühl, welches der Dichter für feine traurigen Heldinnen empfindet und erweckt, mit der Vertheidigung ihrer Verworfenheit. Dumas begnügt fich nicht damit, gegen Diejenigen, welche die anftändige Gefellfchaft ausgefchloffen hat, fein Anathema zu fchleudern; er fagt fich mit dem alten lateinifchen Dichter: »Niemand wird mit einem Tage fchlecht«; er fucht fich Rechenfchaft zu geben von den Urfachen des Lafters, das ihm vor die Augen tritt und das er fchildert, und er kommt immer zu dem Schlufs: Wir find die Mitfchuldigen, — zu demfelben Schlufs, zu welchem Victor Hugo im erften Theile feiner »*Miférables*« gelangt und dem er früher fchon Ausdruck gegeben hatte:

„*La faute en est à nous; à toi, riche! à ton or!*"

Wie in der Natur des Individuums, fo liegt es auch in der Natur der Gefellfchaft, dafs fie fich lieber loben als tadeln hört, und ficherlich darf der Schriftfteller, welcher das Publicum zu einem moralifchen Areopag erhebt, der über die Schuldigen, die ihm auf den Brettern vorgeführt werden, fein Urtheil zu fprechen hat, mehr auf den Beifall der Menge rechnen, als derjenige, welcher das Publicum als Mitfchuldigen auf die Anklagebank zieht und ihm die Berechtigung abfpricht, fich über das Lafter moralifch zu entrüften. Deshalb ift Dumas der Jüngere auch vielen Leuten fehr unbequem; auf die gegen fie erhobene Anklage fchweigen fie; fie fuchen diefelbe zu entkräften und ihr Gewiffen von einem läftigen Druck zu befreien durch die Behauptung, dafs Dumas ein unfittlicher Schriftfteller fei, dem, da er das Lafter befchönige, felbftredend das richtige Gefühl für ihre Tugend fehlen müffe. Dabei beruhigen fie fich denn und freuen fich der Tapferkeit, mit welcher fie den unziemlichen Angriff auf ihre Sittlichkeit zurückgefchlagen haben.

Die neue Gefammtausgabe der dramatifchen Werke von Alexander Dumas (Sohn) hat mich veranlafst, die bedeutenderen Luftfpiele, welche fowohl durch ihre dichterifchen Eigenfchaften, wie durch ihren beifpiellofen Erfolg als epochemachende Erfcheinungen der modernen franzöfifchen Literatur betrachtet werden müffen, noch einmal aufmerkfam durchzulefen. Ich mufs geftehen, fie haben mich mit einem geheimen Grauen erfüllt; wollte ich aber behaupten, dafs ich auch nur auf einer Seite den Dichter der Unwahrheit oder der Unfittlichkeit hätte zeihen können, fo würde ich nicht aufrichtig fein. Der Widerwille, den ich nach der Lectüre eines jeden Luftfpiels gegen die gefchilderten Zuftänden und Perfonen empfand, wurde in mir aufgewogen durch die Sympathie, die mir der nach Wahrheit ringende, ernfte und talentvolle Verfaffer gerade diefer Schilderungen einzuflöfsen wufste.

Und diefe Sympathie ift durch die »*Vorreden*«, welche Dumas für die neue Ausgabe gefchrieben hat, noch verftärkt worden. Mit ihnen, die ein wirkliches Stück Tagesliteratur bilden, wollen wir uns etwas eingehender befchäftigen.

Dumas Sohn hat jedes feiner Stücke durch einige Seiten Profa eingeleitet, die bald »*A propos de* . . .«, bald »*Avant-propos*«, bald »*Préface*« heifsen, bald gar keinen Titel führen und mit dem Stücke, das ihnen folgt, nur fehr lofe verbunden find. Dumas benutzt diefe Gelegenheit, um mit feinen Lefern *de rebus omnibus et quibusdam aliis* zu plaudern. Auf »Leferinnen« rechnet er nicht: »Ich denke mir«, fagt er in der, der »Dame mit den Camelien« vorhergehenden Cauferie, »dafs Sie dies Buch ebenfowenig Ihren Töchtern in die Hand gegeben, wie Sie diefelben zu meinen Stücken geführt haben.« Wir find alfo ganz

»unter uns Herren,« wir geniren uns nicht, die Dinge beim rechten Namen zu nennen, wir vermeiden alle heuchlerifchen Euphemismen, wir gönnen jeder Meinung das Wort, felbſt der verkehrteſten, wenn fie geiſtreich vertheidigt wird und aufrichtig iſt. Gehen wir auf diefe Bedingungen ein, fo können wir gewifs fein, im Dumas'fchen Plauderſtübchen eine angenehme Stunde zu verbringen.

In der Vorrede zur »*Dame aux camélias*« macht fich Dumas zum *Vertheidiger* der Theatercenfur. Er meint, man müſſe den Regierungen dies kindliche Vergnügen laffen, das nichts fchade und oft nütze. »Die Gärtner bringen nach wie vor in ihren Kirfchbäumen drei oder vier alte Lappen an, um die Sperlinge zu verfcheuchen; das iſt fo hergebrachter Brauch, der ihnen zur Beruhigung dient. Die Spatzen wiffen aber ganz genau, dafs das Lappen find, kommen in den Baum und bepicken das Obſt. Alle Welt iſt zufriedengeſtellt; und auf dem Wege findet man allemal einen Paffanten, der den Gärtner auslacht. Und das iſt die Hauptfache!« Die Cenfur fei ohnmächtig, ein Meiſterwerk am Erfcheinen zu verhindern oder auch nur zu entſtellen; Beweis u. A. »Tartüffe«, »Figaro's Hochzeit«, »Marion Delorme«, die allerdings fammt und fonders unter einem defpotifchen Regimente das Licht der Rampen erblickt haben. Die Cenfur beweife aber auf der anderen Seite die Gewalt des Geiſtes über die Gewalt von Gottes und Volkes Gnaden, und diefem Beweis zuliebe könne man fich fchon einige Chicanen gefallen laffen. »Segnen wir die Gewalthaber, die vor einem unferer Worte zittern und die noch nicht einmal wiffen, dafs das abfolute Syſtem nicht deswegen zufammengebrochen iſt, weil Beaumarchais »Figaro's Hochzeit« gefchrieben hat, fondern dafs, weil das abfolute Syſtem allerorten und vor

Aller Augen zufammenbrach, Beaumarchais »Figaro's Hochzeit« fchreiben und auf Trümmern ein Meifterwerk erbauen konnte; dafs die Regierungen nur dann geftürzt werden können, wenn fie keinen feften Boden mehr unter fich haben, und dafs, wenn wir vom Baume Früchte herunterfchütteln, dies nicht daher kommt, dafs *wir* ftark, fondern dafs *fie* reif find.«

Das find gewifs recht geiftreiche Bilder, aber zu Gunften der Cenfur ift damit natürlich nichts bewiefen. Wir haben indeffen uns damit einverftanden erklärt, unter Umftänden fogar Paradoxe gelten zu laffen, und man erlaffe uns die Mühe, die taufend triftigen Gründe für Aufhebung der Cenfur zum taufendften Male zu wiederholen, die wir alle am Schnürchen haben, und Alexander Dumas fo gut, wie Jeder von uns.

Ernfter und bedeutender ift der *zweite* Theil der Vorrede zu der »*Dame aux camélias*«. In demfelben verfucht es Dumas, die äfthetifche Berechtigung und die moralifche Tendenz feines' Luftfpiels nachzuweifen. Ich brauche die Gefchichte der Cameliendame hier nicht lang und breit nachzuerzählen. Wenige Worte werden genügen, dem Lefer die Fabel diefes bekannteften der Dumas'fchen Schaufpiele zu vergegenwärtigen. Marguerite Gautier ift eine *femme entretenue;* in dem Augenblicke, wo die Handlung beginnt, die Maitreffe eines alten Herzogs. Seltfam contraftirt ihr Inneres mit der äufseren Lebensftellung, in welche das Schickfal fie geworfen hat. Marguerite befitzt ein edles grofses Herz, das der reinen Liebe fähig ift. Sie verliebt fich in einen jungen Mann, Armand Duval, der fie vergöttert, läfst Paris und feine wüften Vergnügungen im Stich und zieht fich mit ihm auf das Land zurück; felig, denn mit Marion Delorme kann fie jetzt fagen:

— — — „*près de toi, rien de moi n'est resté*
Et ton amour m'a fait une virginité."

In Folge einer wunderbaren Complication von Verhältniſſen wird ſie durch Armand's Vater gezwungen, nicht nur ihren Geliebten zu verlaſſen, ſondern ſogar ſich ihm verächtlich zu machen. Sie opfert der Ruhe der Familie ihres Geliebten ihr letztes Glück auf Erden, ihr Leben, ihr Alles. Armand verläfst ſie wie eine unwürdige Dirne; ihre ſtark erſchütterte Geſundheit bricht zuſammen, und in dem Augenblicke, wo Armand, der von dem Heroismus des armen Opfers Kenntnifs erlangt hat, zu ihr zurückkehrt, ſtirbt ſie. Das Stück iſt reich an pathetiſchen Scenen und ergreifenden Momenten. Manche heiſſe Thräne des Mitleids iſt im Vaudeville-Theater über die arme Marguerite vergoſſen worden, und in der Bruſt keines Zuſchauers wird ſich

„der urgeſunde Haſs,
den edle Seelen vor dem Laſter fühlen",

geregt haben.

Durfte nun ein ſolcher Stoff dramatiſch behandelt werden und hatte der Dichter das Recht, dieſe Claſſe von Weibern auf die Bühne zu bringen? Dumas ſtellt ſich dieſe Frage und beantwortet ſie natürlich bejahend. »Alle Geſellſchaftsclaſſen gehören dem Theater; vor Allem aber diejenigen, welche in Uebergangsperioden plötzlich auftauchen und einer Geſellſchaft einen exceptionellen Charakter aufdrücken. Zu dieſen letzteren müſſen aber unbedingt die »*femmes entretenues*« gezählt werden, die auf die Sitten der Gegenwart einen unbeſtreitbaren Einfluſs ausüben.

Wenn Molière unser Zeitgenosse gewesen wäre, so hätte er sicherlich diese Gesellschaftsclasse ihre Manöver nicht vollführen lassen, ohne ihr einen Augenblick Halt zu gebieten, ohne sie zu erforschen und ohne dem Publicum zu sagen: »Nehmt Euch in Acht. Hier steht Ihr einem Phänomen und einer ernsten Gefahr gegenüber!« Indessen würde er schwerlich die Schuldige mit dem Eisen gebrandmarkt haben, das er dem Tartüffe gegenüber anwandte. Tartüffe ist das Böse aus freien Stücken; es ist die Intelligenz, die Bildung, die Ehrfurcht vor Allem, was heilig ist, der Glaube und Gott selbst dienstbar gemacht der Lüge, der Habsucht, der Wollust. Dagegen ist das durch die Courtisane hervorgerufene Böse, wenn es in seiner Weise auch ebenso schlimm ist, wie das von Tartüffe verübte, ohne Vorbedacht und besonders frei von aller Heuchelei. Es macht sich im hellen Sonnenlichte breit, es öffnet einen Laden und versieht ihn mit Schild und Nummer. Wer sich da täuschen läfst, mufs sehr einfältig sein, und sehr verderbt, wer sich dort wohl fühlt. Aber dieses Böse hat eine Entschuldigung im Elend, im Hunger, in der mangelnden Bildung, in der verhängnifsvollen Erblichkeit des Lasters, im Egoismus der Gesellschaft, in der Hypercivilisation, in dem immer stichhaltigen Argumente: Liebe! Das Verbrechen der Schuldigen ist unser Verbrechen, und da, wo wir so schlechte Rathgeber gewesen sind, können wir nicht auch Richter sein. Molière würde also die Hand, die er zum Schlage erhoben hatte, nicht gesenkt und sein bedeutender Verstand würde ihm gesagt haben: «Nimm Dich in Acht. Das Verbrechen dieses Weibes ist nicht so grofs, wie es erscheint. Willst Du eine wahre Schuldige sehen, so wende Dich um und betrachte diese hier!« Und der Moralist würde ein heiteres Geschöpf erblickt haben, das weder in der Misère, noch im schlechten Beispiel, noch in der Unwissenheit eine Entschuldigung findet und ruhig und ungestraft Ehe, Familie, Scham ihrer Vergnügungssucht zu Liebe mit Füssen tritt. Sie ist in der That verbrecherisch, sie ist wirklich gefährlich, sie verdient den Zorn des Dichters und die Entrüstung des Publicums; und ihr gegenüber will man dennoch Verzeihung üben, unter dem Vorwande, dass sie der Liebe, dem Gefühle, der Natur unterlegen sei, dass sie sich gegeben, aber nicht verkauft habe. Verkauft! Das ist der Grund der allgemeinen Verurtheilung.«

Dumas stellt nun zwei Weiber einander gegenüber: Die Eine ohne Erziehung, ohne Familie, ohne Brod, verkauft alles was sie besitzt — nämlich ihre Jugend und Schönheit — an einen Menschen, der dumm genug ist, auf den Handel einzugehen. Sie entehrt sich dadurch und wird deshalb aus der Gesellschaft ausgestosen. Die Andere hat eine gute Erziehung genossen, ist aus anständiger Familie und besitzt ungefähr so viel um leben zu können; sie lässt sich von einem Menschen heirathen, der ihr Vater, unter Umständen sogar ihr Grosvater sein könnte und den sie einen Monat nach der Hochzeit beerdigt. Von dieser sagt man: Sie hat eine gute Partie gemacht und die Gesellschaft nimmt sie, als Gattin und Witwe, mit offenen Armen auf. Angenommen, dass die erstere — das Mädchen, welches sich verkauft hat — anstatt sich zu verkaufen, der Versuchung widerstanden, einen anständigen Lebenswandel geführt, in einem Magazin gearbeitet und sich mit einem Arbeitslohn von zwölf Groschen begnügt habe — würde dieses Mädchen als Schwiegertochter Aufnahme in ein »gutes Haus« finden? Würde sie auch nur als ebenbürtig betrachtet, als Freundin geduldet werden? »Nein!«

antwortet Dumas; und er fährt fort: »Welchen Gewinn zieht fie denn alfo aus ihrer Anftändigkeit? Die Achtung vor fich felbft, das gebe ich zu; und obenein das Hofpital, wenn die Arbeit vierzehn Tage fchlecht geht; oder, wenn fie des Kampfes überdrüffig wird, einen Arbeiter als Mann, der fich befäuft und der fie prügelt. Wenn wir nun, um bei den Hypothefen zu bleiben, weiter annehmen, dafs diefer Arbeiter, anftatt fich zu befaufen und fie zu prügeln, ein fleifsiger tüchtiger Mann ift, der fein Glück macht und dem eine Tochter geboren wird, welcher er am Hochzeitstage eine Ausfteuer von einer Million mitgiebt, werden Sie, Frau von fo und fo, Ihren Sohn diefer reichen Proletarierin geben? Antworten Sie! Verfteht fich! Das *Geld* ift alfo der ftichhaltige Grund für Sie. Weshalb foll nun dies Geld nicht auch der ftichhaltige Grund für das arme, ungebildete, unerzogene, unberathene, brodlofe Gefchöpf fein? *Wenn Sie die Tugend des Rechtes berauben, ein Capital zu fein, fo geben Sie dem Lafter die Berechtigung dazu, ein Capital zu werden.«*

Die folgenden Seiten der Dumas'fchen »Vorrede« bilden eine Art »Gefchichte der Verlorenen«, die ich hier nur kurz refumiren will. Er berichtet von den *»femmes galantes«* in den dreifsiger Jahren diefes Säculums, die gewöhnlich aus den Beamten- und Officiersfamilien recrutirt wurden und keineswegs aller weiblichen Tugend baar waren. Es waren arme, ergebene, wohlerzogene Mädchen, die eine gewiffe Decenz und auch etwas Seele fich erhalten hatten. Ihnen folgten die Grifetten, die fich zunächft ohne alles materielle Intereffe ihren Geliebten überlaffen hatten. Von diefen bitter getäufcht und verlaffen, fagten fie fich eines Tages nach langem vergeblichen Kampfe mit der Mifère und nach Selbftmordverfuchen: »Ich bin wahrhaftig zu gutmüthig, fo viel Herz zu haben!« und nahmen von dem »Herrn«, der fie liebte, zunächft Präfente: Juwelen, Kleider und dergleichen an, fpäter Möbel, endlich Geld. So entftanden die *»femmes entretenues«*. Die erleichterten Verkehrsmittel führten eine grofse Zahl reicher junger Leute aus der Provinz und aus dem Auslande nach Paris. Durch den Börfenfchwindel bildeten fich in kurzer Frift bedeutende Vermögen, denen oft ebenfalls nur eine kurze Frift gegönnt war und deren Befitzer fich nicht fcheuten, mit einer »bekannten Dame« fich zu compromittiren. So nahm die Nachfrage in erheblichem Mafse zu und nach dem alten volkswirthfchaftlichen Grundfatz dem entfprechend auch das Angebot.

Auf diefe Weife gerieth Frankreich allmählich in die Zuftände hinein, welche es heute dem Blicke des Beobachters darbietet; und die gräfslich beredte Schilderung diefer Zuftände wollen wir mit Dumas' eigenen Worten hier wiedergeben.

»Das Weib wurde ein Gegenftand des öffentlichen Luxus, wie Meuten, Pferde, Equipagen. Man amüfirte fich damit, ein Frauenzimmer, das acht Tage vorher auf dem Fifchmarkt gefeffen und den Maurern, die zur Arbeit gehen, den Frühfchnaps eingefchenkt hatte, mit Sammet zu bedecken und im Wagen dahinraffeln zu laffen. Auf Geift, auf Munterkeit oder auf Orthographie legte man keinen Werth mehr. Der heute Reichgewordene konnte morgen ruinirt fein, in der Zwifchenzeit mufste er aber — das war die Hauptfache — mit diefer oder jener Berühmtheit foupirt haben. In diefem wüften Durcheinander von ganz jungen Unternehmungen und Gewinnften um jeden Preis wurde Schönheit ein Einfatz, Jungfräulichkeit ein Werth, Schamlofigkeit eine Capitalanlage.

»Die Magazine wurden leer, die Grifetten verfchwanden, die Kupplerinnen rückten in's Feld. Zwifchen der Provinz und dem Auslande einerfeits und Paris andererfeits wurde eine gefchäftliche Correfpondenz eingeleitet. Man gab Beflellungen nach Maafs auf, man fandte fich menfchliche Packete zu; denn der fchnaubende Minotaur mufste ja gefättigt, der erotifche Heifshunger geflillt werden. Man fuchte jetzt etwas darin, feltfame, abfonderliche Schönheiten aufzufinden. Die einen wurden gegen die andern gehetzt, wie die englifchen Hähne, man zeigte ihren Wuchs in *ad hoc* gemachten Schauflücken, oder, waren fie zu dumm, um vor dem Publicum ein Wort fprechen zu können, fo befefligte man fie mit einer Stange am Rücken an einen wackelnden Triumphwagen im Reitercircus und zeigte fie der Menge von unten bis oben. Die blafirten und abgelebten Männer der beflen Gefellfchaft machten fich, um etwas Zerflreuung zu haben, zu Controleuren diefes unreinen Metalls. Die Corruption erhielt auf diefe Weife eine vereidigte Jury. Die unglücklichen Frauenzimmer geizten nach der Ehre diefer kalten Verbindungen, damit fie am anderen Morgen fagen konnten: »Ich habe mit dem und dem ein Verhältnifs gehabt«; dadurch fliegen fie im Preife der Parvenus vom Tage vorher, die fich nicht wenig darauf zu gute thaten, eine Creatur zu befitzen, die aus den Händen des Grafen X. oder des Marquis Z. kam. Sie wurden gebildet, unterrichtet, in der Kunfl unterwiefen, Schafsköpfe zu ruiniren, und auf den richtigen Weg gebracht. In den Cabinets des *»Maifon d'or«*, der *»Frères Provençaux«*, des *»Moulin rouge«* ging das Gas nicht aus vom frühen Morgen bis zum fpäten Abend und vom Abend bis zum Morgen. Landsknecht, Tempel, Volte; man ruinirte, duellirte, entehrte fich, betrog beim Spiel, flahl diefe

Dirnen und heirathete fie. Mit einem Wort: fie wurden eine Claffe und thaten fich als Macht auf. Was fie wie ein häfsliches Gefchwür hätten verbergen follen, fteckten fie wie eine Feder auf den Hut. Sie errangen den Vortritt vor den anftändigen Frauen, fie richteten die Schuldigen, deren Gefchichten von den erbärmlichen Geliebten weiter erzählt wurden, zu Grunde, fie fchufen Leere in den Wohn- und Schlafzimmern der beften Familien. Die Frauen der guten Gefellfchaft, die verdutzt, verblüfft, entfetzt waren und durch die Defertion ihrer Männer fich gedemüthigt fühlten, nahmen auf dem Gebiete, welches die Dirnen gewählt hatten, den Kampf auf. Sie beftrebten fich, in Luxus, Ausgaben, äufserlichen Excentricitäten, mit den Gefchöpfen, deren Namen fie nie hätten kennen follen, zu rivalifiren. Es trat zwifchen den Töchtern des Portiers und den Abkommen der mittelalterlichen Helden ein freiwilliger Verkehr in Bezug auf Crinolinen, Schminke, venetianifches Roth etc. ein. Courtifanen und Gefellfchaftsdamen liehen fich gegenfeitig Mufter zu einem Kleide durch Vermittlung eines Bruders, eines Freundes, eines Geliebten und bisweilen auch des Gatten. Man begnügte fich nicht nur mit denfelben Toiletten, man nahm auch diefelbe Sprache an, diefelben Tänze, diefelben Abenteuer, diefelben Liebfchaften, ja fogar, um Alles herauszufagen, diefelben Specialitäten. Das haben die Mütter und Gattinnen zugegeben. So weit find wir gekommen!«

Und wohin gehen wir? fragt Dumas, und er antwortet ruhig: »*Nous allons à la proftitution univerfelle. Ne criez pas! Je fais ce que je dis.*«

Die Ausführung diefes Gedankens füllt die nächften zehn Seiten der Dumas'fchen Vorrede. So lange er fchildert und kritifirt, ift er immer bedeutend, zeigt viel Geift und eine unerbittliche Logik, aber fobald er fich als focialer Reformator gerirt, geht ihm der Athem aus und im Stottern fördert er meift unverftändliches, oft fogar kindifches Zeug zu Tage. Zur Steuerung der Proftitution und des Ehebruchs fchlägt er, anfcheinend in allem Ernfte, vor, dafs auch für die Mädchen, wie für die jungen Männer, eine Confcription eingeführt werden foll. Mit fünfzehn Jahren foll jedes junge Mädchen ihre «Identität conftatiren« und in Gegenwart ihrer Familien oder zwei Zeugen ihre Subfiftenzmittel nachweifen. Kann fie das nicht und hat fie ein Gefchäft erlernt, fo foll fie von Rechtswegen ein Unterkommen in den Staatswerkftätten *(ateliers de l'Etat)* finden, welche Arbeitscafernen bilden und nicht fo koftfpielig fein würden wie die der Armee, da fie wenigftens etwas einbringen. Befitzt fie nichts und hat fie nebenbei auch nichts gelernt, fo foll fie, anftatt als Arbeiterin, als Lehrling in die Staatswerkftätten eintreten. Wenn fie reich ift und nicht arbeiten will, fo foll fie, gerade wie bei den Soldaten, ein Erfatzmädchen *(remplaçante)* ftellen, die ihre Arbeiten zu verrichten hätte. Mangel an Subfiftenzmitteln, verbunden mit Arbeitsfcheu, würde Stellung unter polizeiliche Auffficht zur Folge haben, und bei dem erften erheblichen Vergehen würde man die betreffende deportiren, weil die Verbannten Frauen brauchen. Dies ift ungefähr das fociale Reformfyftem des jüngeren Dumas; es ift fo toll, dafs wir kaum glauben können, diefes *enfant terrible* der Staatshülfe habe die Sache ernft genommen. Ein zweiter Hebel der Moral in dem Dumas'fchen Mufterftaate ift die Einführung der *«recherche de la paternité«*. Es würde ein fonderliches Verkennen des Dumas'fchen Talents bekunden, wenn wir ihm auf diefes Gebiet folgen und mit ihm in eine Discuffion über die fociale Frage uns einlaffen wollten.

Wir haben diefer fchnurrigen Socialtheorien nur der Vollftändigkeit halber hier gedacht und fie find uns intereffant infofern, als fie beweifen, dafs auch der Dichter, der wahrfcheinlich niemals einen Blick in ein nationalökonomifches Werk geworfen hat, inftinctiv zum Gegner des *laiffer-faire et laiffer-aller* wird und fich redlich abmüht, um Mittel zur Befeitigung des Uebels, deffen Wirkungen er fieht und deffen Urfachen er vermuthet, ausfindig zu machen. Dafs hier feine Kräfte ihn verlaffen, ift nicht zu verwundern. Stehen doch die gröfsten Geifter aller Nationen rathlos diefer gewaltigen Frage gegenüber und wünfchen fich aufrichtig Glück, wenn ihre Experimente auch nur von befcheidenen Erfolgen begleitet find.

Nicht als Socialiften, fondern als Schilderer focialer Mifsftände haben wir Dumas betrachten wollen; wir haben gehört, in welcher Weife er die Frauen des zweiten Kaiferreichs charakterifirt. Wenn etwas die graufame Wahrheit feiner Ausführungen dargethan hat, fo war es der letzte Krieg. Die nationale Erniedrigung Frankreichs fteht mit der Entfittlichung der Familie im engften Zufammenhang; und Dumas' Prophezeiung: »*Nous allons à la proftitution univerfelle*« hat fich über alles Erwarten fchnell und graufam bewahrheitet.

Henri Rochefort
unter dem Kaiserreich.

Es gab eine Zeit, in welcher man Rochefort ganz ernst nahm. Das war ein Irrthum. Es gab eine andere Zeit, in welcher man Rochefort als einen einfachen Spafsvogel auffafste. Auch das war irrig. Ohne selbst bedeutend zu sein, hat Rochefort doch eine bedeutende Wirkung hervorgebracht. Allein auf sich angewiesen, wäre er vollständig ohne Beachtung geblieben, hätte höchstens auf einige Wochen die öffentliche Aufmerksamkeit fesseln können; im Verein mit Anderen hat seine Individualität aber allerdings erheblich gewirkt, und es läfst sich nicht leugnen, dafs er an der grofsen Umwälzung, welche in Frankreich stattgefunden, an seinem Theile wesentlich mitgearbeitet hat.

Die Heiterkeit und der Witz ist auch ein berechtigter Factor des politischen Lebens. Das Volk liebt einen guten, und von Zeit zu Zeit auch einen schlechten Witz und Rochefort unter dem Kaiserreich, mit dem sich alle politischen Blätter eingehend beschäftigten, der Erwählte des ersten Pariser Wahlbezirks, der Gesetzgeber — dieser ernste Rochefort war nichts Anderes, als das Resultat eines schlechten Volkswitzes, den man nicht gerade besonders geistreich und geschmackvoll zu finden brauchte, aber über den man sich jedenfalls nicht sittlich entrüsten, sondern lachen sollte. Die Wahl des ersten Pariser Bezirkes war keine Illustration zu dem pessimistischen Satze, dafs Verdienst und Gediegenheit im Wettkampf gegen Schwindel und Frechheit allemal unterliegen; sie bewies nur, dafs bei dem lustigen Pariser der Sinn für Komik nicht ausgestorben ist.

Das Volk, welches das Vaudeville erfunden hat, wählt einen Vaudevillisten zum Volksvertreter. Ist das sonderbar? Es wählt ihn, nicht weil es etwas Positives von ihm erwartet, nicht, weil es glaubt, dafs sein Deputirter mit Talent und Ueberzeugungstreue die Interessen des Volkes vertreten werde, es wählt ihn aus Rancune, um den Kaiser persönlich zu chicaniren. Und das ist ihm vollständig gelungen. Wenn auch die officiösen und gemäfsigt liberalen Blätter gute Miene zum bösen Spiele machen und sich den Anschein geben wollten, als habe der erste Pariser Wahlbezirk mit der Wahl Rocheforts der Regierung eigentlich einen Gefallen erwiesen, da Rochefort selbst dafür sorgen würde, sich sehr bald unmöglich zu machen, so änderte das nichts an der Thatsache, dafs es unmöglich war, in Frankreich eine Persönlichkeit ausfindig zu machen, deren Wahl dem Kaiser und seiner Familie unangenehmer gewesen wäre, als die Rocheforts. Rochefort hat in der That auch jede Gelegenheit, welche sich ihm darbot, benutzt, um von der Tribüne herab Herrn Napoleon Bonaparte, den Sohn der Königin Hortense, den Gatten der Herzogin Eugenie von Teba, ganz persönlich zu ärgern. Mehr verlangte man von Rochefort nicht und dieser Aufgabe war er durchaus gewachsen. Er ist häufig witzig, oft boshaft, stets rücksichtslos; er genirte sich nicht, laut zu sagen, was die Andern sich ins Ohr raunten, er gab dem

Klatfch ein mächtiges Organ und die lieben Parifer hatten ihm zu einem Refonanzboden verholfen, welcher feine Worte in aller Herren Länder trug.

Rochefort ift eine Frucht des kaiferlichen Defpotismus. Zur Zeit, da Rochefort in den Journalismus eintrat, wurde die politifche Preffe von der wüfteften Willkür der Behörden beherrfcht. Jedes freie Wort war fchlechterdings verpönt, jede oppofitionelle Regung lebensgefährlich. Die politifche Preffe exiftirte nur, fo lange die Regierung nichts dagegen einzuwenden hatte. Ein politifch-fatirifches Blatt, welches die Fehler und Schwächen der Regierung geifselte, gab es nicht. Die Satire hatte nur in den fogenannten »kleinen« Blättern ein Organ, denen es bei Todesftrafe verboten war, fich mit Politik zu befchäftigen. Von diefem fruchtbarften Felde verdrängt, warf fich die Satire auf das Gebiet der Perfonalia. Um die Vergehen der Regierung durfte fie fich nicht kümmern, fie griff gierig nach dem Privatleben; nach obenhinauf durfte fie fich nicht verfteigen, fie kletterte alfo herunter, und jemehr ihre Bewegungen auf dem Gebiete der hohen Politik gehemmt waren, defto ungenirter wirthfchaftete fie im Leben der Privaten herum. Für Rocheforts boshaftes Talent war in der politifchen Preffe fchlechterdings kein Raum. Er wurde Mitarbeiter an der »kleinen« Preffe und dort entwickelte fich feine Anlage zur Malice in gedeihlichfter Weife.

Rochefort ift in die befte Schule gegangen, um fich *»ce front qui ne rougit jamais«*, die »Stirn, die, nie erröthend, Allem trotzt«, anzugewöhnen, wenn ich mich diefes Ausdrucks bedienen darf — in diefe Schule des »kleinen Journalismus«. Es liegt mir fehr fern, von der *»petite preffe«* Uebles zu fagen; ich weifs fehr wohl, dafs fich die bedeutendsten Schriftsteller gerade in diefer witzigen, muntern Publiciftik ihre Sporen verdient haben; ich weifs, dafs gerade fo viel Talent dazu gehört, eine geiftreiche Cauferie über Parifer Stadtklatfch wie einen Leitartikel über die Conftitution zu fchreiben; aber die Natur der »*petite preffe*« bringt es fchon mit fich, dafs die Journaliften, welche in ihr thätig find, fich eine Rückfichtslofigkeit aneignen, von welcher fich der politifche Redacteur nichts träumen läfst. Die kleine Preffe will vor Allem pikant und unterhaltend fein, und da es viel leichter und dankbarer ift, auf Koften der Perfon als auf Koften der Sache zu witzeln, fo befchäftigt fie fich auch weniger mit Verhältniffen, als mit Perfonalien. Wer immer die öffentliche Aufmerkfamkeit auf fich lenkt, fei er Künftler oder Banquier, edler Fremdling oder Boulevard-Bummler, Herzog oder Induftrieritter, der kann mit Sicherheit darauf rechnen, dafs er einige Wochen lang von den Journaliften der kleinen Preffe mit mehr oder weniger Witz »verarbeitet« wird. »Berechtigte Eigenthümlichkeiten«, die zu fchonen wären, werden von der kleinen Preffe nicht anerkannt. Dem Feuilletoniften ift nichts heilig; ihm ift nur daran gelegen, einen Witz zu machen, der die Lacher auf feine Seite bringt; was der Betroffene davon denkt und ob diefer etwa in feinen zarteften Gefühlen empfindlich dadurch verletzt wird — darauf legt er kein Gewicht. Weifs er doch, dafs er in letzter Inftanz ftets bereit ift, für Das, was er gefchrieben hat, mit feinem Degen einzutreten. Denn auch das ift eine charakteriftifche Seite diefes Journalismus, dafs er nur folche Publiciften in fich duldet, die nicht nur Talent, fondern ebenfoviel perfönlichen Muth befitzen und die mit dem Stofsdegen gerade fo gut umzugehen verftehen müffen, wie mit der Feder. Das Fleuret hängt über dem Pulte des Feuilletoniften der kleinen Preffe, und die Frage: »*combien de salle?*« »wie lange Zeit haben Sie auf dem Fechtboden zugebracht?« welche der Chefredacteur eines folchen »kleinen Blattes« an feine Mitarbeiter zu ftellen pflegte, ift durchaus nichts Ungewöhnliches.

In diefer »kleinen Preffe« ift nun Rochefort grofs geworden. Wenn wir das nicht aus den Augen verlieren, werden wir Vieles erklärlich finden, was uns fonft unbegreiflich erfchiene. Der Hang über alles Mögliche, was er verfteht und nicht verfteht, zu witzeln, die Vorliebe, fich mit der Perfon zu befchäftigen, das ängftliche Vermeiden, auf die Sache einzugehen, die ftaunenswerthe Rückfichtslofigkeit, mit welcher er die intimften Gefchichten an die Oeffentlichkeit zieht, das Alles hat er in der kleinen Preffe gelernt und aus ihr in feine politifche Laufbahn mit hinübergenommen.

Sein ganzer Erfolg als »Politiker« beruhte darin, dafs er zunächft »kleiner Journalift« blieb; und das war auch fein einziges Verdienft. Der Gefetzgeber mit der Schellenkappe auf dem Kopfe und dem Kalauer auf der Zunge — das Schaufpiel war neu und unterhaltend. Man hatte die Rolle des »Hamlet« einem Poffenkomiker anvertraut, und wenn er fich er nach dem Monolog ein paar Couplets einlegte mit dem Refrain »Sein oder nicht fein«, fo klatfchte man Beifall. Dagegen läfst fich nichts einwenden, denn, wie gefagt, der Scherz hat feine Berechtigung.

Nur dafs der Komiker nicht aus der Rolle falle!

An dem Tage, da Rochefort aufhörte, »kleiner Journalift« zu fein und »ernfter Politiker« werden wollte, mufste er jämmerliches Fiasco machen. Seine Debüts »im Ernfte« in den Parifer Wahlverfammlungen hätten ihm fchon die

Ueberzeugung verfchaffen follen, dafs er zum »*homme sérieux*« ganz und gar kein Talent hat.

Rochefort hatte fich in Paris den Ruf eines witzigen Journaliften gemacht. Seine kleinen Plaudereien im »Charivari« und »Figaro« erregten wegen ihrer liebenswürdigen Bosheit in gewiffen Kreifen einiges Auffehen. Er fchrieb auch für die Genretheater kleine Poffen, die Erfolg hatten. Auf dem Boulevard war die lange hagere Geftalt mit dem fchmalen, verlebten und intelligenten Kopfe eine bekannte Erfcheinung, aber aufserhalb der Bannmeile von Paris wufste man wenig und im Auslande gar nichts von dem Verfaffer der »*vieilleffe de Brididi*«. Als die Regierung die Preffe der Willkür der Behörden zu entziehen fich genöthigt fah und ein Prefsgefetz einbrachte, nach welchem zur Gründung eines neuen Blattes nicht mehr, wie bisher, die Genehmigung der Behörden erforderlich war, kam Rochefort auf den fehr geiftreichen Einfall, den Stil, die Auffaffung und Behandlungsweife der »*petite preffe*« auf die Politik zu übertragen und Radicaler zu werden. Nicht mehr gegen Schaufpieler, Literaten und Flaneurs, nein, gegen die verhafsten *politifchen* Perfönlichkeiten, vom Kaifer herab bis zum erbärmlichften Souspräfecten — gegen fie follten fich feine vergifteten Pfeile richten.

Das, was man feit langen Jahren fich heimlich zugeflüftert hatte, nachdem man fich überzeugt, dafs kein Mouchard in der Nähe fei, das wollte er den Leuten fchwarz auf weifs geben, in der pikanteften Form, in der beliebten Form der geiftreichen Cauferie. Die Idee war an und für fich fchon fehr glücklich; die Regierung forgte dafür, dafs diefelbe überall mit Enthufiasmus aufgenommen wurde. Sie beging die Thorheit, die letzten Tage ihrer unbefchränkten Gewalt über das öffentliche Wort dazu zu benutzen, um Rochefort die Genehmigung zur Herausgabe des von ihm projectirten Blattes zu verfagen. Eine beffere Reclame könnte für das beabfichtigte Unternehmen nicht gemacht werden. Alle Welt wurde auf das bevorftehende Erfcheinen der Rochefort'fchen Wochenfchrift aufmerkfam gemacht, alle Welt mufste annehmen, dafs es fich hier um etwas ungewöhnlich Gefährliches handle — wie würde die Regierung fonft ein Verbot erlaffen haben, das, wie Jedermann wufste, wenige Wochen darauf hinfällig werden mufste? — Man erzählte fich Wunderdinge.

Das neue Prefsgefetz wurde angenommen. Rochefort machte unverzüglich von dem ihm dadurch zuftehenden Rechte Gebrauch und gab fein mit Spannung erwartetes Blatt heraus, welches den Erwartungen durchaus entfprach. Schon äufserlich imponirte es. Ein ganz kleines Heftchen von 32 Seiten, fplendid gedruckt, in feuerrothem Umfchlage mit dem Titel »*La Lanterne*« — das Alles war originell. Bei dem Titel mufs man übrigens nicht an die Laterne des Diogenes denken, fondern vielmehr an die Laterne aus dem Revolutionsliede »*ça ira*«, an welche die Ariftokraten gehängt werden follen.

   Ah ça ira, ça ira!
   Les ariftocrates à la *lanterne!*
   Ah ça ira, ça ira —
   Les ariftocrates on les pendra.

Und nun gar der Inhalt! Bosheit auf Bosheit, hämifche Bemerkungen voll Gift und Galle über den Kaifer, feine Mutter, feine Frau, und alles das in geiftvoller Form. Der Erfolg mufste ein durchfchlagender fein. Wie immer hatte ein Extrem das andere hervorgerufen. Der Kaifer, der die Preffe jahrelang mundtodt gemacht hatte, bekam jetzt

Dinge zu hören, die ihm von einer Preffe, welche an den Gebrauch des freien Wortes gewöhnt ift, niemals ins Geficht gefchleudert worden wären. Und wie freuten fich die boshaften Parifer, wenn fie Rochefort den Kaifer interpelliren hörten, woher es wohl komme, dafs man immer nur von der Mutter des Kaifers, von der ungenirten Königin Hortenfe, aber niemals von dem Vater, dem harmlofen König von Holland, fpreche? »Ich bin Bonapartift«, fchrieb er, »durch und durch Bonapartift; nur wird man mir es nicht übelnehmen, wenn ich mir in der glorreichen Dynaftie der Napoleons meinen Lieblingskaifer ausfuche. Nun, ich bin ein ganz entfchiedener Anhänger Napoleons II. Das war doch noch ein Fürft! Keine Civillifte, keine Steuern, keine waghalfigen Unternehmungen in fremden Welttheilen, kein Schwindel — das ift mein Mann!«

Auf die Dauer konnte ein folches Unternehmen nicht beftehen. Die Regierung war wiederum fo weife, das Blatt zu tödten, ehe es an der eigenen Gebrechlichkeit zu Grunde ging. Rochefort wurde zu langer Gefängnifshaft und fchweren Geldftrafen verurtheilt. Er zog es vor, Paris zu verlaffen. Er hatte in wenigen Wochen ein bedeutendes Vermögen erworben und eine europäifche Berühmtheit erlangt.

Dafs er das Blatt in Belgien fortfetzte, war offenbar ein dummer Streich. Die beftändige Satire wurde langweilig. Rochefort hatte längft Alles gefagt, was er zu fagen hatte, fein Witz verfiechte, die Laterne leuchtete nicht mehr, fie qualmte nur noch mit üblem Geruch. Wahrfcheinlich hat er auch ein ziemlich fchlechtes Gefchäft damit gemacht; wenigftens erklärte er fpäter, dafs er von den 200,000 Francs, die er mit den erften Nummern verdient habe, nicht einen Sou mehr befitze. Rochefort war ein abgethaner Mann. Kein Menfch bekümmerte fich mehr um ihn und um Das, was er fchrieb.

Da kamen ein paar muthwillige Parifer auf den Gedanken, Rochefort als Candidaten zum Gefetzgebenden Körper aufzuftellen. Man weifs, dafs er bei der Hauptwahl gegen Jules Favre unterlag, bei der Nachwahl aber an Gambettas Stelle, der für Lyon angenommen hatte, von dem erften Parifer Wahlbezirk in die Kammer gewählt wurde.

Von feiner Thätigkeit während der Wahlcampagne läfst fich Rühmliches nicht berichten. Die Regierung, gewitzigt durch die Erfahrungen, die fie mit diefem unliebfamen Herrn fchon gemacht hatte, war diesmal vernünftig genug, die Jugend fich austoben zu laffen, das kindliche Vergnügen der Parifer nicht zu ftören und dadurch Rochefort zu einigen erklecklichen Blamagen zu verhelfen. Die Wahl felbft hat fie nicht vereiteln können, aber fie hat es wenigftens dahin gebracht, dafs die vernünftigen Leute, und feien fie auch allerradicalften Schlages, über diefen närrifchen Politiker die Achfeln zuckten. Die Regierung bereitete alfo dem Verfaffer der giftigen Pamphlets gegen den Kaifer während der Wahlzeit keinerlei Schwierigkeit; fie liefs ihn ruhig nach Paris kommen und ihn da feine kleinen Gefchichten erzählen, und es ift unleugbar, dafs Rochefort durch fein Erfcheinen auf der Wahlftatt keine Anhänger gewann, aber viele feiner früheren Freunde verlor.

Sein erftes Auftreten in den Volksverfammlungen war geradezu kläglich. Denn wie dem Grafen zur Lippe und anderen hervorragenden Politikern, fo ift auch dem Redacteur der »Laterne« die Gabe der Beredtfamkeit von den Mufen verfagt. Er wurde von den Wahlentrepreneurs herumgeführt wie ein Wunderthier, man fchleppte ihn von Verfammlung zu Verfammlung und zeigte ihn der gaffenden Menge. Mit ftürmifchen Hurrahrufen und donnernden Hochs wurde er empfangen. Man verlangte ihn reden zu hören. Er wurde auf die Tribüne gefchoben. Der Sturm legte fich. Mit fieberhafter Erwartung laufchte man. Er aber räufperte fich, that den Mund auf und blamirte fich. Acht Tage lang hielt er allerorten diefelbe Rede: »Mitbürger, ich danke Euch. Unvorbereitet, wie ich mich habe ... Ihr kennt mich ... der herzliche Empfang, welchen Ihr mir bereitet, hat mich fo aufgeregt ... Nochmals, meinen innigften Dank!« darauf verneigte er fich und trat ab, die Verfammlung fchrie *vive Rochefort!* und alle Welt war zufrieden. Die Wähler hatten den Mann gefehen, der den Kaifer fo oft geärgert hatte, fie hatten fich tüchtig ausgefchrieen — mehr von einer Volksverfammlung zu verlangen wäre unbillig. Schliefslich aber, nachdem das Auge und der Mund der Wähler hinreichend befriedigt waren, machte auch das Ohr feine Rechte geltend; man hatte nun genug gefehen, genug gefchrieen, man verlangte etwas zu hören. Rochefort arbeitete fich alfo eine fehr radicale Wahlrede aus, lernte fie auswendig und gab fie wochenlang allabendlich in zwei bis drei Volksverfammlungen zum Beften; zuerft zitternd und unficher, mit heiferem Organ, mit kindifch befangenen Geften, fpäter mit angelerntem Aplomb und zuguterletzt mit Selbftbeherrfchung und Sicherheit.

Derjenige, welcher die Gelegenheit gehabt hat, zur Zeit der Reichstagswahlen einer focialdemokratifchen Wahlverfammlung in einer Induftrieftadt beizuwohnen, kann fich ohne Mühe eine Vorftellung von den Parifer

Verfammlungen machen, in welchen Rocheforts Candidatur befürwortet wurde. Hier wie dort der brutalfte Terrorismus, daffelbe, angeblich demokratifche, Gaukelfpiel. Hier wie dort diefelben Redensarten: »Mitbürger! Zeigen wir unfern Gegnern, dafs wir die ehrliche Oppofition nicht fcheuen. Wenn alfo Gegner unter uns fich befinden, fo mögen fie frei hervortreten und fagen, was fie zu fagen haben« und hier wie dort diefelbe thatfächliche Illuftration, daffelbe Niederheulen und Niedertrampeln jedes nicht ganz orthodox-focialdemokratifchen Wählers, daffelbe Beifallsgebrüll nach jedem Satze zu Gunften des aufgeftellten Candidaten. Einer fo gefinnten Verfammlung gegenüber konnte fogar Rochefort nach einiger Uebung eine Art von demagogifcher Beredtfamkeit entwickeln. Sobald er in die Verfammlungen trat, lichteten fich die Haufen, um ihm den Weg zur Rednertribüne zu bahnen. Unten den Rufen »Rochefort, auf die Tribüne!« und von ftürmifchen Zurufen begleitet, fchritt er durch den Saal. Minutenlanger jauchzender Beifall begrüfste ihn, fobald er auf dem erhöhten Podium erfchien; das farblofe Geficht wurde noch fahler, fobald fich die Verfammlung wieder beruhigte, er fteckte die Hände in die Hofentafchen und begann mit fchwachem, rauhem Organ alfo zu reden:

»Mitbürger! Ihr wollt wiffen, was ich thun werde, um das bei Seite zu fchaffen, was uns drückt? Hört mich an. Ich werde zunächft die Steuern verweigern und ich rathe allen meinen Wählern, daffelbe zu thun. Da ich nicht Katholik bin, fo erfcheint es mir ganz und gar unbillig, von mir zu verlangen, dafs ich die Priefter eines mir fernftehenden Cultus kleiden und bezahlen foll. Da ich ferner glaube, dafs alle Bürger das Vaterland vertheidigen werden, wenn es angegriffen wird, fo halte ich es für durchaus überflüffig, dies Gefchäft 600,000 Bayonetten zu übertragen. Weshalb foll man daher Millionen dafür ausgeben, um eine Armee zu unterhalten und Chaffepots zu kaufen, die faft keinen andern Zweck haben, als die Arbeiter niederzuschiefsen. Steuerverweigerung halte ich in diefem Augenblick, wo wir Demokraten nicht im Stande find, der Gewalt die Gewalt entgegenzuftellen, für das einzig anwendbare Mittel, um der Regierung Conceffionen abzurotzen. Die Regierung braucht viel Geld, hängen wir ihr den Brodkorb höher. Ihr wifst ja: wenn kein Futter in der Krippe ift, fangen die Ochfen an ... nun, Ihr wifst ja, wie es weiter geht. Solltet Ihr aber der Meinung fein, dafs die Frage auf der Strafse gelöft werden mufs, fo feid überzeugt, Ihr werdet mich auch dort an Eurer Seite finden«.

Jauchzen und Brüllen nach jedem Satze, donnernde Hochs auf Rochefort etc. etc. — dies Schaufpiel wiederholte fich wochenlang jeden Abend einigemale. Das Refultat ift bekannt: Rochefort wurde mit einer fehr anfehnlichen Majorität gewählt und war bis zum Sturz des Kaiferreichs der verfaffungsmäfsige Vertreter des erften Wahlbezirks der Hauptftadt.

Einer der dunkeln Puncte feines politifchen Lebens ift der von ihm geleiftete Eid. Rochefort, der vor taufenden von Wählern und zu unzähligen Malen die Verpflichtung übernommen hatte, Alles zu thun, was in feinen Kräften ftand, um die Verfaffung zu ftürzen und den Kaifer vom Throne zu ftofsen, hat den vorgefchriebenen Eid: »Ich fchwöre vor Gott und den Menfchen, treu zu bleiben dem Kaifer und der Verfaffung« ohne Murren geleiftet.

In der Kammer hat er nur felten das Wort ergriffen. Seine erften Bemerkungen frappirten; fie waren parlamentarifch und vernünftig; er fühlte fich wohl zunächft nicht ganz heimifch in dem gravitätifchen Kreife, in welchen ihn der Wille des Volks verfetzt hatte. Erft im Laufe der Zeit fand er feine Contenance wieder und erinnerte die würdigen Grauköpfe mit den weifsen Halsbinden daran, dafs der boshafte Redacteur der »Laterne« ihr College von Volkes Gnaden war. Man weifs, dafs er die Gelegenheit vom Zaun gebrochen hat, um Napoleon an einen feiner dümmften Streiche zu erinnern: an den verunglückten Coup in Boulogne, bei welchen ein abgerichteter Adler, der über dem Haupte des ehrgeizigen Abenteurers dahinflog, eine Rolle fpielte. Das war ein vielverfprechender Anfang; und da Rochefort auf diefem Wege fortfuhr, fo war er in der That eine originelle parlamentarifche Erfcheinung. Die *chronique fcandaleufe* in der Politik, das Poffencouplet in der Gefetzgebung, das fatirifche Feuilleton in der Budgetberathung konnte gar keine geeignetere Vertretung finden, als in dem witzigen Henri Rochefort.

Rochefort begründete ein neues Blatt: »*La Marfeillaife*«. In diefer Zeitung liefs er alles Das drucken, was er in der Kammer gern fagen wollte und gefagt haben würde, wäre er ebenfo beredt gewefen, wie er fchlagfertig mit der Feder war. Denn das läfst fich nicht leugnen: Rochefort ift ein Pamphletfchreiber erften Ranges. Er hat vortreffliche Einfälle, fein Stil ift knapp und packend, er befitzt ein fcharfes Auge für Alles, was an feinen Gegnern lächerlich ift, und fein Sarkasmus kennt keine Schonung, kein Erbarmen.

Ein Artikel in diefem Blatte führte zu der bekannten Affaire mit dem Prinzen Peter Bonaparte, in welcher der Journalift Victor Noir niedergefchoffen wurde. Prinz Peter, ein wüfter und roher Gefelle, hatte wegen eines Artikels, den ein Mitarbeiter der »Marfeillaife« in einem corfifchen

Blatte gefchrieben, einen Brief an den Chefredacteur der »Marfeillaife«, Rochefort, gerichtet, auf welchen eine Forderung folgen mufste. In Folge deffen wurde der Prinz fowohl von Rochefort wie von feinem Mitarbeiter, dem Verfaffer des Artikels gegen Peter Bonaparte, gefordert. Diefer letztere, Pafcal Grouffet, fchickte feine Collegen, Fonvielle und Victor Noir, Rochefort feine beiden Mitarbeiter, Millière und Arnauld, dem Prinzen als Carteträger. Die beiden Letztgenannten konnten ihre Miffion nicht erfüllen, da in Folge der Scene, welche fich zwifchen dem Prinzen und den beiden Erftgenannten entwickelt hatte, der Prinz gefänglich eingezogen worden war. Ueber die widerwärtigen Vorgänge im Zimmer des Prinzen hat niemals die volle Wahrheit feftgeftellt werden können. Der Prinz behauptet, provocirt worden zu fein und durch eine Ohrfeige, die er von Victor Noir erhalten habe, zum Piftol als Nothwehr gegriffen zu haben, während Fonvielle diefe Angabe als eine fchmähliche Lüge bezeichnet und den Prinzen einfach als Meuchelmörder darftellt. Thatfächlich ift, dafs Peter Bonaparte mit dem Revolver in der Tafche die Carteträger empfing, dafs er von der Waffe Gebrauch machte, Victor Noir niederfchofs und von dem kaiferlichen Staatsgerichtshof in Tours, wie fich das von felbft verftand, freigefprochen wurde. Ueber diefe Ermordung feines Freundes brachte nun Rochefort in der »Marfeillaife« einen allerdings aufserordentlich vehementen Artikel, in welchem er zur Revolte gegen die bonapartiftifchen Banditen geradezu herausforderte. Er wurde verurtheilt zu mehrmonatlicher Gefängnifsftrafe, und erft der Sturz des Kaiferreichs öffnete ihm die Thür des Gefängniffes. Als Gewählter der Stadt Paris wurde er *eo ipfo* Mitglied der Regierung der Nationalvertheidigung. Er benahm sich zunächst klug und zurückhaltend, aber bald mufste er doch einsehen, dafs er der Aufgabe, welche ihm jetzt oblag, nicht gewachsen war; und unter irgend einem radicalen Vorwande trat er aus der Regierung aus. Er begründete »*le mot d'ordre*«. Er wurde auch in die Nationalverfammlung gewählt; aber feine Zeit war vorüber. Mit der Befeitigung des Kaiferreichs war feine ganze Perfönlichkeit, welche nur als fchroffste Oppofition zu diefem Kaiferreiche Bedeutung gehabt hatte, überflüffig geworden.

Jüngst wurde die Nachricht verbreitet, er sei gestorben; es ist ihm etwas viel Schlimmeres paffirt: er hat sich überlebt*).

---

*) *Nachschrift.* Seitdem diese Zeilen geschrieben wurden, haben sich Dinge in Frankreich zugetragen, von denen sich unsere Schulweisheit nichts träumen liefs. Unter der Herrschaft der petroleofen „Commune", welcher Rochefort wohl weniger aus wahrer Ueberzeugung diente, als unter dem Drucke seiner radicalen Vergangenheit huldigen mufste, ist von dem einft gefeierten Helden faft nie die Rede gewesen. Er war beinahe verschollen, als durch die Nachricht von seiner Verhaftung die öffentliche Aufmerksamkeit wiederum auf dies unerquickliche Dasein gerichtet wurde. Sobald er nämlich bemerkte, dafs den Communaliften das letzte Stündlein geschlagen habe, erwachte in ihm der mächtige Trieb der Selbsterhaltung: er entwischte aus Paris, wurde aber trotz des abgeschorenen Schnurrbarts in Meaux erkannt und als Gefangener nach Verfailles gebracht. Ueber sein weiteres Schicksal ist in dem Augenblick, da diefer Bogen zur Preffe geht, noch nichts entschieden. Schliefslich ist es auch gleichgültig, welches Ende Rochefort nimmt; er ist so wie so ein abgethaner Mann. Seine Bedeutung hat mit dem Kaiferreich aufgehört.

Victor Hugo als Politiker.

On m'apelle apoſtat, moi qui me crus apôtre.
Victor Hugo. „*Contemplations*".

Victor Hugo hat ſich bekanntlich berufen gefühlt, während des letzten Krieges ein Manifeſt an die Deutſchen, ſpäter ein zweites an die Franzoſen und endlich ein drittes an eine auf einer engliſchen Inſel lebende Dame zu richten. Im erſten wollte er lieblich ſein, denn »lieblich ſind die Boten, die den Frieden verkündigen«, und da ihm das nicht gelang, wurde er furchtbar wie Marſa und rief nicht nur alle lebenden Weſen, Alles, was da kreucht und fleugt, ſondern auch das Lebloſe zum Vernichtungskriege gegen Deutſchland auf: Dächer, entziegelt euch! Töpfe entdeckelt euch — Ziegel und Deckel ſtürzt euch herab auf dieſe blonden Hunnen, zermalmt ſie, zerſchmettert ſie etc. Man kennt ja zur Genüge den affectirt zerhackten Stil, deſſen ſich Hugo in ſeinen letzten Schriften mit ſeltener Ausdauer befleiſsigt.

Wer Victor Hugo's politiſche Leiſtungen in der Vergangenheit verfolgt hat, wird ſich über ſeine neueſten Briefe kaum gewundert haben. Und vielleicht verlohnt's der Mühe, auch der früheren politiſchen Wandlungen dieſes merkwürdigen Mannes zu gedenken, der jetzt nicht mehr der »erlauchte Verbannte« genannt werden darf. Er ift nicht mehr *l'illuftre exilé*, fondern *le revenant*, und fogar in der doppelten Bedeutung des französifchen Wortes: der Heimkehrende und das Gefpenft. Er kommt vom Jenfeits, wie es fcheint. Er hat keine Ahnung davon, dafs die Welt feit zwanzig Jahren zwanzigmal gefcheidter geworden ift. Es will ihm ganz und gar nicht in den Sinn, dafs diefe böfe Welt fein unbefangenes und rührendes Erftaunen über Paris, die Stadt der Städte, nicht vollkommen theilt. Er ift, wie der Schubert'fche Wanderer, »ein Fremdling überall«.

Hätte er nur einen ganz oberflächlichen Begriff von der Realität der Dinge, fo würde er feinen Brief an die Deutfchen ganz gewifs vor Druck bewahrt haben. Wenn es fich darum handelt, Paris zu belagern und zu nehmen, fo werde ich mich, wenn mir die Wahl zwifchen Victor Hugo und Moltke gelaffen wird, auf alle Fälle, ohne dem von mir hochverehrten Dichter zu nahe zu treten, immer für den Letzteren entfcheiden. Will ich Paris vertheidigen, fo halte ich eine halbzerbrochene Ofengabel noch immer für eine beffere Waffe, als ein fchwungvolles Manifeft, und der klapperigfte Mobilgardift fcheint mir nützlicher zu fein, als der lorbeergekrönte Poet. Victor Hugo würde fagen: Sogar Leboeuf verdrängt den Tyrtäus. Und will ich endlich auf die Deutfchen wirken, fo rede ich Deutfch mit ihnen, meinetwegen in franzöfifcher Sprache, aber nur um des Himmels willen nicht das verhafstefte Wälfch: Kauderwälfch.

Aber man kann es als eine feftftehende Regel annehmen, dafs jedesmal, wenn Victor Hugo politifch werden will, irgend ein Unglück paffirt. Die Beharrlichkeit, mit welcher der dichterifche Meifter den politifchen Dilettantismus betreibt, ift geradezu erftaunlich. Ein halbes Jahrhundert beftändigen Mifserfolgs hat ihn nicht zu entmuthigen vermocht. Ich will ihm keinen befondern Vorwurf daraus machen, dafs er nach und nach Legitimift, Orleanift und Republikaner gewefen ift — das ift kein Verbrechen; er hat eben einfach daffelbe gethan, was Frankreich gethan hat, ohne deffen letzte und fchmählichfte Wandlung, den Rückfall von der Republik in den napoleonifchen Cäfarismus mitzumachen — aber das gebrannte Kind follte doch das Feuer fcheuen; etwas vorfichtig follte er doch fein, wenn er von »Staats- und gelehrten Sachen« fpricht. Das ift doch gewifs nicht zu viel verlangt. Begeht er deffenungeachtet neue Thorheiten, fo mufs er fich's gefallen laffen, dafs man an feine alten Thorheiten erinnert.

Der Wechfel der politifchen Gefinnung an fich ift, wie gefagt, durchaus nichts Schimpfliches, wenn er, wie bei Hugo, durch die geiftige Entwicklung des Individuums bedingt wird und einen Fortfchritt bezeichnet. Barthélemy hat unzweifelhaft Recht, wenn er fagt:

> „*Je ris de tout celui qui, fier de fon fyftème*
> *Me dit: „Depuis trente ans je suis refté le même!*
> *Je fuis ce que je fus; j'aime ce que j'aimais!"*
> *L'homme abfurde eft celui qui ne change jamais.*"

Nur fchade, dafs diefe weifen Verfe gedichtet wurden, um einem demokratifchen Renegaten eine Phrafenbrücke in das Lager des Rückfchritts zu bauen und dafs diefe Verfe feitdem auch vorzugsweife von Renegaten citirt worden find. Und daffelbe fagt ja auch Rudolph Schramm, der fich eines Abends puterroth zu Bette legte und am andern Morgen fchwarz-weifs angeftrichen aufwachte. Ihm verdanken wir das geflügelte Wort: »Das Rindvieh bleibt Rindvieh fein Leben lang. Aber der Menfch ift nicht an das Rindviehthum gebunden."

Auch in dem politifchen Leben Victor Hugo's ift keine Spur von diefer thierifchen Stabilität zu entdecken.

Er fing damit an, die Bourbonen zu lieben und zu verherrlichen (man vergleiche fein Gedicht: »*Le facre de Charles X.*«) und fich über die Demokraten fittlich zu entrüften, über »jene volksbeliebten Tyrannen, welche auf die ehrwürdige Vergangenheit wie auf einen alten Feind einftürmen."

„. . . . *ces tyrans populaires
Attaquant le paſſé comme un vieil ennemi.*"

Als der König die dem Dichter bewilligte Penfion erhöhen wollte, richtete Victor Hugo an den General-Intendanten des königlichen Haufes einen Brief, der freilich von einer anftändigen Gefinnung dictirt war, aber doch einige höchft bedenkliche Sätze enthielt: »Monfeigneur!« fchrieb Hugo am 14. Auguft 1829. »Ich bin von der Güte des Königs tief gerührt. Meine Ergebenheit für den König ift in der That aufrichtig und tief. Meine Familie — *adelig feit dem Jahre* 1531 — ift eine alte Dienerin des Staates. Mein Vater und meine beiden Oheime haben ihm vierzig Jahre mit ihren Degen gedient. Ich felbft bin vielleicht glücklich genug gewefen, dem König *und dem Königthum* einige befcheidene Dienfte zu leiften. Fünf Auflagen find von einem meiner Bücher vergriffen, *in welchem der Name »Bourbon« auf jeder Seite fteht.*« So fing der Brief an, und er fchlofs, ebenfo erbärmlich, folgendermafsen: »Der König darf von Victor Hugo nur Beweife der Treue, der Loyalität und der Ergebenheit erwarten.« Ein fchöner Gedanke, aber es kam anders.

Auch in Bezug auf Napoleon I. waren feine Anfichten nicht ganz unerfchütterlich. Man geftatte mir, zwei Stellen neben einander zu fetzen. In beiden befingt Victor Hugo die Vendômefäule.

Die Deputirten waren in der Sitzung vom 7. October 1830 über die Petition, die Afche Napoleon's unter der Vendômefäule zu beerdigen, zur Tagesordnung übergegangen. Darauf bemächtigte fich des Dichters wieder einmal einige fittliche Entrüftung, und er fang: »Wer hätte dir gefagt, dafs du eines Tages bis zu dem Schimpf erniedrigt werden würdeft, dafs dreihundert Advocaten es wagen follten, deiner Afche diefes Grab erbärmlicherweife vorzuenthalten! Wenn fie diefe unfterbliche Reliquie zurückgewiefen haben, fo gefchieht es nur, weil fie auf diefelbe eiferfüchtig find, weil fie vor ihr zittern, erbleichen, weil fie Angft haben, dafs der Kaifer ihnen über dem Kopfe fteht und dafs ihre Illuminations-Lämpchen in der Sonne von Aufterlitz verdunkelt werden.« *)

Wobei nicht zu vergeffen ift, dafs derfelbe Mann zu derfelben Säule früher das Folgende gefagt hatte: »Wenn all das Blut, welches fliefsen mufste, um deine Gier zu ftillen, um diefes Denkmal fich anfammeln könnte, fo würde es bald bis zu deinem Bilde hinaufsteigen, und du könnteft faufen, ohne dich zu bücken.«

Hugo wufste feine getheilten Gefühle für Napoleon I. und feine Gefühle unverbrüchlicher Treue für die Bourbonen fpäter mit den Gefühlen derfelben Treue für die Orleans in glücklichen Einklang zu bringen. Bei feiner Aufnahme in die Akademie (1841) fagte er Folgendes: »nach meinem Gefühle hat unfere letzte, fo ernfte, fo ftarke

---

*) *Chants du crépuscule: „A la colonne"*.

und fo verftändige Revolution (von 1830) mit einem wunderbaren Inftincte begriffen, dafs, da gekrönte Familien für fouveräne Nationen gefchaffen find, die Erbfchaft von Fürft auf Fürft durch die Erbfchaft von Zweig auf Zweig verdrängt werden müffe; und mit tiefem Scharffinne hat fie in eine junge Dynaftie eine alte monarchifche und volksthümliche Familie umgeformt, eine Familie, die gleichzeitig von der Vergangenheit durch ihre Gefchichte, von der Zukunft durch ihren Beruf erfüllt ift.«

Hugo war alfo Verehrer des orleaniftifchen Berufes. Als folcher war er zur Zeit der Orleans auf die Republik fchlecht zu fprechen. Im »*Journal d'un révolutionnaire de 1830*« fagt er: »Die Republik, wie gewiffe Leute fie verftehen, ift nichts Anderes als der Krieg Derer, die keinen Grofchen, keine Idee und keine Tugend befitzen, gegen Jedweden, der eine von diefen drei Eigenfchaften befitzt. Die Republik ift meiner Anficht nach noch nicht reif. Aber Europa wird fie in einem Jahrhundert haben.« Demnach würde Hugo's Enkel, welchen er in fo glücklicher Weife durch feinen »Brief an die Deutfchen« in die Gefchichte der Gegenwart eingeführt hat — vorausgefetzt, dafs er das Alter feines Grofsvaters erreicht — als Greis vielleicht die Freude erleben, eine reife Republik zu fehen.

Der folgende Satz aus demfelben »*Journal*« follte jetzt recht häufig citirt werden. Er ift auch heute noch durchaus zutreffend. »Es macht einen fonderbaren Eindruck«, fchreibt Hugo, »wenn man fich die Gefichter der Leute befieht, die kurz nach einer Revolution auf den Strafsen daherfchlendern. Bei jedem Schritt und Tritt ftöfst euch das Lafter und die Unpopularität mit dem Ellbogen an unter dem Schutze der dreifarbigen Cocarde; Viele bilden fich ein, dafs die Cocarde die Stirn bedeckt.«

Zu derselben Zeit war auch Hugo den staatsstreichlerischen Gedanken nicht so abhold, wie man es wünschen möchte; er schrieb den folgenden sehr bedenklichen Satz mit einem unüberfetzbaren Wortspiele: »*Il faut quelquefois violer les chartes pour leur faire des enfants.*« Wenn Herr Granier (aus Cassagnac) etwas belesener gewesen wäre, so würde er sich diesen Hugo'schen Satz zur Motivirung des napoleonischen Staatsstreiches ohne Zweifel angeeignet haben.

Unter den Orleans machte Victor Hugo seine Reise nach Deutschland (1842), deren sichtbare Spuren er in dem sehr ergötzlichen Buche: »*Le Rhin*« hinterlassen hat. Da ich Hugo nicht nur in seinen mit den politischen Monden wechselnden Phasen, sondern »als Politiker« überhaupt zu skizziren versuche, so muss ich auch über dieses sonderbare Buch einige Worte sagen. Wenig. Zunächst ist in der Schilderung Deutschlands der folgende Passus als bemerkenswerth hervorzuheben: »In Frankfurt am Main plaudern blutige Metzger mit rosigen Fleischerstöchtern unter Guirlanden von Hammelkeulen.« Was er sonst noch von Frankfurt sagt, ist weniger bedeutend.

Aber höchst gelungen erscheinen mir seine politischen Auseinandersetzungen. Hugo plaidirt in dem Werke bekanntlich für eine Allianz zwischen Frankreich und Deutschland. Er löst die politischen Schwierigkeiten also: »Die Welt muss ins Gleichgewicht gebracht werden«, sagt er. Sie muss. Da hilft kein Widerstreben. »Europa muss (es geht ja gar nicht anders, der Bien' muss!) in zwei grosse Rheinstaaten, als doppelten Schlüssel zum Gewölbe des Continentes, zerfallen: in einen nördlich-östlichen und in einen südlich-westlichen Rheinstaat — in Deutschland, welches sich auf die Ostsee, die Adria und das Schwarze

Meer ſtützt, mit Schweden, Dänemark, Griechenland und den Donaufürſtenthümern als Strebepfeilern, und in Frankreich, welches ſich auf das Mittelmeer und den Ocean ſtützt, mit Italien und Spanien als Gegenpfeilern. Denn was iſt von der alten Welt noch übrig geblieben? Was hat in Europa Stand gehalten? Nur zwei Nationen: Frankreich und Deutſchland. Nun, das könnte genügen. Frankreich und Deutſchland ſind ja im Weſentlichen Europa. Deutſchland iſt das Herz, Frankreich iſt der Kopf. Frankreich und Deutſchland ſind ja im Weſentlichen die Civiliſation. Deutſchland empfindet, Frankreich denkt. Empfindung aber und Gedanke — das iſt der ganze civiliſirte Menſch.«

Da Victor Hugo den öſterreichiſchen Geſammtſtaat in den Begriff »Deutſchland« miteinbegreift, ſo iſt von Oeſterreich nicht weiter zu reden. Aber England und Rußland? Ja, da kommen wir ſchön an. Hugo hat dieſe Einwendung vorhergeſehen. Er antwortet: »Wenn Mittel-Europa conſtituirt ſein wird, und das wird eines Tages geſchehen, ſo wird das Intereſſe Aller in offenbarer Weiſe gefördert werden: Frankreich, das ſich auf Deutſchland ſtützt, wird England, welches, wie wir ſchon geſehen haben, den Geiſt des Handels repräſentirt, die Stirn bieten und es ins Meer zurückwerfen; Deutſchland, das ſich auf Frankreich ſtützt, wird Rußland, welches, wie wir ebenfalls geſehen haben, den Geiſt der Eroberung repräſentirt, die Stirn bieten und es nach Aſien zurückwerfen. Der Handel hat ſeinen Platz auf dem Ocean. Und was den Geiſt der Eroberung anbetrifft, ſo bedarf Aſien deſſelben, Europa nicht.«

Hätte die Republik vielleicht nicht beſſer daran gethan, wenn ſie an Stelle des kleinen Thiers den groſsen

Hugo an die Höfe von London und Petersburg abgefendet hätte? Er hätte da das Zurückwerfen in's Meer und über den Ural gleich an Ort und Stelle abmachen können. Und gewifs wäre er recht gütig aufgenommen worden.

Aber das ift noch nicht Alles. Hugo hat in »*Le Rhin*« einige politifche Entdeckungen gemacht, die dem Auge des Laien möglicherweife entgangen find. Man geftatte mir, diefelben der Nichtbeachtung zu entziehen. Hugo findet nämlich, dafs zwifchen den vier Völkern, die er zufammen abmurkft: den Engländern, Spaniern, Ruffen und Türken, »wunderfame Beziehungen« beftehen, »welche fie in geheimnifsvoller Weife mit einander verbinden und welche dem Denker (ich überfetze!) eine verborgene Aehnlichkeit der Conformation (nur nicht ungeduldig werden; man wird gleich zu begreifen anfangen!) und mithin vielleicht auch der Beftimmung zu offenbaren fcheinen. Der eine verbindende Zug geht von England nach der Türkei: Heinrich VIII. tödtete feine Frauen, wie Mohamed II.; der andere geht von Rufsland nach Spanien: Peter I. tödtete feinen Sohn, wie Philipp II.« Ich erlaube mir noch auf eine Aehnlichkeit aufmerkfam zu machen, die Hugo überfehen haben mufs: »und beide Namen fangen mit einem P. an!«

Aber auch in England findet Hugo überall Spanien wieder: »In den Befitzungen von Grofsbritannien erkennt man überall die fpanifche Monarchie, wie man einen halbverdauten Jaguar im Bauche der Boa wiederfindet.« Der glückliche Jaguar! Er ift doch wenigftens halbverdaut. Wenn ich das von der Hugo'fchen Politik behaupten wollte, fo würde ich nicht wahrhaftig fein. Mir kommt fie ganz und gar unverdaulich vor.

Möchte man diefem Politiker nicht bei jedem Satze mit dem Worte:

„Mich dünkt, der Alte fpricht im Fieber!"

in die Parade fahren? Wer fich diefer hohen Politik Victor Hugo's erinnert hat, der wird fich, wie ich oben bemerkte, über feine Epiftel an die Deutfchen gewifs nicht gewundert haben.

Schliefslich, nachdem die Junimonarchie verjagt war, wurde Hugo Republikaner. Und er ift es geblieben. Er hat treulich im Exil ausgehalten und das Heilige Paris erft wieder betreten, als die napoleonifche Schmach von Frankreich genommen war. Sein verwegenes Programm in Betreff des Ex-Kaifers:

„Tu peux tuer cet homme avec tranquillité!"

hat feiner Zeit fo viel Auffehen gemacht, dafs ich jetzt nur daran zu erinnern brauche.

Nach diefer kleinen Blumenlefe aus den politifchen Werken des grofsen Dichters dürfte die fubmiffefte Bitte nicht ungerechtfertigt erfcheinen: Victor Hugo, den wir als Dichter hoch verehren, wolle uns mit feiner politifchen Weisheit, mit feinem Galgacus, feinem Indien, Sybaris und Saragoffa gütigft verfchonen. Bis auf Weiteres.

Heiter in ernster Zeit.

(Gefchrieben Ende Juli 1870, unmittelbar vor Ausbruch des Kriegs.)

Die Vorfehung hat dafür geforgt, dafs der Humor nicht ausftirbt auf unferm närrifchen Planeten. In der trüben Gegenwart, da der Himmel mit fchwarzfittigem Gewölk bedeckt ift, zeigt fich doch noch hie und da ein blaues, lichtes Fleckchen, welches uns die tröftliche Gewifsheit gewährt, dafs *poft nubila* Phöbus auf feinem goldigen Wagen kommen wird und dafs die unendlich weite Agathe des kreuzbraven Kind keine allzu vermeffene Behauptung aufftellt, wenn fie uns in beftändigen Synkopen verfichert, dafs die Sonne am Himmelszelt ftehe, »und ob die Wolke fie verhülle«.

Jetzt, in dem verhängnifsvollen Augenblicke, da fich zwei grofse Nationen, ftarrend in Eifen und gewappnet vom Scheitel bis zur Sohle, kampfbereit gegenüberftehen, da — hier ohne Uebertreibung gefprochen — das Glück von Millionen hingeopfert wird für — ja wofür? — für die wünfchenswerthe Reperatur eines morfchen, wackeligen, in allen Fugen krachenden Thrones, da alle Begriffe von Recht und Pflicht fich in ihr Gegentheil verwandeln, die wüfteften Leidenfchaften entfeffelt werden, der Mord zum

Verdienft, die Zerftörung zur preiswürdigen Handlung, die Vernichtung zur Heldenthat wird — felbft jetzt, im Kriegsgetöfe, mag der Humor nicht verftummen, und zwifchen den Turban des Zuaven und die Pickelhaube des norddeutfchen Bundesgrenadiers zwängt fich die raffelnde Schellenkappe des luftigen Schalks.

Kann fich der ernfthaftefte Menfch von der Welt in der That des Lachens erwehren, wenn er den Austaufch der diplomatifchen Freundlichkeiten zwifchen Paris und Berlin lieft? wenn er lieft, mit welchem köftlichen Aplomb die Welt angelogen wird oder wenigftens angelogen werden foll? — Ein berühmter Pfychiater pflegte griesgrämigen Hypochondern, die ihn um Heilung anfprachen, regelmäfsig anzurathen: »Suchen Sie die Bekanntfchaft eines argen Auffchneiders zu machen, von dem Sie überzeugt find, dafs er Sie beftändig belügt. Verrathen Sie nie durch eine Miene, dafs Sie in die Wahrhaftigkeit der Schnurren, die er Ihnen auftifcht, den leifeften Zweifel fetzen; laffen Sie fich anlügen nach Herzensluft. Treiben Sie das regelmäfsig, gehen Sie nie in ein Theater, wenn auf dem Zettel »Burleske« fteht, nehmen Sie nie ein Buch in die Hand, von welchem der Titel behauptet, dafs es humoriftifch fei; machen Sie fich Bewegung, forgen Sie für frifche Luft im Zimmer, effen Sie gute Speifen und trinken Sie guten Wein, meiden Sie aufmerkfam die Gefellfchaft von fogenannten Spafsmachern und fuchen Sie häufig die Ihres ernfthaften Lügners auf — wenn Ihnen das die Grillen nicht vertreibt, dann ift Ihnen überhaupt nicht zu helfen.«

Ich glaube, der Seelenarzt hatte Recht. Spüren wir Alle doch jetzt die Wirkung feiner Heilmethode. Wir Alle find jetzt Patienten — nach der Melodie: *Quidquid deli-*

rant reges, plectuntur Achivi — und diejenigen, welche uns die böfen Grillen vertreiben, find die Herren Diplomaten.

Natürlich fpreche ich nicht davon, dafs fich die hohen Staatenlenker gegenfeitig in der allerunzweideutigften Form der Unwahrheit zeihen. Das Schaufpiel ift zu alt, um uns noch zu ergötzen. Die Diplomatie — das weifs nachgerade Jedermann — nimmt in aufsergewöhnlichen Zeiten das Recht in Anfpruch, fich der liebenswürdig feinen Formen, auf welche fie fich in gewöhnlichen Zeiten erfchrecklich viel zugute thut, völlig zu entäufsern. Im Kriege ift Grobheit Trumpf. Man flüftert nicht mehr, man brüllt. Die Sprache dient nicht mehr dazu, Gedanken zu verheimlichen, fondern in den gefundeften Ausdrücken die Gedanken zu verdeutlichen. Man hufcht nicht mehr in Glanzftiefeln über das glattgebohnte Parquet, man zieht grofse Kanonen an mit Doppelfohlen, tritt feft auf und raffelt mit den Sporen. Das Alles ift, wie gefagt, längft bekannt, und wenn jetzt Bismark Grammont und Grammont Bismark Lügen ftraft, fo findet das alle Welt in der Ordnung; man wundert fich nicht darüber und freut fich darüber ebenfowenig, wie über die Thatfache, dafs die Fixfterne fich nicht bewegen, dafs Knaak Paftor ift, dafs der Mittwoch dem Dienstag folgt.

Die wenigen Momente reiner Freude, die uns noch gegönnt find — wir verdanken fie der unbeabfichtigten Komik der zünftigen Herren Staatsmänner, ihren *bona fide* in die Welt gefetzten Auffchnedereien, das heifst alfo denjenigen, von denen fie fich einbilden, dafs wir fie glauben. Da erft verfpüren wir die heilfame Wirkung, die der berühmte Pfychiater, von dem ich oben fprach, an feinen Patienten erprobt hatte.

»Seit den patriotifchen Beklemmungen des franzöfischen Minifters Rouher«, fchreibt Bismarck ganz ernfthaft, »hat man in Frankreich nicht aufgehört, uns in Verfuchung zu führen.«

Bismarck in Verfuchung! Bismarck — »dies Kind, kein Engel ift fo rein!« — von einem wälfchen Verführer umfchlichen! Eva-Bismarck von der Schlange Benedetti auf die faftigen Aepfel am Baume der Erkenntnifs aufmerkfam gemacht! »O, hätte ich Jubals Harfe und Mirjams füfsen Klang« — das könnte mich zu einem Gedichte im Stile des Profeffors Minckwitz begeiftern; das würde ich zeichnen, wenn ich den Stift wie Kaulbach führte.

Ich hoffe zuverfichtlich, dafs die für die Volksfchulen beftimmte »Preufsifche Gefchichte« künftiger Tage das folgende, durch einen einfach biblifchen Ton ausgezeichnete Caput enthalten wird:

Von der Verfuchung Bismarcks.

1. Bismarck aber, voll heiligen Geiftes, kam wieder von den Pyrenäen und ward vom Geift in die märkifche Wüfte geführt;

2. Und ward vier Jahre lang von dem Teufel verfucht. Und er afs nichts in denfelben Tagen, weder Baiern, noch Württemberg, weder Baden, noch Heffen; und da die Tage ein Ende hatten, hungerte ihn danach.

3. Der Teufel Benedetti aber fprach zu ihm: Bift du der norddeutfche Bundeskanzler, fo fprich zu dem Main, dafs er dein wird.

4. Und Bismarck antwortete und fprach zu ihm: Es ftehet gefchrieben: Du follft einen Unterfchied machen zwifchen Mein und Dein.

5. Und der Teufel Benedetti führte ihn auf einen hohen Berg und wies ihm alle Reiche des deutſchen Landes in einem Augenblick;

6. Und ſprach zu ihm: Dieſe Macht will ich dir alle geben und ihre Herrlichkeit; denn ſie iſt mir gegeben, und ich gebe ſie welchem ich will.

7. Mach' in Deutſchland, was du willſt; ſperre ein die ſüddeutſchen Flatterer in den Käfig des norddeutſchen Bundes. •

8. So du nur mich willſt anbeten und mir verhelfen zum Raube Belgiens und zum Kaufe Luxemburgs;

9. Wobei ich noch bemerke, daſs ich zur Erleichterung der Transaction den ganzen Rummel bezahlen würde,

10. So ſoll Alles dein ſein.

11. Bismarck antwortete ihm »dilatoriſch« und ſprach: Hebe dich von mir, Satan!

12. Und da der Teufel Benedetti alle Verſuchung vollendet hatte, wich er von ihm; und ſiehe, da traten die Engel des norddeutſchen Reichstags zu ihm und dieneten ihm.

13. Und Bismarck kam wieder in des Geiſtes Kraft nach Berlin, und das Gerücht erſcholl von ihm durch alle umliegenden Oerter.

14. Und er lehrte in den Schulen und ward von Jedermann geprieſen.

15. Und er erzählte bei paſſender Gelegenheit die ganze Geſchichte in der Times . . . .

In dem Erlaſſe des Bundeskanzlers an den Botſchafter in London hat mir auſser der Andeutung über die Verſuchungsſcene namentlich das Wort *»dilatoriſch«* viel Spaſs gemacht. Auf einen Vorſchlag, der uns eine Handlung anſinnt, welche jetzt von der geſammten unabhängigen

Preſſe aller Länder als ein einfacher Raub bezeichnet wird, antwortet man — ſittlich entrüſtet? Nein. Mit ekelerfüllter, entſchiedener Ablehnung? Auch nicht. Wie alſo? Dilatoriſch.

Ich ſetze den Fall: es beſucht mich ein Strolch, dem ich — um ein Wort Stettenheim's zu gebrauchen — jedes Verbrechen bis auf den Selbſtmord zutraue; und dieſer Strolch proponirt mir, ein kleines Mädchen, das völlig wehrlos iſt, in der Nacht zu überfallen, ihr Hab' und Gut zu rauben und nach vollbrachter Heldenthat den Raub mit ihm zu theilen, ſo werde ich mich hüten, den Unverſchämten, der mir dieſe Gemeinheit zumuthet, beim Kragen zu faſſen und die Treppe hinunterzuwerfen; ich werde mich hüten, denſelben der öffentlichen Verachtung preiszugeben und der Gerechtigkeit zu überantworten. Höhere Intereſſen, welche der dumme Laie nicht zu begreifen vermag, Rückſichten auf meine Sicherheit und die Sicherheit der Meinigen werden mich vielmehr zu einer »dilatoriſchen« Antwort bewegen. Ich werde ſagen: »Na, lieber Freund, wollen 'mal ſehen. Vielleicht macht ſich's mit der Zeit. Nur nicht zu hitzig.« Das iſt ſtaatsmänniſche Moral.

Bismarck hat — ernſthaft geſprochen! — ein groſses Verdienſt, und ich bin der Letzte, der dies verkennen möchte: das Verdienſt, thatſächlich auf den Raubplan Napoleons nicht eingegangen zu ſein. Was er im Stillen geplant haben mag, das wiſſen die Götter; die Thatſachen ſtellen ihm das rühmliche Zeugniſs aus, daſs er den Kauf von Luxemburg nicht erleichtert, ſondern, wenn auch mit Opfern, geradezu vereitelt hat; daſs er ferner auf Frankreichs Anerbieten, die Süddeutſchen mit dem norddeutſchen Bunde zu vereinigen und dafür für Frankreich als Diebsgendarm Europa gegenüber einzutreten, nicht eingegangen

ift. Das verdient — mag man von der »dilatorifchen«
Antwort denken, was man wolle — aufrichtige, volle Anerkennung.

Aber Benedetti?

Der Mann imponirt mir. Es liegt etwas Heroifches in
diefem Staatsmanne. Vor Europa, vor der ganzen Welt
die feierliche Erklärung abzugeben: »Weltall! Ich bin der
gröfste Idiot diefes Jahrtaufends!« — dazu gehört eine
Selbftverleugnung, eine Courage, die ich nur Wenigen zutraue.

Und nichts Anderes bedeutet die an Lavalette in London gefendete Depefche; es fei denn, dafs man der Deutung den Vorzug gebe: »Wir find die gröfsten Lügner.«

Als ich die Enthüllungen der »Times« las und die beftätigenden und ergänzenden Notizen der preufsifchen Regierungsorgane, da war ich auf die Löfung des Knotens,
auf den Ausgang des Dramas in der That gefpannt. Die
Peripetie liefs auf ein tragifches Ende fchliefsen, da kam
die Enthüllung Lavalettes und — *pends-toi*, *Figaro*, *tu n'aurais pas deviné cela!*

Nein, kein Menfch hat geahnt, dafs man in Paris den
Verfuch wagen würde, fich auf diefe, den unwahrfcheinlichften Poffen abgelaufchte Weife herauszulügen. Man
dreht den Spiefs herum — dagegen hat kein Menfch
etwas einzuwenden. Man behauptet, Bismarck fei der
Verfucher, Frankreich das in Verfuchung geführte —
weshalb nicht: das Eine ift fo gut möglich wie das
Andere; *Arcades ambo*. Aber — und das ift das Bedenkliche — es liegt ein Schriftftück im Bundeskanzler-Amte,
gefchrieben von des Botfchafters eigener Hand, welches
den Schurkenftreich beurkundet und das fich durch die
feinften Advokatenkniffe des Herrn Ollivier aus der Welt

nicht herausdeduciren läfst — was foll damit angefangen werden? Eine Lüge, eine Lüge, mein Kaiferreich für eine Lüge!

Und diefe Lüge kam zur Welt, riefenhaft und ungeheuerlich wie der Zauberer Merlin, der fchon bei der Geburt feine Mutter, die arme Wöchnerin, durch den Befitz des norddeutfchen Militärmafses, eines lockigen Vollbartes und wohllautenden Baffes überrafchte.

Der Minifterrath trat zufammen. Ollivier, den ich für den fcharffinnigen Vater der von Lavalette entwickelten Ableugnungen halte, fprach unter Anderem das Folgende: »Sire! Meine Herren Excellenzen! Der Benedetti'fche Entwurf liegt leider im Original in Berlin; diefe Thatfache müffen wir anerkennen. Aber was beweift das? Beweift es, dafs wir Kenntnifs davon befitzen mufsten? Keineswegs. Nun wird man einwenden wollen, dafs der Botfchafter, der directefte Vertreter des Kaifers, unmöglich ein derart wichtiges Actenftück auf eigene Fauft abfaffen könne, ohne von dem Staatsoberhaupte dazu ermächtigt zu fein. Wir erwidern: Der Benedetti'fche Entwurf ift gar kein Benedetti'fcher Entwurf. (Staunen.) Es ift ein Bismarck'fcher Entwurf, den Benedetti zufällig gefchrieben hat. (Aha!) Rein zufällig. Bismarck hatte fich vielleicht in den Finger gefchnitten oder die Hand verftaucht — kurzum, er konnte nicht fchreiben. Und da er Benedettis grenzenlofe Gutmüthigkeit kannte, fagte er zu ihm: »Lieber College, thun Sie mir die Liebe und fchreiben Sie fich Ihr politifches Todesurtheil!« Und Benedetti, nichts Böfes ahnend, ging darauf ein. Oder es wurden im Auswärtigen Minifterium in Berlin Pfänderfpiele gefpielt. Man fragte: »Was foll der thun, dem diefes Pfand gehört?« und Comteffe Bismarck, welche von ihrem Papa inftruirt war, fagte:

»Er foll einen Tractat über die Erwerbung Belgiens etc. in fo und foviel Artikeln auffetzen«. Unglücklicherweife war es Benedettis Pfand, welches durch diefes Verdict getroffen wurde, und fo, Sire und meine Herren, erklärt fich auf die einfachfte Weife von der Welt die harmlofe Natur des angeblich fo fürchterlichen Actenftückes. Oder endlich: Bismarck fagt zn Benedetti: »Mein lieber Freund; ich fammle jetzt Autographen. Wollen Sie mir nicht die Freude bereiten, mir ein intereffantes Schriftftück von Ihrer Hand zu geben?« »Mit gröfstem Vergnügen«, replicirt Benedetti. »Nun, dann fchreiben Sie Scherzes halber, was ich Ihnen dictiren werde«. Benedetti fchrieb's — und diefes angeblich für die Autographenfammlung beftimmte Manufcript war der Vertragsentwurf, aus dem Preufsen jetzt Capital fchlägt, um die öffentliche Meinung in Europa gegen Frankreich aufzuhetzen«.

So ungefähr wird Ollivier gefprochen haben, und feiner Klugheit verdanken wir die Enthüllung des Marquis de Lavalette.

Wer die Glaubwürdigkeit der franzöfifchen Angaben in Zweifel zieht, der hat keinen Sinn für das Wahre, Gute und Echte. Ich habe immer bemerkt, dafs man fich verwickelte Angelegenheiten dadurch klar macht, dafs man ein Analogon dafür auf einem andern Gebiete fucht.

Wir wollen das Experiment einmal machen.

Benedetti weifs gerade fo gut, was ein Vertragsentwurf zu bedeuten hat, wie Rothfchild die bindende Kraft eines Wechfels kennt. Nun gehe ich alfo zu Rothfchild und fage ihm: »Geehrtefter Herr Baron! Sie können mir eine Gefälligkeit erweifen. Sehen Sie einmal her; hier habe ich einen Streifen Papier, darauf find einige Worte lithographirt, einige Namen und Zahlen gefchrieben. Da oben fteht 100,000 Gulden«.

»Ein Wechfel?«

»Nennen Sie es, wie Sie wollen. Nun möchte ich Sie bitten, Ihren werthen Namen auf die linke fchmale Seite quer zu fchreiben, mit dem kleinen Zufatze: »Angenommen.«

»Sie verlangen ein Accept?«

»Davon ift gar keine Rede. Es handelt fich nur um ein finniges Spiel.«

»So fo?« fagt Rothfchild. »Aber,« fetzt er bedenklich hinzu, »wenn mir der Wechfel mit meinem Accepte am Verfalltage präfentirt wird, fo werde ich ihn auslöfen müffen.«

»Aber, lieber Herr Baron,« erwidere ich beinahe gekränkt, »wie können Sie fo etwas von mir denken? Es handelt fich ja nur um einen Spafs.«

»Das ift etwas Anderes«, replicirt Rothfchild völlig beruhigt, und acceptirt.

Man wird zugeftehen, dafs diefe Scene die gröfste Wahrfcheinlichkeit für fich hat, und nicht unwahrfcheinlicher ift es, dafs Rothfchild einem armen Teufel in einer neckifchen Anwandlung ein Accept für 100,000 Gulden in der zuverfichtlichen Erwartung giebt, dafs der arme Teufel den Wechfel niemals präfentiren wird, als dafs fich Benedetti von Bismarck ein ihn, feinen Gebieter und das ganze Kaiferreich tödtlich compromittirendes Actenftück in die Feder dictiren läfst und diefes Actenftück vertrauensvoll in Bismarcks Händen zurückläfst.

Und ebenfo unverantwortlich, wie der arme Teufel handelt, wenn er im äufserften Nothfalle den von Rothfchild acceptirten Wechfel in Umlauf fetzt, ebenfo unverantwortlich handelt Bismarck, wenn er zu gelegener Stunde den meuchlings dictirten Tractat Benedettis veröffentlicht. Und Rothſchilds ſittliche Entrüſtung über den wider ihn begangenen Vertrauensmiſsbrauch würde gewiſs ebenſo gerechtfertigt ſein, wie jetzt die Empörung in den Tuilerien über die Veröffentlichung der »Times«.

In der That, wenn ich einen Geiger einſperre, ihm einen mit guten Saiten bezogenen Straduari und einen vorzüglichen Bogen in die Hand gebe, ſo würde ich es ſehr wunderbar finden, wenn er auf dem Inſtrumente ſpielen wollte, und wenn ich meinem Todfeinde, den ich in jeder Weiſe zu ſchädigen ſuche, und deſſen Sinnen und Trachten lediglich darauf gerichtet iſt, mich zu Grunde zu richten — wenn ich dieſem ein Document gebe, das den von ihm angeſtrebten Zweck ſofort und radical erfüllt, das mich geradezu unmöglich macht, ſo darf ich vorausſetzen, daſs ich keine Unannehmlichkeiten davon haben werde.

Ein Knüttel in der Hand des Raufboldes, eine volle Flaſche in der Hand des Säufers, ein naiver Millionär im Boudoir einer Tänzerin, ein geladener Torpedo unter dem feindlichen Schiffe — das iſt ein Frankreich compromittirendes Actenſtück in den Archiven des norddeutſchen Bundeskanzler-Amtes. Und alle Welt wuſste das, alle Welt bis auf Herrn Benedetti, Botſchafter und höchſtperſönlichen Vertreter Sr. Majeſtät des Kaiſers am Berliner Hofe.

Ja, der alte Satiriker hatte Recht:

»Les fous sont, aux échecs, les plus proches du roi.«

Nur möchten wir dieſe ſpecielle Behauptung vom Schachbrette auf das politiſche Feld übertragen und deshalb *»fous«* nicht mit »Läufer«, ſondern geradezu mit »Wahnwitzige« oder »Verrückte« überſetzen.

Gebe der Himmel, dafs das fürchterliche Gewitter, welches fich jetzt entladen wird, dazu führen möge, die verpeftete Atmofphäre von den Miasmen des Luges und Truges zu reinigen.

Ein Malerfest in Düsseldorf.

Das fünfzigjährige Jubiläum der Akademie.

Am 22., 23. und 24. Juni 1869.

Man kann nicht gerade behaupten, dafs das Jubiläum der Düffeldorfer Akademie in einen zum Jubel befonders geeigneten Zeitraum gefallen fei. Gerade im Laufe des letzten Jahres war das Verhältnifs zwifchen der Leitung der Akademie einerfeits und den von der Sympathie der gefammten Malerwelt unterftützten Schülern andererfeits ein ziemlich unerquickliches geworden. Man hatte von Berlin aus auch die Kunftakademie nach büreaukratifchem Belieben von oben herab reglementiren zu dürfen vermeint — vielleicht wird im Cultusminifterium ein »Maler-Regulativ« von Herrn Stiehl oder einem fonftigen Geheimrath ausgearbeitet, ich weifs das nicht — und die Erfahrung hat gezeigt, dafs junge wiffenfchaftlich gebildete und künftlerifch begabte Leute fich nicht wie Schulbuben oder im Duckmäuferthum grofs gewordene Seminariften behandeln laffen. Die bedeutendften Lehrkräfte zogen fich theils von der Akademie ganz zurück, theils entfremdeten fie fich ihr. Bendemann legte fein Amt als Director nieder, Oswald

Achenbach entsagte seiner Professur und Deger trat schmollend in den Hintergrund. Dass unter solchen Umständen auch die Schüler die Lust und Liebe zu ihrer *alma mater* verloren, wird Niemand Wunder nehmen.

Und wer ward berufen, an die Stelle eines Bendemann zu treten? Die Beantwortung dieser Frage setzt mich einigermafsen in Verlegenheit. Ich weifs nur, dafs der Geh. Regierungsrath Altgelt zum Vorsitzenden des Lehrercollegiums und somit zum eigentlichen, auch artistischen Leiter der Düsseldorfer Akademie, und dafs Professor Wislicenus aus Weimar zum »ersten Professor« — zarte Umschreibung für »Director« — ernannt wurde.

Herr Altgelt ist ein höchst achtungswerther, pflichttreuer Beamter, der seinem Könige in Prosa und in Versen dient, der sich des allgemeinsten Ansehens erfreut und der bisher mit Umsicht und Wohlwollen die Oberaufsicht über die Elementarschulen des Regierungsbezirks Düsseldorf geführt hat. Das sind gewifs Verdienste, deren Bedeutung ich nicht schmälern will, aber Kenner behaupten, dafs ihn die genaue Kenntnifs unserer Volksschulen noch nicht zum Leiter einer Malerakademie befähige. Dafs der Geh. Regierungs- und Schulrath Altgelt Historien-, Genre-, landschaftliche oder sonstige Bilder gemalt habe, ist mir nicht bekannt.

Herr Prof. Wislicenus fiel wie ein Blitz aus heiterm Himmel in die Düsseldorfer Akademie hinein. Den Klatsch, welcher eine in letzter Zeit häufig genannte Dame im Cultusministerium mit dieser Ernennung in Verbindung bringt, übergehe ich mit Stillschweigen; aber constatiren darf und mufs ich, dafs dies unerwartete Decretum allseitiges Befremden erregte. Herr Professor Wislicenus ist jedenfalls eine bedeutende künstlerische Kraft — ich

schliefse das aus der Stellung, welche er jetzt bekleidet,
denn ich habe kein Urtheil darüber, da ich keines feiner
Werke kenne. Doch eines, das fällt mir beim Schreiben
ein: ein recht hübfch gezeichnetes Nietenblatt zur Schiller-
lotterie — gefegnet fei ihr Angedenken! Und wie mir geht
es in diefer Beziehung vielen Andern, die berufsmäfsig
alles Bedeutende, was die Malerei der Gegenwart fchafft,
kennen müffen. Auch fie zucken die Achfeln, wenn man
fie nach den Werken von Wislicenus fragt; auch fie geftehen in ihres Nichts durchbohrendem Gefühle: »Ich
kenne nichts davon«. Gut Unterrichtete fügen hinzu, dafs
der »Nachfolger Bendemanns« allegorifche Geftalten male,
welche Jahreszeiten und Monde, Wind und Wetter, ab-
gedankte Götter und taufend andere Dinge darftellen, um
die fich kein Menfch bekümmert. Dem Künftler aber,
dem gereiften, fertigen, wie dem ftrebenden, werdenden
kann man nur durch Beweife der eigenen Kraft imponiren;
er verlangt, dafs die »wahren Prinzen aus Genieland«
ihre Zeche baar bezahlen; er fagt mit dem Düffeldorfer
Dichter:

    „Hier ift Rhodos, komm und zeige
    Deine Kunft, hier wird getanzt!
    Oder trolle Dich und fchweige,
    Wenn Du heut nicht tanzen kannft."

Bei Cornelius, Schadow, Bendemann fiel es keinem
Menfchen ein, nach ihren Werken zu fragen; und das war
ein unbeftreitbarer Vortheil, den diefe Meifter vor dem
jetzigen »erften Profeffor« voraus hatten — aber die Welt
wird immer fchlechter, immer neugieriger, immer boshafter;
es ift fchrecklich! Jedenfalls wird man fchon aus diefen
Andeutungen entnehmen können, dafs die Stellung des
Profeffor Wislicenus (den man beileibe nicht mit dem

gleichnamigen allbekannten Prediger der freien Gemeinde in Berlin verwechfeln darf!) eine dornenvolle und durchaus nicht beneidenswerthe ift.

Die Maler haben — zu ihrer Ehre fei's gefagt — alles Erdenkliche gethan, um keinen Mifsklang in das Feft hineinkommen zu laffen; fie haben begriffen, dafs es ein Unrecht fei, der Akademie zu vergelten, was der Berliner Büreaukratismus gefündigt. Sie haben das fünfzigjährige Beftehen ihrer *alma mater* gefeiert, der Hunderte bekannter Maler, und darunter viele berühmte Meifter, ihre Bildung verdanken; aber fie haben theils ausdrücklich erklärt, theils ftillfchweigend zu verftehen gegeben, dafs ihre warme, herzliche Betheiligung an dem Fefte durchaus nicht als ein Einverftändnifs mit dem gegenwärtigen Zuftande der Akademie aufzufaffen fei. Sie haben das Feft gefeiert — die befte Erklärung dafür gab mir am Schluffe des Feftessens ein animirter Maler, der mich beftändig verficherte: »Wir Deutfchen feiern die Fefte, wie fie fallen; wie fie fallen, feiern wir fie« — aber fie haben, wiederum echt deutfch, ihren »Standpunct gewahrt«.

Das Feft begann, kalt und froftig wie der Himmel des heuer unfreundlichen Juni, am 22. Nachmittags mit der Begrüfsung der Deputirten. Von auswärts hatten die Bonner Univerfität und die Akademien von Berlin, Wien, Dresden, Weimar und Karlsruhe officielle Vertreter entfendet. München und Königsberg glänzten durch ihre Abwefenheit, aber fie »weilten im Geifte in Eurer Mitte« und hatten als fichtbare Zeichen ihrer Verehrung für die Düffeldorfer Kunft wohlftilifirte Glückwunfchadreffen eingefchickt. Die Deputirten, wie die Vertreter der Düffeldorfer Akademie erfchienen natürlich in untadelhaftem Frack, mit Orden bedeckt — Orden aus aller Herren Ländern, an gewäſſertem und ungewäſſertem Bande, in gröfstem Format — und fprachen in warmen Worten ihre Sympathien für unfere Akademie aus. Bisweilen recht warm und herzlich. »Das Bewufstfein des gemeinfamen Strebens«, »das ſtärkende Gefühl der Zufammengehörigkeit« durfte natürlich in keiner Anfprache fehlen. Nach dem alten akademifchen Zopfe iſt es nothwendig, dafs jedem Deputirten, der feine Glückwünfche ausfpricht, gedankt und etwas Artiges erwiedert wird. Das iſt keine leichte Aufgabe. Wir ehrlichen Deutfchen bringen es mit Mühe und Noth fertig, auch nur ein gefchicktes Compliment herauszudrechfeln; die Becomplimentirung *en gros et en détail* iſt nicht unfere Sache. Der Geheimrath Altgelt bemühte fich redlich als officieller Complimentator — verzeihe mir, Cicero, diefen fürchterlichen Barbarismus — jedem Deputirten etwas befonders Schmeichelhaftes zu fagen, aber monoton und langweilig war und blieb diefe gegenfeitige Beweihräucherung. Hin und wieder wurde die Scene durch ein komifches Intermezzo erheitert, um fo mehr, als die Komik nicht beabfichtigt war und auf den höchſten Stelzen der Würde einherfchritt. So z. B. wurde der Glückwunfch der Bonner *Friederica Guilelmia Rhenana* von der Düſſeldorfer Akademie entgegengenommen als ein Grufs »des Bruders der Schweſter dargebracht«, das Feſtgefchenk aber als ein »Brautgefchenk«, und die Karlsruher Akademie wurde dann obenein noch die »Tochter« diefer unnatürlichen Verbindung. Das ſtreift hart an Inceſt — um für die durch unfer Strafgefetz fchwer geahndete Verirrung nicht das häfslich klingende deutfche Wort zu gebrauchen.

Von den zahlreichen Anfprachen, die bei diefer Gelegenheit, natürlich fammt und fonders »unvorbereitet, wie man fich hatte«, gehalten wurden, feien nur die folgenden erwähnt: die des Cultusminifters von Mühler, welche durch eine wunderbar kühne Gedankenleitung auch die profane Kunft mit der Knak'fchen Theologie in innigen Zufammenhang zu bringen wufste; die herzlich beredte des Profeffor Heinrich von Sybel, den Bonn delegirt hatte, und die fchwung- und würdevolle des Malers Hoff, welcher den Malkaften vertrat. Aufserdem wurden in derfelben Sitzung die verfchiedenen Auszeichnungen, Titel und Orden proclamirt, die, wie immer, fehr gemifchte Eindrücke hervorriefen, hier freudige Zuftimmung erweckten, dort erwartungsvolle Gefichter in lange Falten zogen.

Auch der zweite Tag zeichnete fich nicht durch übertriebene Ausgelaffenheit aus. Orden, hohe und höchfte Beamte der Civil- und Militärbehörden, officielle Anfprachen etc. — ich brauche auf die Einzelheiten kaum einzugehen. Die Feftrede hielt Profeffor Curtius aus Berlin. Sie war gedankenreich, untadelhaft in der Form, aber, wie mir fchien, für ein Künftlerfeft zu kühl, zu gefeilt, zu überlegt; die erwärmende Begeifterung fehlte auch dem Vortrage, der feine kathederartige Monotonie beffer in Berlin gelaffen hätte. Zum Schlufs der Vormittagsfeier wurde die Fefturkunde unterzeichnet.

Kurz nach zwei Uhr fand im Ritterfaal der ftädtifchen Tonhalle das Feftdiner ftatt. Es verlief wie alle derartigen Bankets: Suppe, Toaft, Rindfleifch, Toaft, Gemüfe, Toaft, Braten, Toaft, Fifch, Toaft, Toaft, Geflügel, Toaft, Toaft, Toaft, Eis, Toaft, Toaft, Toaft, Toaft, Deffert, Toaft, Toaft, Toaft, Toaft, Toaft etc. Profeffor Wislicenus hatte die unglückliche Idee, nach all den Toaften auf den König, die Akademie, die Ehrengäfte, den Feftredner, die Düffeldorfer Schule, Bendemann, Cornelius, Schadow u. f. w. eine längere wohlausgearbeitete Rede über Kunſt, Kunſtprincipien, Kunſtanſchauungen und dergleichen halten zu wollen. Daſs ihm das am Schluſs eines Feſteſſens, bei welchem der gute Wein allmählich die ceremoniellen Schranken niedergeriſſen und der friſchen Ungezwungenheit des Künſtlers zum Durchbruch verholfen hatte, nicht mehr glückte, verſteht ſich von ſelbſt. Abends war Illumination des Ananasberges. Die Natur hat für Düſſeldorf ſo viel gethan, daſs den Communalbehörden faſt nichts zu thun übrig blieb. Bei aller ökonomiſchen Einfachheit der Mittel war die Wirkung doch eine bedeutende. Die bengaliſchen Flammen unter den Bäumen und die mit Lampions beleuchteten Ufer der Baſſins, auf welchen ſich illuminirte Gondeln mit Muſikbanden bewegten, waren ſehr effectvoll. Von Zeit zu Zeit ſchoſs eine Rakete in die Luft und zerſtob praſſelnd in farbigen Kugeln, vermuthlich, um anzudeuten, wie äuſserſt wirkſam ein Feuerwerk ſein könnte und geworden wäre, wenn man es gemacht hätte. So ward aus Morgen und Abend der zweite Tag.

Erſt durch die Feier des dritten Tages (24. Juni) und namentlich durch die mit dem glücklichſten Erfolge belohnten Anſtrengungen der unvergleichlichen Künſtlergeſellſchaft »Malkaſten« erhielt das Jubiläum ſeine künſtleriſche Weihe. Am Vormittag wurde im Akademieſaale der Beſchluſs gefaſst — und die Ausführung deſſelben, ſo weit es möglich war, geſichert — dem gröſsten Düſſeldorfer Künſtler, Cornelius, ein Denkmal zu ſetzen. Der Beſchluſs erhielt dadurch eine nationale Bedeutung, daſs ſich die auswärtigen Ehrengäſte — Wien mit anſehnlichen Beiträgen an der Spitze — ſofort bereit erklärten, durch Wort und That die Sache zu fördern, und dieſe Bereitwilligkeit auch auf der Stelle thatſächlich documentirten. Darauf begab fich der Zug, welcher aus den höchften Civil- und Militärbeamten, den auswärtigen Deputirten, den Vertretern der künftlerifchen und communalen Corporationen etc. beftand, von mittelalterlichen Herolden, Bannerträgern und Fahnenjunkern geleitet, unter den Klängen zweier Mufikcorps nach dem Schadowplatze. Herrliche Figuren, diefe jungen, ftrammen Akademiker in ihren kleidfamen Heroldtrachten, auf den filbernen oder goldigen Heroldmänteln die verfchiedenen Wappen: das Künftlerwappen (drei filberne Schilder auf rothem Felde), das ftädtifche Wappen (der bergifche Löwe), das preufsifche Wappen (der Adler) etc. — die Einen mit den Emblemen der drei bildenden Künfte, Andere mit den Schildern der Schwefterakademien, Andere mit den Landesfahnen, der ftämmigfte unter ihnen mit der ftolzen Fahne des Malkaftens aus rothem Sammet, in der Mitte der zweiköpfige deutfche Adler, welcher auf der Bruft das Künftlerwappen trägt und in feinen Klauen ftatt Scepter und Reichsapfel Hausfchlüffel und Seidel hält. Auf dem Schadowplatze, wo auf der Ehrentribune neben dem Fürften von Hohenzollern und feiner Familie die Wittwe Schadows, ihre Tochter und Enkelin.(Frau und Frl. Hafenclever) Platz genommen hatten, hielt Profeffor Julius Hübner aus Dresden die Feftrede. Sie war meifterhaft, warm, innig, künftlerifch, aber leider zu lang und für den Zweck nicht geeignet. Sie dauerte beinahe anderthalb Stunden, alfo gerade fünfviertel Stunden zu lange. Auf feinen Wink fiel die Hülle und in demfelben Augenblicke fandte die Sonne, die an den Vortagen fich ärgerlich verkrochen und am Enthüllungstage felbft wie eine alte Kokette nur von Zeit zu Zeit hinter dem Wolkenfchleier hervorgelugt hatte, volle, warme, goldige Strahlen auf das Denkmal herab. Daffelbe ift ein Werk des Profeſſor Wittig. Es iſt eine Koloſſalbüſte Schadows auf einfachem Granitſockel, ſchmucklos und nicht gerade zur Ekſtaſe hinreiſsend. Nach der Enthüllungsfeierlichkeit waren die Ehrengäſte etc. bei dem leutſeligen, liebenswürdigen und hochgebildeten Fürſten von Hohenzollern zum Diner eingeladen, und am Abend fand das Feſt im Malkaſten ſtatt. Daſſelbe erheiſcht einen etwas eingehendern Bericht.

Dem Malkaſten hat es Düſſeldorf zu danken, dafs der herrliche Garten, in welchem einſt Friedr. Heinrich Jacobi an der Seite ſeines genialen Freundes Wolfgang Goethe philoſophirte, unverſehrt erhalten iſt. Der Garten ſollte parcellirt, die Bäume ſollten gefällt werden. Bauplätze für ſtinkige Anilinfabriken und Färbereien ſollten an der durch grofse Erinnerungen geheiligten Stätte erſtehen. Der Malkaſten war zu künſtleriſch pietätsvoll und nicht modern genug, um das zu dulden. Er erwarb das Grundſtück, und mit ihm einen der ſchönſten Gärten, welche Deutſchland beſitzt. Dort hat er ſein Winter- und Sommerhaus errichtet, und in dem Garten an warmen Sommerabenden tummelt ſich ein friſches, leichtlebiges Künſtlervolk, welches die Manen Jacobis und Goethes freundlich lächelnd umſchweben. Eine breite, mit altehrwürdigen Ulmen bepflanzte Allee, kühle ſchattige Gänge, Raſenplätze und Wieſen, die kleine, anmuthige Düſſel, welche durch den Garten fliefst, der Teich mit ſeinen freundlichen Ufern, aus deſſen Mitte »der Schönheit Gleichnifs«, die Venus von Milo, hervorragt — das Alles vereinigt ſich hier, um einen Schauplatz für Gartenfeſte ſondergleichen zu ſchaffen. Und die Executanten, die Künſtler, denen es ſchon in den Gliedern ſteckt, wie man einen Mantel umhängen mufs, um ihm den ſchönſten Faltenwurf zu geben, die ſich in den

Trachten fremder Zonen und ferner Zeiten mit einer ungezwungenen Grazie bewegen, als hätten fie nie ihre Blöfse mit unferen fürchterlichen Inexpreffibles und Paletots bedeckt. Und das prächtige Programm! Bei dem Worte »Programm« mache ich Halt, um vor allen Dingen dem trefflichen Schlachtenmaler Prof. Wilhelm Camphaufen, dem Entwerfer deffelben, dem Dichter des meifterhaften Feftfpiels, dem Zeichner der meiften Coftüme, dem Leiter, Dichter, Maler und Regiffeur in einer Perfon, den aufrichtigften Dank auszufprechen. Er verdient ihn ganz und voll.

Das Feft konnte wegen des langen Tages erft fpät beginnen. Um halb 10 Uhr gaben Trompetenftöfse das Signal zum Anfang. Alsbald ftrömten aus allen Theilen des Gartens die Schauluftigen auf dem jenfeitigen, bisher gefperrten Düffelufer zufammen und fuchten, fo gut es gehen wollte, vor der Bühne Platz zu bekommen. Das Platzreferviren hatte jetzt, der Natur der Sache nach, ungefähr aufgehört, und von dem Rechte der Selbfthülfe wurde der allerumfaffendfte Gebrauch gemacht. Ehrengäfte oder nicht, decorirt oder nicht, mit oder ohne Schleife — bei den Malern hiefs es: »Wer zuerft kommt, malt zuerft«. Nach der Najadenouvertüre wird der Vorhang aufgezogen. Wir erblicken eine wildromantifche Fels- und Waldpartie, und in derfelben zwei Künftler: einen Figurenmaler (Lüdeke) und einen Landfchafter (Otto Erdmann), denen fich bald eine dicke Geftalt, der Gnom (Hoff) zugefellt. Die Künftler denken zurück an die »verfchwundene füfse blöde Jugendefelei« der Düffeldorfer Schule, an die romantifche Vergangenheit derfelben und fuchen die Göttin, die einft

„Froh und fiegreich zog durchs Land
Als Herrfcherin auf goldgefchmücktem Zelter"

— Frau Romantica, mit einem Wort. Der Gnom, bei aller Grobheit ein gutmüthiges Geschöpf, bringt die Maler auf die rechte Spur: auf fein Geheifs ftöfst der Landfchafter in das Hüfthorn, und, während das Echo die langgezogenen Töne der Fanfare wiederholt, öffnet fich der Fels, und in demfelben erblicken wir die von Grubenlicht phantaftifch beleuchtete Schöne. Sie erwacht; langfam erhebt fie fich von ihrem Moosbett und erfährt nun, dafs in Düffeldorf, wo dereinft die Altäre der Kunft ihr vor Allen geweiht waren, das fünfzigjährige Wiegenfeft der Akademie gefeiert wird. Bei diefem Fefte darf die Romantik nicht fehlen; als Ehrengaft foll fie willkommen fein. Freudig ftimmt die Göttin zu (Fräulein Ehrenbaum lieh der »Romantik« ihre impofante Geftalt und ein mächtiges Organ), fie wirft den Purpur über die Schulter, ergreift das Scepter und befchwört ihre Getreuen:

"Ihr Könige und Ritter, Mönche, Hirten,
Im Schmuck des Kreuzes gottgeweihte Streiter;
Aus Luft und Waffer, aus der Erde Tiefen
Ihr Gnomen, Nixen, leichtbefchwingte Elfen!
Zeigt euch, wie einft von diefer Düffelftadt
Ihr fröhlich auszogt in die weite Welt!
"Mondbeglänzte Zaubernacht,
Die den Sinn gefangen hält,
Wundervolle Märchenwelt
Steige auf in alter Pracht!"

Da, ein wunderfames Klingen, wie ein Marfch in der Ferne. Es kommt näher und näher. Die Felslandfchaft verfchwindet, und wir fehen Düffeldorf vom Rhein aus vor uns liegen. Der letzte Schimmer der Abendfonne fällt auf die Akademie. O Sonne, wo bift du geblieben? (Die wundervoll wirkfamen Decorationen find Werke Andreas Afchenbachs). Das Klingen wird ftärker und ftärker. Ja, jetzt hören wir's deutlich: es ift ein Marfch, ein jubelnder Feftmarfch mit Pauken und Drommeten. Die Befchworenen gehorchen dem Rufe der Göttin, und feierlich in langfam abgemeffenen Schritten fchreiten fie — die bekannteften Figuren der romantifchen Periode der Düffeldorfer Schule — vor der Romantik und vor dem entzückten Auge des Zufchauers vorüber. Herrliche Geftalten in herrlichen Trachten. Den Zug, der aus etwa 130 bis 140 Perfonen beftand, deren jede einzelne wegen der Pracht, der Treue und der Angemeffenheit der Coftümirung eine eingehende Befchreibung erheifchen könnte, in feinen Einzelheiten zu fchildern, überlaffe ich einem Andern.

Jetzt unter Fackel- und Lampenfchein durch die dichtbelaubten, von zahllofen Lampions dennoch nur mattbeleuchteten Gänge des Gartens hin zum Venusteich! Auf dem dunklen Waffer fchwimmt etwas, wie eine grofse Mufchel — man kann es noch nicht genau erkennen — langfam ziehen leuchtende Schwäne über die Wafferfläche, der Schein des Vollmondes beleuchtet die Venus;

„Fackelfchein und Mondlicht fpielen
Lüftern um die fchlanken Glieder."

Der Zug hat fich am Ufer aufgeftellt. Die Mufik verftummt. Da plötzlich bringen grünleuchtende bengalifche Flammen den Teich in grelles Licht. Jetzt fehen wir's genau: die grofse Mufchel ift ein phantaftifcher Nachen, den ein Meermann leitet, im Schuppenkleid, mit Fifchfchwanz. Im Nachen fteht Vater Rhein (Camphaufen), von taufend Wafferperlen glitzert fein Gewand, Ranken, »unfere Reben« und Trauben fchmücken ihn, die langen weifsen Locken fallen von Näffe fchwer auf feine Schultern herab und der volle weifse Bart bedeckt die freie Bruft faft bis zur Hälfte.

Zu feinen Füfsen ruht in grünem, duftigen Gewande das liebliche Düffelkind, die anmuthige Nixe. Im Nibelungverfe beut Vater Rhein den Gäften feinen Grufs.

„Im Gratulantenchore raufcht er den mächtigen Schlufs",

wünfcht der Düffeldorfer Akademie auch ferneres Blühen und Gedeihen und läfst fich fchliefslich den Becher reichen

„mit goldnem Rebenfaft,
Den leert er bis zur Neige auf feine Künftlerfchaft!"

Die Begrüfsung der romantifchen Geftalten durch Vater Rhein bildet wohl den Höhepunct des Feftes. Ja, es war ein wundervolles Schaufpiel: der Vollmond am Himmel, der durch die Zweige fchien und die Venus in der Mitte des Teichs mit feinem fanften Schimmer überzog, das Waffer erhellt durch den grünen Schein der bengalifchen Flammen, auf demfelben die lichtftrahlenden Schwäne und der Mufchelnachen mit Rhein, Düffel und Meermann, die romantifchen Geftalten am relativ dunklen Ufer, durch Fackellicht und Lampionfchein eigenthümlich beleuchtet — es war, wie gefagt, ein wundervolles Schaufpiel.

Unter Paukenwirbel und Trompetengefchmetter hat der Vater Rhein das Glas geleert. Dann fteigt er mit feiner Begleitung ans Land. Sie fchliefsen fich dem Zuge an, der nun durch die breite, vom Vollmond erhellte Ulmenallee vor die Terraffe tritt, allwo zu allgemeinem Erftaunen ein ungebetener, aber herzlich willkommener Gaft Platz genommen hat. Hut ab! Es ift kein geringerer als Kurfürft Johann Wilhelm von der Pfalz, welchem Düffeldorf vor Allem fein Emporkommen verdankt, »Jan Willem«, wie man ihn hierzulande nennt, zwar nicht wie er leibt und lebt, aber fo wie er allen Düffeldorfern der letzten Geschlechter gegenwärtig ist, so wie er als bronzene, grüne Reiterstatue auf dem Markte steht, bis zur Täuschung ähnlich imitirt. Die Düsseldorfer Kinder wissen, was sie ihrem Kurfürsten schulden, und schaaren sich in angemessener Entfernung und ehrerbietiger Haltung zu dichten Gruppen um den hohen Herrn, der im reinsten, mit französischen Brocken reichgespickten Zopfstil die Festgenossen bewillkommt. Der alte Pfälzer (Baur) redet also von der Akademie und von vielem Andern:

Ich constatire gern, dafs erst mein Bruder Preufsen
Den hellsten Ruhmesglanz thät über sie ergeufsen.
Drum will anitzt geruhn ich mit dem ganzen Land
Zu freuen mich als hoher, durchleuchtger Gratulant;
Säfs mir die erzne Kron so schwer nicht im Genicke,
Ich schwäng sie hoch empor sammt der Allonge-Perrücke,
Liefs auch mein gutes Rofs gar zierlich *courbettiren*,
Doch darf ich seine Kraft zu sehr nicht *fatiguiren!*
Denn Wache wolln wir stehn noch manches *Säculum*,
Dafs kein undeutsch Gespenst in meinem Schlofs geh um,
Dafs edler, schöner stets die Kunst darin *florire*,
Und dafs zum *Professeur* manch Schülerlein *avancire;*
Der möge denn, wenn er am Tag sich müd geschafft,
Gut bairisch stärken sich an braunem Gerstensaft
In diesem grünen Haag des alt *Malkästulein* —
„So wünsch der ganzen Zunft ich fröhliches Gedeihn!" —
Mein Spruch wär hier zu End, der Euch will *salutiren;*
Wohl ritt ich gerne noch ein Stündchen hier spazieren.
Dort beim *Theatro* zwar und altem Schöffenhaus
Nehm ich vom hohen Stein mich eitel fürnehm aus,
Schau gern auch ins Gewühl zu meinen Füfsen hin,
Wie all die schönen Hausfraun dort zu Markte ziehn!
Das schwatzt und feilscht und macht ein Lärmen und Gerassel
Von Pempelfort, von Hamm, von Bilk, von Obercassel —
Da wird es manchesmal mir auch ein bischen übel
Von alle dem *Odeur* von Kappus, Käs und Zwiebel;
Denn underweil, *hélas!* steigt mehr als nur zum Spafse

Mir der plebejifche Qualm in die durchleuchtge Nafe!
Drum zur Veränderung liefs ich es fchon gefchehn,
Dürft ich hier unter Euch ein Weilchen Denkmal ftehn.
Hier weht doch noch 'ne Luft, wie fie für mich fich pafst —
In meinem Jagdfchlofs drüben, da lüd ich mich zu Gaft.
Doch fo mufs ich für heut befchliefsen die Vifite,
Denn Ehren-Hammers*) gab zu meinem Extraritte
Nicht länger *permiffion* — drum mufs ich kurz mich faffen:
„Ein Hoch Alt-Düffeldorf!!!".
     Meffieurs, Sie feind entlaffen.

 Die romantifchen Figuren machen von allerhöchft diefer Permiffion Gebrauch, die dichte Gruppe löft fich auf, Siegfried und Chriemhild, Romeo und Julia, die beiden Leonoren, Loreley, Mignon, Saracenen, Huffiten etc. gefellen fich nun zu ihrer Sippe und ftärken fich am Büffet mit Brathähnchen und Bowle. Die Romantik ift vom Zelter herabgeftiegen und erkundigt fich überall, wie fie gefallen hat. Don Quixotes hagerer Gaul und Sancho Panfas Efel werden in den Stall zurückgebracht.

 Kurz nach Mitternacht erklingen von der Düffelwiefe her die erften Accorde der Sommernachtstraum-Ouvertüre. Die Wiefe ift hie und da durch ganz kleine Flämmchen erleuchtet. Es fcheinen Glühwürmchen zu fein. Ein dichter Nebel fteigt auf. Als derfelbe fich zertheilt, gewahren wir ein zierlich luftiges Wefen, das über dem Geftrüpp in verführerifcher Grazie dahinfchwebt, auf- und niedertaucht, bald mit leichtem Fufs den Boden zu ftreifen fcheint, bald hoch in die Lüfte fich fchwingt. Ihre langen Gewänder flattern im Nachtwinde und der Vollmond ergiefst fein zauberifches Licht auf fie. Da hufcht aus dem Gebüfch eine zweite hervor, eben fo fchön, eben fo graziös, eine

---

*) Der Oberbürgermeifter von Düffeldorf.

dritte und vierte, eine fünfte und fo weiter. Die leichten Elfen fchliefsen den Reigen und tändeln und tanzen in der Geifterftunde der Vollmondsnacht, über ihnen als Gebieterin die Königin Titania, während fchwerfällige Kobolde vergeblich nach ihnen hafchen. Die Mendelsfohnfche Mufik begleitet das reizende Schaufpiel, einen *midfummer night's dream*, wie man ihn nicht fchöner träumen kann. Mit wie einfachen Mitteln die Maler die wirklich fehr bedeutende Wirkung hervorbringen, — ihr befter Mitarbeiter ift allerdings die Natur, die faftig grüne Wiefe und der gute Mond — das werde ich natürlich nicht verrathen. Der Effect ift grofsartig und das genügt.

Mit dem Elfenreigen fchlofs das Feft oder vielmehr der Elfenreigen bildete die letzte Nummer des Programms. Nun begann die »gefellige Unterhaltung«, der Tanz, die Stärkung des Magens und der Kehle, und das dauerte die fröhliche Nacht hindurch bis zum hellen Tage. Wer den Malkaften als Wirth kennen zu lernen Gelegenheit gehabt hat, der weifs, dafs das Nachfpiel, welches nicht auf dem Programm verzeichnet fteht, nicht den wenigft amüfanten Theil feiner Fefte bildet.

Vormittags gegen 11 Uhr begegnete ich auf meinem Morgenfpaziergange durch den Hofgarten noch mehr als einer romantifchen Erfcheinung in vollem Coftüm. Sie alle kamen aus dem Malkaften, und es waren nicht die Letzten. Ich aber citirte aus meinem Goethe:

> „So naht Ihr wieder, fchwankende Geftalten,
> Die früh fich einft dem trüben Blick gezeigt —
> Verfuch ich es, Euch diesmal feftzuhalten?"

»Nein!« antwortete man mir, »wir fahren nach dem Grafenberg, kommen Sie mit uns. Wir wollen fidel fein; man mufs die Fefte feiern, wie fie fallen!«

Und fie verfchwanden im Nebel — Nebel in des Wortes verwegenfter Bedeutung.

Ja, die Düffeldorfer »feiern die Fefte, wie fie fallen!« Aber wenn Einer die Fefte zu feiern verfteht, fo ift es das liebe »Malkäftulein im grünen Haag«.

Ein Hoffest in Gotha.
Herzog Ernſt auf der Bühne.

»Einen Herzog auf der Bühne! — das ſieht man doch nicht alle Tage. Und, wie geſagt, ich kann Ihnen und Freund A. Einladungen verſchaffen. Nur verzeihen Sie mir eine ſelbſtverſtändliche Bemerkung: ſollten Sie das Bedürfnifs fühlen, über die Vorſtellung etwas zu ſchreiben, ſo vergeſſen Sie nicht, dafs wir Alle bei dem Herzog zu Gaſt ſind.«

So ſchrieb mir ein Freund aus Gotha; A. und ich nahmen die Einladung mit Dank an, wir wohnten der Vorſtellung im Reſidenzſchlofs bei; ich will darüber berichten, und meine Erzählung wird hoffentlich zeigen, dafs die Beſorgnifs vor ſchnöden Bemerkungen unbegründet war.

Ich geſtehe, dafs ich der Aufführung mit dem lebhafteſten Intereſſe entgegenſah. Wer nur einmal einen Blick auf das Getriebe hinter den Couliſſen geworfen hat, der weifs, wie ſehr ſelbſt der erfahrene Schauſpieler der Weiſung des Regiſſeurs bedarf. Und nun gar der Dilettant, der, wenn er ſich im gewöhnlichen Leben auch mit noch ſo viel Leichtigkeit und Grazie bewegt, von dem Augenblick an, da er vor die Rampe tritt, alle Natürlichkeit der Bewegung und der Sprache mit einem Zauberſchlage verliert und sich linkische Geberden ankünstelt, die den verständigsten Weltmann leicht in das zweideutige Licht der Lächerlichkeit bringen. Gerade der Dilettant kann alle — wenn er nicht ein gottbegnadetes schauspielerisches Talent ist, und das läfst sich doch im Allgemeinen nicht voraussetzen — der steten eindringlichen Unterweisung des Praktikers nicht entbehren. Man mufs ihm Dinge beibringen, welche im gewöhnlichen Leben als selbstverständlich gelten, auf der Bühne aber als erhebliche Schwierigkeiten sich darstellen; man mufs ihm zeigen, wie er stehen, gehen, sich setzen, sich erheben soll, was er mit den Händen anzufangen hat, bei welchem Worte er den Hut auf den Stuhl stellen darf, bei welchem andern er vor oder hinter dieser oder jener Person nach rechts oder links zu gehen hat; man mufs ihn aufmerksam machen auf jede unschöne Geste, auf jede Undeutlichkeit in der Aussprache mit einer Pedanterie, welche dem Laien geradezu lächerlich erscheint. Und doch ist diese Pedanterie ein unabweisliches Gebot der Nothwendigkeit, wenn überhaupt ein einigermafsen befriedigendes Resultat erzielt werden soll. Der gebildete, welterfahrene Dilettant mufs mit einem Wort behandelt werden wie ein kleines Kind. Und das ist unter allen Umständen eine mifsliche Sache.

Nun aber gar, wenn der Dilettant eine ganz exceptionelle Stellung einnimmt, wenn der Dilettant *par droit de naissance* zu den regierenden Häuptern zählt, ein Herzog ist, der nur geruht. Ist es schon bedenklich, einem Geheimen Commerzienrath in's Gesicht sagen zu müssen: »Aber, verehrtester Herr, was Sie da machen, ist vollkommen unmöglich. Sehen Sie, das macht man so: man hebt das rechte Bein ganz unmerklich, damit die Augen des Publicums nicht auch über die Schwelle stolpern wie Sie, dann macht man vier Schritte geradeaus, aber wohlbemeſſene Schritte, nicht mit geſpreizten Beinen, als ob man Siebenmeilenſtiefeln anhätte, und auch nicht zu kleine trippelnde Schritte, ſehen Sie, ſo: Eins, Zwei, Drei, Vier! Darauf verbeugt man ſich anmuthig nach links und hat wohl Acht, den rechts ſtehenden Damen nicht den Rücken zuzudrehen, alſo: ſo! Und dann erſt fangen Sie an zu reden. Nun machen Sie es einmal nach, Herr Geheimrath!« — iſt dies ſchon bedenklich, wie viel delicater ſind derartige Lectionen, wenn der Schüler »Hoheit« genannt werden muſs!

Zu allen dieſen Schwierigkeiten kam bei der Gothaer Vorſtellung noch die hinzu, daſs die mitwirkenden Herren und Damen ganz verſchiedene Stufen der künſtleriſchen Entwickelung einnahmen, da ſie zum Theil früher berufsmäſsig auf den Brettern geſtanden hatten und das »Handwerk« gründlich verſtanden, zum Theil aber ganz unroutinirte Liebhaber waren. Und gerade bei der Bühne kommt ja Alles auf die Praxis an. Der feinſte Geſchmack, die vorzüglichſte Bildung, die ernſteſte Paſſion zum Schauſpiel vermögen nicht die Blöſsen völlig zu decken, welche mangelnde Uebung und Routine dem Spiele des Liebhabers laſſen. Die bekannten Worte Bismarcks dem Profeſſor Tellkampf gegenüber: »Es iſt ein weit verbreiteter Irrthum, daſs in der Politik Dasjenige, was kein Verſtand der Verſtändigen ſieht, dem politiſchen Dilettanten durch naive Intuition offenbar wird« — dieſe Worte laſſen ſich auf die praktiſche Bühne ebenſo gut anwenden wie auf die Politik. Daſs bei der angedeuteten ganz verſchiedenartigen Beſchaffenheit der ſchauſpieleriſchen Kräfte der Herſtellung eines künſtleriſch abgerundeten Enſembles erhebliche Hinderniſſe entgegenſtanden, wird man begreiflich finden.

Alle diese Reflexionen durchkreuzten mir den Kopf, als
wir uns auf den Weg zum Schlosse machten und, offen
gesagt, meine Erwartungen waren nicht sehr bedeutend.
Wagen auf Wagen rollten auf den vielverschlungenen
Pfaden des Parks zu dem alten, mehr durch seine Größe
als durch seine architektonische Schönheit bemerkens-
werthen Schloss hinauf, in ihnen die Élite der kleinen Re-
sidenz, distinguirte Fremde und einige wenige »harmlose
Kleinstädter«, die einem glücklichen Zufall die Ehre der
Einladung zu verdanken hatten. Bediente mit enormen
Windlichtern waren am Eingang aufgepflanzt. Dort wurden auch die überflüssigen Garderobestücke abgelegt. Wir
stiegen eine ziemlich enge und steile Treppe hinauf, zeigten
unsere Karten vor und fanden Einlaſs.

Das kleine Theater im Residenzschlosse, welches zu
dieser Gelegenheit restaurirt war, ist sehr einfach, schmuck-
los und hübsch. Es mag etwa 300 bis 400 Personen fassen,
von denen fast die Hälfte im Erdgeschoſs Platz findet.
Der zweite Rang ist sehr niedrig. In der Mitte des ersten
Ranges, der Bühne gerade gegenüber, befindet sich die
»Hofloge«, die eigentlich keine Loge, sondern ein Mittel-
balcon ist. Fast alle Plätze sind schon besetzt. Die Damen
strahlen im Diamantenschmucke und in den reichsten Toiletten, die Uniformen und Fräcke der meisten Herren sind
mit allerhand Orten an bunten, gewässerten und unge-
wässerten Bändern bedeckt, und das, was der Berliner
Volkswitz ein »reinliches Knopfloch« nennt, gehört zu den
Ausnahmen. Ein leises, erwartungsvolles Gesurre, das
durch die Etikette gebührlich gedämpft wird, durchzieht
den Saal. Man begrüſst sich, becomplimentirt sich, beti-
tulirt sich, lächelt, ohne die mindeste Ursache dazu zu
haben, sieht überlegen aus und kramt bei günstigem Anlaſs

die vor einer halben Stunde aus dem Brockhaus aufgefifchte Weisheit aus.

»Entfchuldigen Sie, meine Gnädigfte. Es find doch fchon Präcedenzfälle vorhanden. Zum Beifpiel Nero ...«

Die Gnädigfte fah etwas erftaunt auf. Nero war ihr als des Hofes treuer Hüter an der Kette wohlbekannt, im Uebrigen aber nicht vorgeftellt.

»Ich meine Nero, den Imperator, Sohn der Agrippina, der Britannicus vergiften liefs.«

Bei den Worten »Britannicus« fah fich die Gnädigfte fcheu nach der Hofloge um; nachdem fie fich überzeugt hatte, dafs diefelbe noch leer und Prinzeffin Alice von Grofsbritannien im Haufe noch nicht erfchienen war, wandte fie ihr völlig beruhigtes, hübfches Geficht wieder dem decorirten Hofrath zu und war ganz Ohr.

»Auch von ihm berichtet die Gefchichte, dafs er fich mit darftellenden Künftlern umgeben, im Circus den Wagen gelenkt, Flöte vor dem Publico gefpielt und im Theater getanzt habe. Indeffen hat feine Graufamkeit all diefe Talente in den Schatten geftellt. Aber auch Ludwig XIV., Frankreichs gröfster König, wie ihn feine Zeitgenoffen nennen, hat es nicht verfchmäht, vertrauten Umgang mit den Schaufpielern zu pflegen und felbft an ihren Spielen Allerhöchftfich zu betheiligen. Einer feiner Lieblingsfchaufpieler, der gleichzeitig auch einige Stücke gefchrieben hat, Molière —«

»Ach, den kenne ich«,. verfetzte die Gnädige. »Der kommt ja im Urbild des Tartüffe vor!«

»Derfelbe, meine Gnädige. Diefer Molière mufste für Se. Majeftät ein mit Tanzdivertiffements verfehenes Luftfpiel fchreiben: »Die erzwungene Heirath«, und in diefer feitdem *ballet du Roi* genannten Komödie trat Se. Majeftät als Zigeuner auf und tanzte mit grofser Anmuth die erforderlichen Pas. Der alte Ueberfetzer fchreibt darüber: »Diefes Luftfpiel ward das Ballet des Königs genennet, weil der König, als es am 29. Jenner 1664 im Louvre vorgeftellt ward, felbft dabey getanzt hatte.« Se. Majeftät waren damals 26 Jahre' alt und geruhten die Grazie feiner eleganten Erfcheinung in dem Ballet neben den Herren vom Hof und den berühmteften Tänzern allergnädigft ftrahlen zu laffen. Aber feitdem, es ift nun über 200 Jahre her, ift, foviel ich weifs, kein Fürft auf den Brettern erfchienen, und überhaupt hat wohl niemals, bis zu diefer Stunde, einer der erlauchten Gebieter eine Hauptrolle gefpielt, welche eigentlich einen Künftler von Fach verlangt. Indeffen . . .«

Der Hofrath wurde in feiner gelehrten Abhandlung durch ein wunderbares Geräufch unterbrochen. Eine eigenthümliche Bewegung ging durch den ganzen Saal. Die kleine Thür zum erften Rang war geöffnet worden. Unter Vortritt des Hofmarfchalls mit dem traditionellen Stocke erfchien der Hof, gefolgt von feinen Gäften. Alle Anwefenden erhoben fich von ihren Sitzen und verharrten in diefer refpectvollen Haltung, bis von den Infaffen der Hofloge felbft das Signal zum Platznehmen gegeben war. In der Hofloge fafsen u. A. die regierende Frau Herzogin, der Herzog von Auguftenburg, der jetzt wohl nicht mehr Prätendent auf Schleswig-Holftein genannt werden kann, mit dem regelmäfsig gefchnittenen Ariftokratenkopf, welcher durch ein weitverbreitetes Witzblatt weltbekannt geworden ift, neben ihm feine fchöne Frau Gemahlin, Prinzeffin Alice von Grofsbritannien, Prinz Leopold von Coburg, ferner der Dichter Guftav zu Putlitz u. f. w. u. f. w.

Nach der kurzen Ouvertüre raufcht der Vorhang in

die Höhe. Alle Welt wirft einen Blick auf den Zettel, und da es der Lefer vermuthlich ebenfo machen wird, will ich denfelben in möglichft getreuer typographifcher Copie an diefer Stelle mittheilen.

Theatralifche Vorftellung
im Herzoglichen Residenzschlosse.

Sonnabend, den 26. März 1870.

DIE MARQUISE VON VILLETTE.

Original-Schaufpiel in 5 Akten, von Charl. Birch-Pfeiffer.

Regisseur: Herr Hofrath Emil Devrient.

PERSONEN:

Ludwig XIV., König von Frankreich	Herr Emil Devrient.
Philipp, Herzog von Orleans, sein Neffe	Herr Max von Wangenheim.
Herzog du Maine, legitimirter Sohn des Königs von der Montespan, Orleans' Schwager	Herr von Kohl-Kohlenegg.
Marquis von Torcy, Kriegsminister	Herr Samwer.
Graf von Voisin, Staatsminister	Herr von Eckartsberg.
Marquis Desmarets, Finanzminister	Herr von Schrabisch.
Lord Henry St. John, Vicomte v. Bolingbroke, Staatssecretair und Minister der Königin Anna v. England	Serenissimus.
d'Estrée,	Herr Fritze.
Crequi,	Herr Morchutt.
de Nocé,	Herr Schuchardt.
Gramont, Freunde des Herzogs du Maine	Herr von Gräffendorff.
de la Farre,	Herr von Roepert.
Fronsac,	Herr von Branconi.
Frémont.	Herr von Ketschendorf.
Maréchal, zweiter Leibarzt des Königs	Herr von Schack.
Bontemps, erster Kammerdiener des Königs	Herr von Sommerfeld.
Launoy, Kammerdiener der Maintenon	Herr von Griesheim.
Françoise, Marquise von Maintenon, geb. d'Aubigné	Frau zu Putlitz.
Françoise, Herzogin von Noailles, geb. d'Aubigné	Frau von Schrabisch.
Marion, Marquise von Villette, geb. Marsilly	Mrs. Fitz-Hardinge-Maxse.
Marquise von Caylus,	Frau von Reuter.
Marquise von Dangeau	Frau von Eckartsberg.
Demoiselle Balbieu, genannt Nanon, erste Kammerfrau der Maintenon	Frau von Ruttenstein.
Fanchette, Marion's Kammermädchen	Fräulein von Griesheim.

Das Stück spielt: Der 1. Akt in Paris; der 2., 3. und 5. in Versailles; der 4. in einem Jagdschloss des Herzogs du Maine nahe bei Versailles.

Eröffnung des Theaters 6½ Uhr. Anfang 7 Uhr.

Nur wenige Worte über einige der Darsteller. Zu den »professionellen« Schauspielern gehörten aufser Emil Devrient Baron von Kohl-Kohlenegg, der sich unter dem Pseudonym »Poly Henrion« bekannt gemacht hat, und Mrs. Fitz-Hardinge-Maxse, welche als Auguste Rudloff eine Perle der Wiener Hofburg war. Auch Frau von Ruttenstein, die Gemahlin des Prinzen Leopold, könnte man dazu zählen, da sie schon in ihrer Kindheit, namentlich zu wohlthätigen Zwecken, durch ihre musikalische und declamatorische Begabung als Constance Geiger die gemüthlichen Wiener entzückte. Herr Max von Wangenheim ist Oberhofmarschall des Herzogs Ernst; Herr Samwer der bekannte und gewandte diplomatische Vertreter des Herzogs von Augustenburg, Herr Morchutt Staatsanwalt in Gotha, Frau zu Putlitz die Gattin des Dichters.

Die »Marquise von Villette« ist eines der wenigen »Original«-Lustspiele der fruchtbaren Charlotte Birch-Pfeiffer und eines ihrer besten Stücke. Es ist in beinahe erträglichem Deutsch geschrieben, ziemlich spannend, in der scenischen Anordnung sehr geschickt, mit einzelnen recht wirkungsvollen Situationen. Das Interesse concentrirt sich weniger auf die Titelrolle, als auf den Vicomte von Bolingbroke, den geistvoll-chevaleresken Staatsmann, welchem schon Scribe in seinem köstlichen »Glas Wasser« die Hauptrolle zuertheilt hat. Ein Vergleich zwischen dem lustig sprudelnden Helden des »Glas Wasser« und dem Bolingbroke im Birch-Pfeiffer'schen Stücke würde zwar nicht zu Gunsten dieses Letztern ausfallen, immerhin besitzt aber auch dieser Eleganz, Liebenswürdigkeit, Schlagfertigkeit in der Rede, Bravour und es ist begreiflich, dafs sich der Herzog für diese Rolle interessirt hat. Bolingbroke am Hofe Ludwigs XIV. hat die Zeit der »holden blöden

Jugendefelei«, wie Heine fagt, die ausgelaffenen Streiche, die Schulden, Liebfchaften und Duelle, die ihn im Scribe'- fchen Luftfpiel am Hofe der Königin Anna noch beinahe unmöglich machen, bereits hinter fich; er ift faft fchon ein *homme rangé*, ein Mann mit folideren Grundfätzen geworden, der im Begriff fteht, eine folide Ehe zu fchliefsen. Er ift beinahe fchon fo, wie er fich in der von ihm felbft verfafsten Grabfchrift in der Kirche von Batterfea gefchildert hat: »Hier ruhet Henry St. John, unter der Regierung der Königin Anna Secretair des Kriegs, Staatsfecretair und Vicomte Bolingbroke; zur Zeit des Königs Georg I. und des Königs Georg II. etwas mehr und etwas Befferes. Seine Anhänglichkeit an die Königin Anna fetzte ihn hartnäckigen und andauernden Verfolgungen aus. Er ertrug diefelben mit Seelenftärke. Er verbrachte feine letzten Lebensjahre in feinem Vaterlande. Er war keiner nationalen Partei feindlich, keiner Clique freundlich gefinnt, er war eifrig bemüht, die Freiheit aufrecht zu erhalten und das alte Gedeihen Grofsbritanniens wiederherzuftellen.« Bei der Birch-Pfeifer erfcheint diefer Staatsmann am Hofe des gealterten, friedensbedürftigen Ludwig XIV. und führt feine diplomatifche Sendung und feine private Liebesangelegenheit mit gleichem Gefchick durch. Selbft die bigotte Maintenon, die Tante der verführerifch-fchönen jungen Witwe von Villette, vermag dem Zauber feiner Perfönlichkeit auf die Dauer nicht zu widerftehen und wird gezwungen, ihre bedingungslofe Einwilligung zur Vermählung ihrer reizenden Nichte mit dem fremden Ketzer zu geben. Der kindifche Plan des legitimirten Baftards Du Maine, welcher die fchöne Villette ebenfalls liebt, der Verfuch, den gefährlichen Nebenbuhler unfchädlich zu machen, fcheitert kläglich an der würde- und muthvollen

Haltung Bolingbroke's und an dem Dazwifchentreten des Herzogs von Orleans.

Diderot fagt: »Wer von den Frauen geziemend fchreiben will, der mufs feine Feder in den Regenbogen tauchen, und den Farbenftaub eines Schmetterlingsflügels über die Linien ftreuen.« Diefe weife und zierlich ausgedrückte Vorfchrift ift überhaupt gut zu befolgen, wenn man kritifiren will, nicht nur Frauen gegenüber. Es verfteht fich von felbft, dafs ich über die Aufführung in Gotha keine »Kritik« im gewöhnlichen Sinne des Wortes zu fchreiben beabfichtigen kann; die unterthänigft-fubmiffefte Lobhudelei aber würde mir geradezu widerftehen. Ich will verfuchen Lob und Tadel gleichermafsen zu dämpfen. Was ich über die fchaufpielernde Hoheit als folche denke, habe ich übrigens fchon bei einer andern Gelegenheit gefagt.

Dafs der Herzog eine fehr fchätzenswerthe fchaufpielerifche Begabung befitzt, ift über allen Zweifel erhaben. Das wiffen alle feine Freunde ganz genau. Er bewegt fich mit Eleganz, fpricht, wenngleich mit einem leifen Anflug von thüringifchem Dialekt deutlich und gut, und feine natürlichen Mittel, vor Allem die hohe kräftige Geftalt, begünftigen feine allbekannte Vorliebe für theatralifche Vorftellungen in hohem Grade. Dazu eine Coftümirung, wie fie wohl nie auf der Bühne gefehen worden ift, ein in der That fürftlicher Reichthum in Stoffen und Juwelen. Der Hofenbandorden, welchen der Herzog trug, war echt, der grofse Ordensftern, welcher auf feiner Bruft funkelte, beftand aus lauter echten Steinen, und bis in das geringfte Detail war das reiche und kleidfame Coftüm dem hiftorifchen der Zeit getreu nachgebildet. Um fo mehr war ich darüber verwundert, dafs der herzogliche Darfteller des

Bolingbroke nicht auch die grofse Allonge, ohne welche man fich einen Würdenträger am Hofe Ludwig's XIV. doch nicht gut vorftellen kann, aufgefetzt hatte. Ich kenne zwei Portraits des englifchen Staatsmannes, auf beiden trägt er die langlockige Perrücke, und auch im »Glas Waffer« erfcheint Bolingbroke auf dem Théâtre Français nie anders, als mit der Allongenperrücke. Sollte die Perrücke Se. Hoheit nicht kleiden? Man werfe fie hinaus, die infolente.

Von den Leiftungen der übrigen Mitwirkenden waren natürlich diejenigen der früheren Bühnenangehörigen die hervorragendften. In dem leidenfchaftlichen und feelenvollen Spiel der Mrs. Fitz-Hardinge-Maxfe war die Augufte Rudloff von der Hofburg unfchwer zu erkennen, und aus dem gemüthlichen Geficht der Demoifelle Balbieu lächelte fo Manchem ein bekannter freundlicher Zug entgegen, den er früher bei einem »Wunderwurzel«, Conftance Geiger geheifsen, fchon bemerkt haben wollte. Dafs Emil Devrient's wunderbares Talent auch die feinem ganzen Wefen etwas fern liegende Rolle des Königs völlig beherrfchte, verfteht fich von felbft. Er ift immer noch der alte, oder vielmehr der junge Devrient; fein Organ hat den glockenartigen Wohllaut in ungefchmälerter Fülle fich bewahrt.

Die Coftüme waren ohne Ausnahme glänzend, die Toiletten und Coiffüren der Damen höchft elegant und mit Diamanten überfäet, die Decorationen und Requifiten dem fplendiden Enfemble entfprechend.

Kurzum wir haben während der Vorftellung an dem Spiel lebhaftes Intereffe genommen, haben uns vortrefflich unterhalten und in das wohlgefällige Beifallsgemurmel — die Etiquette bannte aus diefem Thalientempel alles Händeklatfchen — aus Ueberzeugung eingeftimmt, ohne dabei auf Loyalitäts- und Opportumitätsfragen Rückficht zu nehmen.

Das Schaufpiel im Saale war beinahe ebenfo intereffant wie das auf der Bühne, namentlich für uns Ketzer, die wir nicht in einer kleinen Refidenz leben und denen all die Ceremonien, der Marfchall mit dem Stock, das Erheben von den Sitzen, das Grüfsen, die Titel und Orden bis zu einem gewiffen Grade fremd waren.

Als wir, Freund A. und ich, den Saal verliefsen, hörten wir den Hofrath wiederum vor der Gnädigen kluge und weife Worte reden, welche die Gnädige gewöhnlich nicht verfland.

»Es war doch eigentlich fehr nett«, lispelte die Gnädige, »die Lucca würde den Bolingbroke gewifs nicht beffer fpielen, und die Gallmayer auch nicht.«

»Das ift auch nicht ihr Fach«, docirte der Hofrath. »Und wenn man bedenkt, dafs es ein Herzog ift —«

Den Nachfatz konnte ich nicht verflehen.

Ein Fest der Berliner Presse.

Im Hochsommer des Jahres 1862 tauchte das Project auf, einen Verein für die Berliner Presse zu gründen. Der Gedanke, einen gemeinsamen Boden für Diejenigen zu gewinnen, die täglich mit einander geistig verkehren, die persönliche Bekanntschaft Derer zu vermitteln, welche sich aus ihren Arbeiten längst kennen, lieben oder hassen gelernt haben, lag nahe, und es war begreiflich, dafs derselbe bei den Betheiligten grofsen Anklang fand. Denn es ist am Ende kein unerlaubtes Verlangen, sich bei Demjenigen, dem man Vormittags am Redactionspult als Vaterlandsverräther den Kopf abgerissen hat, Abends bei der Flasche Wein zu erkundigen, wie ihm die Operation eigentlich bekommen ist. Aufserdem giebt es ja so mannichfache Interessen, welche allen Angehörigen der Presse unbeschadet ihres Parteistandpunctes gemeinsam sind, dafs ein Verein, welcher sich die Wahrung dieser allgemeinen Interessen zur Aufgabe stellte, nicht nur ein angenehmes, sondern auch nützliches Institut werden konnte.

Zu diesen Interessen gehören u. A. die Fragen wegen Altersversorgung der Journalisten, wegen des Fonds für

Wittwen und Waifen etc. Sterblich find wir ja Alle, orthodoxe und proteftantenverein-freundliche, reactionäre Stockpreufsen und vorgefchrittene Föderativrepublikaner, ja felbft der ftrammfte Ultramontane wird aus feinem Thomas a Kempis wiffen, dafs »*a papa nemo impetrare poteft bullam nunquam moriendi.*«

Mehr noch als die nützliche, war die gefellige Seite des projectirten Vereins ein Reizmittel für Die, welche fich betheiligen wollten. Man hatte es fich fo hübfch ausgemalt, wie fich nun auf dem neutralen Gebiete der zwanglofen Gefelligkeit und Gemüthlichkeit die Vertreter der verfchiedenften politifchen Richtungen begegnen und zu einander in den liebenswürdigften Verkehr treten, wie alle umarmend fich entgegenkommen würden am Thron der hohen Einigkeit. Und alle Blätter aller Farben ftimmten dem Projecte zu.

Das Project felbft wurde an demfelben Orte geboren, wie ich weifs nicht gleich welche europäifche Berühmtheit: in einem Waggon zweiter Claffe. Verfchiedene Berliner Journaliften, unter Anderen Alexis Schmidt, Chefredacteur der »Spenerfchen Zeitung«, Hermann Kletke, jetzt Chefredacteur der »Voffifchen Zeitung«, Karl Frenzel, Redacteur des Feuilletons der »Nationalzeitung«, Moritz Gumbinner, jetzt Redacteur der Parlamentsberichte für die »Kölnifche Zeitung« etc. nahmen, am zweiten Juli 1862, an der Feftfahrt nach Thale zur Einweihung der Bahn Theil. Sie fafsen allefammt in demfelben Coupé, plauderten, amufirten fich und fanden, dafs es doch eigentlich recht nett fei, wenn fich die Genoffen des gemeinfam verfehlten Berufs öfter träfen.

Wenn man in Deutfchland irgend etwas nett findet, fo entfteht daraus bekanntlich ein Verein.

Und als die Journaliften nach Berlin zurückgekehrt waren und ihren Bericht gefchrieben hatten, ging die Agitation los. Am 20. Auguft 1862 wurde der Verein unter zahlreicher Betheiligung in's Leben gerufen. Alle Farben waren vertreten: von der »Kreuzzeitung« bis zur »Reform«, die damals das Organ der äufserften Linken war, die minifterielle »Sternzeitung«, die gemäfsigt altliberale «Spenerfche«, die altliberale »Berliner Allgemeine Zeitung«, welche Julian Schmidt redigirte und die an dem unlösbaren Widerfpruch, kecke burfchikofe Alluren mit dem philiftröfen Gothaismus zu vereinigen, zu Grunde gegangen ift, die »Voffifche Zeitung«, welche nach links hinüberlenkte und unter Lindner's und Kletke's Redaction ein treuer Vertreter der freifinnigen Intereffen geworden und geblieben ift, die würdig-freifinnige »Nationalzeitung«, die entfchieden-fortfchrittliche »Volkszeitung«, der »Kladderadatfch«, kurzum die hauptfächlichen, damals in Berlin beftehenden Organe gehörten dem Vereine an, deffen Lebensfähigkeit dadurch verbürgt war. Da auch die nicht in der Tagespreffe thätigen, in Berlin anfäfsigen namhaften Schriftfteller, wie Auerbach, Rodenberg, Brachvogel und viele Andere dem Verein als active Mitglieder beitraten, fo fand fich hier bald eine Summe von Intelligenzen zufammen, die in der That etwas zu bedeuten hatte.

Natürlich fing man fofort an, die Sache fehr ernft zu nehmen, und ich erinnere mich noch fehr wohl mancher geiftvollen und begeifterten Debatte, welche fchon an den erften Abenden über verfchiedene fogenannte Lebensfragen des Journalismus geführt wurde — meine Erinnerungen befchränken fich auf das Jahr 1862, da ich zu Anfang des Jahres 1863 Berlin verliefs und dem Vereine, dem ich als eines der erften Mitglieder anzugehören die Ehre hatte,

nur aus der Ferne meine Theilnahme fchenken konnte —
ich erinnere mich aller der Debatten über diefe wichtigen
Fragen, die, wie man mich im Jahre 1871 aufs neue verficherte, noch jetzt auf der Tagesordnung ftehen und näch-
ftens ohne allen Zweifel eine durchaus befriedigende Löfung finden werden.

Aber war auch der praktifche Nutzen ein mehr oder
minder illuforifcher, in gefelliger Beziehung war der Verein ganz entfchieden gewinnbringend. Man lernte fich
kennen, man lernte fich fchätzen. Und gerade die völlige
Verfchiedenheit der politifchen, religiöfen und focialen
Ueberzeugungen der einzelnen Mitglieder machte den
gegenfeitigen Verkehr zu einem artig-höflichen und gemüthlichen Umgang. Da fafs Bernftein mit feinem Sammet-
käppchen, der kurz vorher in einem trefflichen Leitartikel
der »Volkszeitung« fein Anathema gegen die übermüthige
Junkerwirthfchaft gefchleudert, in traulichem Gefpräch mit
Beuthner, der unter feiner Brille mifstrauifche Blicke auf
den zweifelhaften Mofel warf und ganz vergeffen zu haben
fchien, dafs er »dem jüdifchen Leitartikelfchreiber der
Volkszeitung« in der »Kreuzzeitung« einige recht wenig
verbindliche Redensarten an den Kopf geworfen hatte.
Am Abend fand er diefen Leitartikelfchreiber ganz char-
mant und die Verfchiedenheit der Confeffionen fchien ihn
gar nicht zu fchmerzen. Ueberhaupt waren die Redacteure
der »Kreuzzeitung« fehr fchätzenswerthe Mitglieder des
Vereins: der feingebildete, liebenswürdige Theodor Fon-
tane und vor Allem George Hefekiel, der fein »Buch vom
Grafen Bismarck« noch nicht gefchrieben hatte, Hefekiel,
der Virgil der Mark, der die poetifchen Schönheiten der
Sandwüfte wie ein wahrer Dichter, der er ift, befungen
und deffen unverwüftliche Laune und unverwüftlicher

Appetit meine jugendliche Bewunderung im höchsten Mafse erregten. Als ich diesen köstlichen Gesellschafter zum ersten Mal essen und trinken sah, war mir klar, dafs derselbe früher oder später ein Kochbuch schreiben müsse. Und das hat er auch gethan. Ich bin fest überzeugt, dafs dies aus tiefster Ueberzeugung hervorgegangene Werk ein Meisterwerk ist.

Manche vergnügte Stunde habe ich in dem Verein verbracht, dessen Präsident damals Alexis Schmidt, der Chefredacteur der »Spener'schen Zeitung« war. In ihm suchte auch und fand Julian Schmidt, der die inzwischen eingegange »Berliner Allgemeine Zeitung« redigirte, Balsam für die Wunden, welche Lassalles wuchtige Keulenschläge ihm versetzt hatten. Der arme Fischel, mit dem klugen, feingeschnittenen Gesicht, der den Deutschen durch sein berühmtes Werk die englischen Verfassungsverhältnisse nahe gebracht und durch seine unübertrefflichen Correspondenzen in der »Magdeburger Zeitung« sich die bedeutende publicistische Autorität im preufsischen Verfassungsconflict verschafft hatte, gehörte zu den eifrigsten Mitgliedern. Der liebenswürdige und geistvolle Schriftsteller sollte bald darauf elendiglich zu Grunde gehen. Im Sommer des Jahres 1863, als er in Paris Erholung von den publicistischen Strapazen suchen wollte, verunglückte er; er stolperte, als er vom Omnibus herunterstieg, fiel zu Boden und wurde überfahren.

Ich entsinne mich auch einiger Einzelheiten, die jetzt, nach Verlauf von neun Jahren, beinahe komisch wirken. Von einem angesehenen Mitgliede wurde als Recipiende eines Abends ein Mann vorgeschlagen, dessen schriftstellerische Thätigkeit damals den Meisten noch unbekannt war. »Der Herr gehört allerdings von Beruf der dramatischen

Kunſt an«, ſagte ſein Fürſprech, »aber er beſitzt umfaſſende literariſche Kenntniſſe, einen eiſernen Fleiſs, ſeltene geſellige Gaben und deshalb, glaube ich, brauchen wirs diesmal nicht ſo genau zu nehmen. Uebrigens hat er auch im »Soldatenfreund« eine Reihe vor Artikeln veröffentlicht, welche entſchiedenes Geſchick in der Darſtellung bekunden. Ich glaube, er hat auch eine Novelle geſchrieben«. Derjenige, welchem dieſe freundlichen Worte galten, war George Hiltl, der inzwiſchen einer unſerer beliebteſten und fruchtbarſten Romanſchriftſteller geworden iſt.

Ein ander Mal empfahl Bernhard Oppenheim, damals Herausgeber der »Deutſchen Jahrbücher«, einen jungen Aſſeſſor, welcher ſich zu den Journaliſten hingezogen fühlte, zur Aufnahme in den Verein. Oppenheim mufste über den »jungen Mann« eine groſse Rede reden, weil ſein Candidat ſo gut wie unbekannt war. Er rühmte die Artikel des Betreffenden in den »Deutſchen Jahrbüchern«, welche mit einer Fülle ſeltenen Wiſſens eine noch ſeltnere Schärfe des Urtheils und Schlagfertigkeit vereinigten. Der »junge Mann« war Lasker. Ein paar Jahre drauf war er Abgeordneter für Berlin und iſt bis zur Stunde eine der bedeutendſten parlamentariſchen Kräfte. Wie ſich die Zeiten ändern! Seit einem Jahre iſt er nicht einmal mehr unbeſoldeter Aſſeſſor. Man kanns weit bringen im deutſchen Reich. Als Oppenheim ſeinen Mitarbeiter nannte, fragte mich mein Nachbar: »Wer iſt Kisker?« Ich zuckte die Achſeln, denn ich hatte bis dahin von dem jetzigen Führer der national-liberalen Partei noch Nichts vernommen.

Des Vereins ungemiſchte Freude währte übrigens nicht lange. Uhlands Tod (November 1862) brachte den Landsmann des groſsen ſchwäbiſchen Dichters, Berthold Auerbach, auf den Gedanken, eine Todtenfeier der Berliner Preffe für den Verflorbenen anzuregen. Die Redacteure der »Kreuzzeitung erhoben Widerfpruch. Der Ausfpruch Uhlands, dafs der deutfche Kaifer mit einem Tropfen demokratifchen Oels gefalbt fein müffe, und die ganze politifche Thätigkeit des, fchwäbifchen Demokraten wollte ihnen nicht in den Sinn. Sie erklärten, dafs fie vor dem Dichter Uhland freilich die gröfste Achtung empfänden, dafs fie mit dem Politiker Uhland aber keineswegs fympathifirten, dafs es ihnen ferner unmöglich erfchiene, den Dichter zu feiern, ohne gleichzeitig dem Politiker zu huldigen, und dafs fie deshalb vor einer Feier warnen müfsten, die nach ihrer Auffaffung den Statuten, welche jede politifche Kundgebung des Vereins unterfagten, fchnurftracks zuwiderliefe. Sie drangen mit diefer Anficht nicht durch. Auerbachs Antrag wurde angenommen, das Feft wurde begangen, und die Redacteure der »Kreuzzeitung« fchieden aus dem Vereine aus. Da ich oben die iebenswürdigen, gefelligen Gaben der Kreuzzeitungsredacteure hervorgehoben habe, brauche ich nicht zu fagen, dafs ich ihr Ausfcheiden im Intereffe des Vereins fehr bedauerte.

Die Befürchtung, dafs der Verein »Berliner Preffe« zerfallen würde, beftätigte fich glücklicherweife nicht; trotzdem ift es nicht zu leugnen, dafs derfelbe durch das Ausfcheiden der »Kreuzzeitung« eine feiner wefentlichen Beftimmungen, der Sammelpunct der Journaliften aller Parteifarben zu fein, nicht mehr hat erfüllen können. Die feudale Partei ift, foviel ich weifs, in dem Verein überhaupt nicht mehr vertreten, jedenfalls nicht durch ihr bedeutendftes und geiftreichftes Organ.

Aber der Auerbach'fche Antrag hatte auf der andern Seite auch fein Gutes. Der Verein hatte ein erftes Feft gefeiert, es war unausbleiblich, dafs demfelben nun weitere Fefte folgen würden. Denn wie Jules Janin, ehe er noch Akademiker war, fagen konnte: »Von Zeit zu Zeit ftirbt ein Akademiker, um die Welt glauben zu machen, dafs er gelebt hat«, fo kann man auch von den meiften Vereinen fagen: von Zeit zu Zeit begeht ein Verein eine Todtenfeier, um ein Lebenszeichen von fich zu geben. Alfo auch der Verein »Berliner Preffe« feierte von Stund an die »Fefte, wie fie fallen«. Den Manen Shakefpeares und Leffings wurde von der »Berliner Preffe« der Tribut der fchuldigen Verehrung gezollt; auch als es galt, einem bedeutenden lebenden Dichter ihre warme Sympathie zu bekunden, war die Preffe der Hauptftadt bei der Hand und veranftaltete (März 1865) eine Vorftellung für Gutzkow; im Jahre 1869 gab fie im Wallnertheater und im vorigen im königlichen Schaufpielhaufe Feftvorftellungen. Und immer hatte fie die Genugthuung, fich der herzlichften Theilnahme von Seiten des Publicums zu erfreuen.

Denn in diefer Beziehung ift in Berlin glücklicherweife Vieles anders und beffer geworden, als es früher war, als es jetzt noch in vielen halbgrofsen deutfchen Städten der Fall ift, die fich auf ihre Bildung erfchrecklich viel zu gute thun. Man hat aufgehört, an das Ammenmärchen von den literarifchen Strauchdieben und Bufchkleppern zu glauben. Man findet reine Wäfche und eine anftändige Gefinnung nicht mehr unvereinbar mit dem journaliftifchen Beruf. Man weifs, dafs wenn es leider an armen Teufeln, wie Schmock, nicht fehlt, an traurigen, hungernden Handlangern in der Tagespreffe, die den ganzen lieben langen Tag auf der Jagd nach Neuigkeiten begriffen find und die das Ebenerlaufchte fchnell in blühendem Stil zu Papier bringen, um es gegen kümmerliche Bezahlung in irgend ein Blatt einzufchmuggeln, bei denen der Hunger fchliefslich auch das bischen Menfchenwürde auffrifst, — man weifs, dafs, wenn es an diefen erbarmungswürdigen und an fchlimmeren Gefellen, die geradezu käuflich und verächtlich find, nicht fehlt, auf der andern Seite auch an den Geiflesgenoffen eines Oldendorf und Conrad Bolz kein Mangel ift, an Leuten, welche durch die Lauterkeit ihres Charakters und ihre bürgerliche Tüchtigkeit den beflen ihrer Mitbürger gleichgeflellt zu werden verdienen, hinter denen fie nebenbei auch an Gelehrfamkeit und Geift nicht zurückbleiben. Gerade die Berliner Preffe darf mit Recht ftolz darauf fein, dafs die Species verkommener Individuen, welche dem Geift des befchränkten Philiflers in der Kleinfladt vorfchwebt, wenn das Wort »Journalift« ausgefprochen wird, dafs die Landsknechte von der Feder, welche ihre Begeiflerung, ihren Hafs, ihre Liebe dem Meiftbietenden verkaufen, in ihr nur durch einige wenige feltene Exemplare vertreten ift, auf die man mit den Fingern zeigt und mit denen die bei weitem überwiegende Mehrheit der anfländigen Journaliflen ebenfo wenig Umgang pflegt, wie die anfländige Gefellfchaft überhaupt. Die Redacteure und fländigen politifchen Mitarbeiter an den bedeutenden Blättern in Berlin fowie Diejenigen, welche das kritifche Richteramt im Feuilleton diefer Zeitungen ausüben, find, foweit ich diefelben kenne — und ich kenne fo ziemlich alle — durchweg hochachtbare, überzeugungstreue Charaktere. Schlimm genug, dafs man fo etwas noch befonders fagen mufs, aber in Deutfchland ift das vorläufig leider noch nicht überflüffig.

Zum letzten Fefte der »Preffe«, im Frühjahr 1870, wurde das dramatifche Erflingswerk des geiflreichen Romandichters Friedrich Spielhagen gegeben. Der Verfaſſer der »Problematiſchen Naturen« iſt mir eine der ſympathiſchſten Erſcheinungen in der modernen Literatur, weil er eben eine wirklich moderne Natur iſt. Indeſſen nicht mit dem Romanſchriftſteller, deſſen Beobachtungsgabe bewunderungswürdig, deſſen Charakteriſtik von echtem geſunden Realismus durchdrungen iſt, deſſen Darſtellung als ein Muſter des Stils gelten kann, ſondern nur mit dem Dramatiker Spielhagen, welcher der »Berliner Preſſe« ſein erſtes Stück »Hans und Grete« zu ihrem Feſtabende überlaſſen hatte, haben wir uns jetzt zu beſchäftigen. Ich habe das Stück zweimal hintereinander geſehen, einmal in Berlin, einmal in Leipzig; ich glaube, daſs wenn der Leipziger Rath den Vergleich, den anzuſtellen mir auf dieſe Weiſe gegönnt war, ebenfalls hätte anſtellen können, er ſich ſchwerlich in ſo überraſchender Weiſe beeilt haben würde, Laube aus ſeinem Contracte zu entlaſſen. Der Titel des Spielhagen'ſchen Romans »Durch Nacht zum Licht« würde dem Gefühl, welches ich empfand, als ich nach der Berliner der Leipziger Aufführung beiwohnte, ziemlich genau entſprechen. Es liegt mir ſehr fern, den Berliner Schauſpielern etwas Unangenehmes ſagen zu wollen, ich will ſehr gern zugeben, daſs einige Rollen ganz meiſterlich gegeben wurden (Frau Frieb, Döring, Friedmann, Liedtke), aber — wenns auch wie am Schnürchen ging, es fehlte ein gewiſſes Etwas —

„Aber das Schenie, ich meine, der Geiſt
Sich nicht auf der Wachtparade weiſt."

Als ich Herrn Robert als »Hans« geſehen hatte, war ich ſehr von ihm erbaut, die Pracht ſeiner Mittel iſt in der That etwas Ungewöhnliches: ein intereſſanter Kopf, eine ſchöne Figur, ein klangvolles wohllautendes Organ. Jetzt, wo ich Mittell in derſelben Rolle geſehen habe, iſt mir klar geworden, dafs man doch noch etwas Anderes aus der Rolle machen kann. Hier ift mir der Hans ein wirklich fympathifcher, intereffanter Menfch geworden; in Berlin war das nicht der Fall. Der nervenreizenden Weinerlichkeit des Fräulein Buska, welche in Berlin die »Grete« fpielte, vermochte ich abfolut keinen Gefchmack abzugewinnen; da ift mir die fchmuck- und anfpruchslofe Sentimentalität des Fräulein Guinand denn doch viel lieber, taufendmal lieber. Herr Liedtke fpielte in Berlin den Herzog mit Liebenswürdigkeit und Diftinction, aber Herr Mitterwurzer in Leipzig war gerade ebenfo diftinguirt und viel lebendiger, frifcher, realiftifcher; auch die Leipziger Darftellerin der reizenden Herzogin, Fräulein Hermine Delia, ftelle ich ihrer Berliner Collegin, der Frau Erhart-v. d. Goltz, zum mindeften zur Seite, und in Betreff des Arrangements der Enfemblefcenen und der geiftigen Ausarbeitung im Einzelnen gebe ich der Leipziger Aufführung ganz entfchieden den Vorzug. Kurz und gut, nach der Berliner Vorftellung habe ich einen fehr ungünftigen, nach der Leipziger einen günftigen Eindruck vom Stücke empfangen; und ich gebe Spielhagen vollkommen Recht, der mir, nachdem auch er das Stück in Leipzig gefehen, am Tage nach der Aufführung fagte: »jetzt habe ich *mein* Stück zum erftenmal gefehen«.

Die Handlung, welche für die Novelle, namentlich bei Spielhagens feffelnder Darftellung, vollkommen genügt, ift für das Drama kaum ausreichend; es gefchieht eigentlich gar nichts. Hans und Grete lieben fich. Hans hat in Berlin — das kommt von der Militärconvention! — gedient, und als er nun heimkehrt und mit einem etwas fcandalöfen Auftritt debütirt, findet er keine Befchäftigung; fintemalen auch fein Vater ein dunkler Ehrenmann gewefen zu fein fcheint. Grete foll juft zur felben Zeit an einen einfältigen und reichen (das Eine fchliefst das Andere nicht aus), nebenbei überaus feigen Bauern verheirathet werden, den fie natürlich nicht haben will. Das ift der Conflict. Grete ift aber auch mit Hans, der von Zeit zu Zeit dreinfchlagen will (thuts aber nicht), nicht vollkommen zufrieden, und deshalb geräth Hans in Verzweiflung, befchliefst, fich todtzufchiefsen (thuts aber nicht), oder wenigftens, da doch irgend Etwas todtgefchoffen werden mufs, Wilddieb zu werden (thuts aber wiederum nicht). An der Ausführung des letztern Projectes mag er wohl durch Umftände verhindert werden, welche von feinem Willen unabhängig find, denn Grete fucht ihn bei nachtfchlafender Zeit im einfamen Walde auf, und während fie die Verficherung ihrer Liebe und Treue austaufchen, knallen plötzlich die Büchfen in nächfter Nähe — es ift der Förfter mit feinen Gefellen, welche auf der Jagd nach den Wilddieben find. Die Situation ift delicat. Auf der einen Seite Sumpf, auf der andern ein jäher Abhang, auf der dritten undurchdringliches Geftrüpp, auf der letzten der Wald mit dem Förfter. Wenn man Grete hier fände — was würden die Leute fagen! Gretes Kniee fchwanken, ihre Kräfte verlaffen fie, fie kann nicht vom Fleck. Da packt fie Hans auf feine ftämmigen Schultern, klettert mit ihr den Abhang hinunter, legt feine füfse, aber fehr fchwere Laft vor ihrem Haufe nieder und finkt nun erfchöpft zu Boden, wo er als Wilddieb abgefafst und unter Schlofs und Riegel gebracht wird. Grete bekommt vor Angft und Jammer das Nervenfieber. Hans, der in der Refidenz vermuthlich Freytags »Valentine« gefehen und fich für den Heroismus Saalfelds begeiftert hat, erklärt fich der Wilddieberei fchuldig, um Grete nicht zu compromittiren, wird vor die Gefchworenen geftellt, und an dem Tage, da Grete als Reconvalefcentin zum erften Male die Stube verlaffen darf, zu dreijährigem Zuchthaus verurtheilt. Ais Grete dies erfährt (die Scene ift vortrefflich), eilt fie zur guten Herzogin, erzählt ihr Alles und diefe erwirkt bei ihrem liebenswürdigen Gemahl die Begnadigung des unfchuldig Verurtheilten. Hans und Grete werden ein glückliches Paar.

Das ift das Stück, das aus Spielhagens Feder geradezu überrafchen mufs; überrafchen wegen der unglaublichen Einfachheit der Erfindung, wegen des Ortes der Handlung in den drei erften Acten (das bewufste »Dorf«) und der dadurch bedingten affectirten conventionellen Bauernfprache, die kein Bauer fpricht, überrafchen endlich und hauptfächlich wegen der Tendenz. Dafs ein gut demokratifcher Schriftfteller das Schwurgericht eine offenbare Dummheit und Ungerechtigkeit begehen und die Gerechtigkeit lediglich durch den fouveränen Willen des regierenden Fürften wiederherftellen läfst, das hat mich allerdings frappirt. Und wie kam Spielhagen, diefer geiftvolle, fcharfe Beobachter unferer modernen, fogenannten guten Gefellfchaft, diefer Freund der Wahrheit und des Lebens, wie kam gerade er dazu, die Handlung feines Stücks in die Mitte jener unmöglichen braven Landleute zu verlegen, die man heutzutage nur noch auf den Bildern der Düffeldorfer Schule antrifft? Unter den Bauern giebts freilich gerade fo intereffante Leute wie unter den Städtern, aber fo, wie fie uns in den Bauernftücken und Bauernnovellen gefchildert werden, find fie nicht, fo fehen fie nicht aus, fo fühlen und fo fprechen fie nicht. Von einem fo felbftftändigen, bedeutenden Schriftfteller wie Spielhagen darf man verlangen, dafs ers eben anders macht als die

Andern, dafs er kühn und entfchloffen den Bruch mit der traditionellen Lüge vollzieht.

In der dramatifchen Technik hat das Stück noch bedeutende Schwächen. Die Charaktere find fammt und fonders hübfch angelegt, aber der Autor läfst keinem derfelben Zeit, fich zu entwickeln. Die Figuren treten vielverfprechend auf und gehen nichtsfagend ab.

Unftreitig am beften find dem Dichter — und das mag ihm ein Wink fein, aus welchen Kreifen er feine künftigen handelnden Perfonen zu wählen hat — der Herzog und die Herzogin gelungen, zwei mit gutem Humor und feiner Beobachtung trefflich gefchilderte und bühnenwirkfame Charaktere. Der letzte Act hebt das ganze Stück und erzielte bei der Aufführung in Leipzig einen aufrichtigen, vollen Erfolg, Dank der Dichtung und Darftellung.

Einem Schriftfteller von der Bedeutung Spielhagens kann man die ungefchminkte Wahrheit fagen; fein erfter dramatifcher Verfuch ift gewifs im hohen Grade intereffant, eben als dramatifcher Verfuch eines Dichters, der fich fchon in einer andern Arena die goldenen Sporen geholt hat, aber es ift auch nur ein Verfuch. Die unglückliche Wahl des Stoffes hat ihn diesmal beengt, hat ihm nicht geftattet, feine eigene dichterifche Individualität, welche eine ganz fcharf ausgeprägte, ganz moderne Phyfiognomie trägt, frei fchalten und walten zu laffen. Trotzdem haben wir allen Grund, an dem Gefchick von »Hans und Grete« den innigften Antheil zu nehmen und uns der freundlichen Aufnahme, welche diefelben in Leipzig gefunden haben, aufrichtig zu freuen. An Dichtern, welchen die Befähigung zur Schilderung der Sitten und Charaktere in der Gegenwart in fo hohem Grade zu eigen ift, wie dem Verfaffer von »In Reih und Glied«, ift ficherlich kein Ueber-

flufs, und wenn ein folcher Dichter fich dem Drama zuwendet, fein wundervolles Talent auf dem riskanteften aber auch wirkfamften Boden verwerthet, fo wollen wir ihm die Pforten breit machen und ihm von ganzem Herzen ein freundliches Willkommen zurufen. —
Der Vorftellung von »Hans und Grete« ging ein von Karl Frenzel gedichteter, fehr gefchmackvoller Prolog voraus, der uns den geiftreichen Romanfchriftfteller, Effayiften und Kritiker auch als formgewandten Dichter kennen lehrte, und der Abend fchlofs mit der übermüthigen Poffe »Aurora in Oel«, welche von den beften komifchen Kräften in Berlin (Helmerding, Neumann, Fräulein Stolle) geradezu unübertrefflich gefpielt wurde. Ich hatte feit Jahren keine Berliner Poffe von Berlinern gefehen, und ich mufs — wenns eine Schande ift — zu meiner Schande geftehen, dafs ich feit Jahren nicht fo gelacht habe, wie über den heillofen Blödfinn, den dies extravagante Kleeblatt vollführte. Als Helmerding fich von der Köchin eine Taffe »Bollgong« ausbat, wurde mein Lachen geradezu *fhocking*. Meine fchöngelockte Nachbarin würde das beftätigen können. Ich mufste lachen und lachen; wenn ich aber fagen wollte, weshalb ich lachen mufste — »nee, das könnt ich nich!« — um mit einem würdigen Citat der kleinen Stolle zu fchliefsen.

II.

Kritisch-polemische Aufsätze.

Doch zu Zeiten
Sind erfrischend wie Gewitter
Goldne Rücksichtslosigkeiten.

Deutsche Gründlichkeit und französische Windbeutelei.

Offener Brief an den Literarhiftoriker

Herrn DR. JULIAN SCHMIDT,

Wohlgeboren

Berlin.

Sehr geehrter Herr Doctor!

Zu meiner lebhafteften Freude habe ich bemerkt, dafs Sie feit einiger Zeit Ihre kritifche Feder wiederum mit derjenigen Freiheit walten laffen, welche alle Ihre gediegenen Arbeiten auszeichnet. Das Laffalle'fche Pamphlet fcheinen Sie ganz verfchmerzt zu haben, und Sie haben Recht. Es gehört zu den Seltenheiten, dafs ein Kritiker Gefahr läuft, kritifirt zu werden; feit Laffalle's Tod ift Ihnen das nicht wieder paffirt. Es liegt mir natürlich fehr fern, in Laffalle's Fufsstapfen treten zu wollen. Sie werden bemerken, dafs ich meine Feder in Rofenwaffer tauche und jedes meiner Worte mit ängftlicher Behutfamkeit wähle, dafs ich Sie, mein verehrtefter Herr, mit demjenigen Refpect behandle, auf welchen Ihr gefeierter Name Anfpruch machen kann. Aber deshalb werden Sie mir um fo williger gestatten, dafs ich Sie zu einem kleinen kritifchen Gange abhole, denn

„Mit Euch, Herr Doctor zu fpazieren,
Ift ehrenvoll und ift Gewinn,"

— wie Ihr Freund Göthe fagt.

Sie haben, fehr geehrter Herr Doctor, ein Talent, um das ich Sie oft beneidet habe: das Talent, »grofse Worte gelaffen auszufprechen«, obwohl Sie meines Wiffens nicht »aus Tantalus' Gefchlecht« find. Wenn hier ein Irrthum meinerfeits vorliegt, fo müffen Sie die Schuld dafür Ihrem gefeierten Namen zufchreiben, der eine fo claffifche Herkunft jedenfalls nicht errathen läfst. Jedesmal, wenn ich einen Ihrer gefchätzten Artikel lefe, prickelt es mir in den Fingerfpitzen, überkommt mich eine fatanifche Luft, darauf zu antworten. Viele Ihrer thatfächlichen Angaben find in der That vollkommen unrichtig, und die von Ihnen aufgeftellten Principien unterliegen zum mindeften der Controverfe. Ich habe die Feder im Zaum gehalten, habe Manches verfchluckt, was ich auf dem Herzen hatte, habe die zahlreichen Ungenauigkeiten, die fich z. B. in den Artikel über Lamartine eingefchlichen hatten, unberückfichtigt gelaffen — zunächft, weil ich diefelben, Ihnen zu Liebe, für Druckfehler halten wollte, fodann, weil es keine Kleinigkeit war, eine kritifche Replik in ein angefehenes Blatt zu bringen. Denn Sie find ein gefürchteter Mann, Verehrtefter! Dank der in unferer heimifchen Preffe mit grofsem Erfolg operirenden Gefellfchaft zur Rückverficherung auf gegenfeitige Lobhudelei, geftatten ja nur wenige Redactionen, dafs die Wahrheit felbft dann einen Ausdruck findet, wenn fogenannte »Autoritäten» empfindlich davon verletzt werden.

Ich habe in dem neueften Hefte einer literarifch-belletiftifchen Zeitfchrift foeben Ihren Artikel über Alexander Dumas fils gelefen. Es ift ein Artikel, der als ein Mufter aller Ihrer Kritiken gelten kann. Diefelbe feuilletonifirende Wiffenfchaftlichkeit, daffelbe geiftreichelnde Halsumdrehen, diefelbe liebenswürdige Frivolität im Talentabfchneiden, daffelbe Gemifch von Grazie und Brutalität, Kenntniffen und Thorheiten, gefunden Anfichten und verfchrobenen Ideen wie überall. Caviar für's Volk, fchwarze Seife für den Kenner; vernichtende Jovisblitze für Kurzfichtige, Colophonium für Den, der etwas genauer hinfieht. Sie handhaben das kritifche Richtbeil mit einer Jovialität, um die Sie ein Jongleur beneiden könnte. Sie erkiefen Ihr Opfer, fpielen mit ihm wie die Katze mit der Maus, machen einen hübfchen Witz und bautz! da liegt der Kopf! Sie verbeugen fich mit der Ihnen eigenthümlichen Anmuth und treten unter lebhaftem Händeklatfchen des hocherfreuten Publicums in die Couliffe.

So verfuhren Sie neulich mit Lamartine, fo verfahren Sie heute mit dem jüngern Dumas. Beide find ja Franzofen, mithin ganz oberflächliche, leichtfertige Individuen, mit welchen ein Deutfcher von Ihrer Gediegenheit nicht viel Federlefens zu machen hat.

Franzofen.

Bei diefem Worte durchzuckt es mich fchier unheimlich. Jetzt erft bemerke ich, wie vermeffen es ift, mit Ihnen anzubinden. Sie — ein vielgenannter Literarhiftoriker; ich — ein anonymes Nichts. Sie — der Vertheidiger deutfcher Tiefe und Sittlichkeit; ich — der Ueberkleifterer franzöfifcher Hohlheit, der Schönfärber franzöfifcher Unfittlichkeit.

Meine Aufgabe ift ficher ziemlich undankbar; aber fie ift dafür unendlich leichter als die Ihrige.

Denn Sie, mein verehrtester Herr Doctor, gehören doch sicherlich nicht zu den schwindsüchtigen Professoren, von denen der auch von Ihnen, bedingungsweise gewissermafsen, anerkannte Schiller spricht, zu jenen Schwächlingen, die *puero facto* in Ohnmacht fallen und die Taktik des Hannibal kritisiren. Nein, Sie haben sich ohne Zweifel mit aller Gewissenhaftigkeit geprüft, welche erforderlich ist, wenn man über das geistige Schaffen eines bedeutenden Menschen vor einem gebildeten Publicum sprechen soll. Sie haben also die Werke des jüngern Dumas sorgfältig studirt und das Resultat gewissenhafter Studien ist es, welches Sie uns darbieten. In Ihrem Artikel steckt die Arbeit von Monaten.

Ich habe Ihren Artikel in einer halben Stunde gelesen — wenn ich nicht bisweilen gestaunt hätte, wär's noch rascher gegangen — und antworte sofort darauf.

Sie beginnen mit der ziemlich bekannten Redensart: »Die Franzosen sind alle geborene Acteurs.« Das Wort »Schauspieler« würde vielleicht dieselben Dienste geleistet haben wie die französische Uebersetzung, aber

„So en bisken Französ'sch, das macht sich gleich wunderschön"

singt Helmerding als gebildeter Hausknecht.

Also »geborene Acteurs«. Das ist gerade so richtig und gerade so unrichtig, als ob Sie sagen wollten: die Engländer haben alle den Spleen, die Deutschen essen alle Sauerkraut, die Spanier riechen alle nach Knoblauch und tanzen Bolero. Alles das ist wahr, und ist nicht wahr. Wenn Sie glauben, dafs wir uns in Deutschland nicht auf's Komödienspielen verstehen, so thun Sie vielen unserer Schauspieler, noch mehr aber unserer Gesellschaft Unrecht.

Ich kenne mehr als einen hohlen dürftigen Tropf, der

feit Jahren mit unendlichem Gefchick die Rolle eines gelehrten Kritikers fpielt, kenne manchen verwilderten Strolch, der die Partie des Tugendtartüffes unendlich beffer giebt, als Geffroy den Molière'fchen Frömmler. Nein, verehrtefter Herr Doctor, wir verftehen uns auch auf Komödianterei. Und ich meine fogar, wir dürfen auf diefem Gebiete den Kampf mit den franzöfifchen »Acteurs« ruhig aufnehmen.

Was Sie im Laufe des Artikels weiter erzählen, von Luftfpielen, Luftfpieldichtern u. f. w. find Anfichten, die ich als folche gelten laffe und von denen ich nur beklage, dafs fie in der anfpruchsvollen Form von Lehrfätzen auftreten.

Wollte ich Ihren Anfichten die meinigen gegenüberftellen, fo würde ich anftatt eines offenen Briefes einige vierzig äfthetifche Abhandlungen fchreiben müffen; und dazu habe ich nicht die mindefte Luft.

Nur mit Ihren *pofitiven* Angaben will ich mich befchäftigen. Sie berichten uns, »dafs fich das Theater länger fittfam hielt, als der Roman.« Und »felbft zu Zeiten, wo im Roman das Rafendfte gewagt wurde, in den Zeiten des »Faublas«, ging man auf dem Theater an folche Verhältniffe nur mit einiger Scheu.« Unter den »Verhältniffen« verftehen Sie den Ehebruch. Sind Ihnen, geehrtefter Herr Doctor, die Luftfpiele aus der Zeit *vor* Molière bekannt? Haben Sie einmal in der Bibliothek einige Poffen der »Bafoche« durchblättert? Kennen Sie Molières »Amphitryon« (nach dem des Plautus), vermiffen Sie im »Don Juan« desfelben Dichters die erforderliche Keckheit?

Ich verftehe Sie wirklich nicht. Nach meinem Dafürhalten beruht der Unterfchied zwifchen der fogenannten Sittenkomödie der modernen Franzofen (Augier, Feuillet,

Dumas, Barrière etc.) und der alten Komödie nicht darin, dafs jetzt der Ehebruch auf die Bühne gebracht wird und früher nicht, nicht darin, dafs jetzt fchamlos die Wunden nackt gelegt werden, während man früher höchflens den Schleier etwas zu lüften wagte, fondern darin, dafs man jetzt den Ehebruch als etwas Tragifches auffafst, während man ihn früher komifch behandelte; dafs man jetzt den getäufchten Ehemann als eine ernflhafte Figur hinflellt, während man früher den *cocu* eine lächerliche Rolle fpielen liefs; dafs man jetzt auf der Bühne eine Sprache führt, wie fie in anftändiger Gefellfchaft gang und gäbe ift, während früher die platteften Gemeinheiten und niederträchtigften Zoten auf den Brettern Heimathsrecht befafsen. Dafs das frühere Theater keufcher, ängftlicher, fittfamer gewefen — das wufste ich bisher nicht. Ich danke Ihnen für die freundliche Mittheilung.

»Beaumarchais«, fagen Sie weiter, »ftreift in der »Hochzeit des Figaro« doch nur an den Ehebruch heran.« Ach ja, Herr Doctor, aber er ftreift etwas fehr nahe daran, fo nahe, dafs, wie Sie aus der »*mère coupable*« erfehen können, zu einer ganz beftimmten Zeit, welche mit der Handlung am »tollen Tage« in innigem Zufammenhange fteht, die Frau Gräfin glückliche Mutter wird. Der Vater diefes Kindes ift nicht der Herr Graf Almaviva, fondern Cherubin, der kleine Page »mit den fcheinheiligen Wimpern.«

Das find Bagatellen, auf die ich keinen Werth lege.

Etwas bedenklicher ift die folgende Ihrer Behauptungen:

»*Marguerite* (die Cameliendame) *gehört zu einer Gattung, deren Bezeichnung,* »*Demimonde*«*, Dumas erfunden zu haben fcheint.* »*Monde*« *heifsen bei ihm die anftändigen Leute.*«

Da ist beinahe jeder Buchstabe unrichtig, denn: Marguerite gehört keineswegs zur *Demimonde*. Und »*monde*« heifsen nicht bei Dumas, fondern feit nahezu hundert Jahren bei allen Franzofen die fogenannten anftändigen Leute.

Wo, mein verehrtefter Herr Doctor, waren diesmal Ihre franzöfifchen Specialkenntniffe? Dafs der grofse Haufe das vielgebrauchte *Demimonde* mifsverfteht und falfch anwendet, entfchuldigt Sie, geehrtefter Herr, der Sie eine franzöfifche Literaturhiftorie gefchrieben haben, in keiner Weife. Wer über *Demimonde* fchreibt, der mufs auch wiffen, was *Demimonde* ift — das ift kein ungerechtfertigtes Verlangen; und von jedem halbwegs Gebildeten, der nur einmal feine Nafe in ein franzöfifches Buch gefteckt hat, darf man erwarten, dafs er die Bezeichnung der »guten« Parifer Gefellfchaft mit »*monde*« nicht auf Dumas' Rechnung fetzen darf.

Sie waren zerftreut, Verehrtefter! Erlauben Sie mir, dafs ich Ihnen eine kleine Vorlefung über »*monde*« und »*demimonde*« halte. Soeben habe ich von Ihnen gelernt, jetzt können Sie von meiner Weisheit profitiren. Derartige gegenfeitige Liebesdienfte erhalten die Freundfchaft.

Die Gleichbedeutung des Wortes »*monde*« mit »*bonne fociété*« fällt zum mindeften in die Mitte des vorigen Jahrhunderts zurück, in eine Zeit, welche Alexander Dumas und Julian Schmidt noch nicht kannte. Im fiebzehnten Jahrhundert nannte man daffelbe Ding, welches jetzt allgemein »*le monde*« genannt wird, »*la ville*«. La Bruyère fpricht z. B. beftändig von »*moeurs de la ville*«, »*femmes de la ville*«, etc., wo wir flottweg »*moeurs du monde*«, »*femme du monde*« etc. fagen würden. Aber fchon Mercier, deffen »*Tableaux de Paris*« in den Jahren 1782—1788, alfo vor

der Revolution, vor Alexander Dumas und vor der erſten
Auflage Ihrer Literaturgeſchichte erſchienen, ſpricht beſtändig von der »*langue du monde*«, von dem »*ton du monde*«
und verſteht darunter nicht etwa »die Zunge der Welt«
oder den »Ton der Welt«, ſondern die in der guten Geſellſchaft übliche Sprache, den in dieſer Geſellſchaft herr-
ſchenden Ton.

Sie waren wirklich zerſtreut, ſehr geehrter Herr Doctor,
als Sie vergaſsen, daſs »*le monde*« nicht nur bei Dumas,
ſondern bei allen Franzoſen der letzten Generationen ſo
viel bedeutet wie »anſtändige Geſellſchaft«.

Die Ueberhebung, welche darin liegt, daſs ſich die win-
zige Minorität einer Stadt die Bezeichnung »die Welt« bei-
zulegen vermiſst, iſt ſchon lange, bevor Alexander Dumas
der Jüngere eine Zeile veröffentlichte, von einem geiſt-
reichen Schriftſteller, den Sie oberflächlich kennen werden
— denn Sie haben eingehend über deſſen Werke geſchrieben — gegeiſselt worden. Frau George Sand ſagt in einem
»Brief an den Teufel«, welcher im »*Diable à Paris*« nach-
zuleſen iſt, Folgendes: »Im Schooſse von Paris lebt eine
freie und im Genuſs ihrer idealloſen Empfindungen be-
glückte Geſellſchaft. Man nennt das »*die Welt*« (*le monde*).
Was ſagſt Du, freier Segler in den Sphären der Unendlich-
keit, dem die ganze groſse Erde wie ein verlorenes Pünkt-
chen im ungeheueren Raum erſcheint — was ſagſt Du zu
dieſem ehrgeizig vermeſſenen Namen?« u. ſ. w.

Sie ſehen, mein ſehr geehrter Herr, nicht allein »bei
Dumas«, auch »bei Mercier«, »bei George Sand«, bei allen
Leuten mit einem Wort, welche ſeit einem Jahrhundert in
Frankreich über die franzöſiſche »anſtändige Geſellſchaft«
geſchrieben haben, ſind »*le monde*« und »*la bonne ſociété de
Paris*« ſynonyme Begriffe. Wenn Sie alſo Ihren Aufſatz

fpäter für Ihre »Literaturgefchichte« verwerthen, wie Ihnen dies bisweilen paffirt, fo werden Sie gut thun, von der kleinen Berichtigung Notiz zu nehmen.

Noch befremdlicher aber ift, wenn Sie behaupten, dafs die Cameliendame zur *demimonde* gehört, und das wird geradezu unbegreiflich, wenn man fpäter lieft, dafs Sie fich auf die »Vorreden« zu den dramatifchen Werken des jüngern Dumas gelegentlich berufen.

Hand auf's Herz, Verehrtefter! Haben Sie diefe »Vorreden«, die Sie mit ein Paar Zeilen abkanzeln, gelefen? Oder haben Sie blos *darüber* etwas gelefen? Und genügt Ihnen das, um Ihr entfcheidendes Urtheil abzugeben?

Ich will Sie nicht dadurch in Verlegenheit fetzen, dafs ich auf Beantwortung diefer Fragen dringe, ich will an Ihrer Statt antworten:

»Nein, ich habe diefe Vorreden niemals zu Geficht bekommen, fonft wüfste ich, was *Demimonde* ift, wüfste, dafs die Cameliendame Marguerite nicht zu jener Claffe von Weibern gehört, für welche Dumas den fehr bezeichnenden Namen »*le demimonde*« gefunden hat.«

Sehr wohl, Herr Doctor. Ich bin gerührt von Ihrem Geftändnifs. Wir ergänzen uns: Sie fchreiben über Dinge, die Sie nicht lefen; ich lefe Dinge, über die ich nichts fchreibe. Auf die Art müffen wir uns gut vertragen können.

Um Ihnen die Mühe zu erfparen — denn meine Gefälligkeit kennt keine Grenzen — will ich aus der Vorrede zur »*Demimonde*« die Definition, welche Dumas von diefem Worte giebt, getreulich hier wiedergeben. Dumas fchreibt: »Diefe Gefellfchaft fängt da an, wo die rechtmäfsige Gattin aufhört, und hört auf, wo die käufliche Gattin anfängt. Von den anftändigen Frauen ift fie durch den öffentlichen Scandal, und von der Courtifane durch das Geld getrennt; hier bildet ein Gefetzesparagraph, dort eine Geldrolle die Grenzlinie. Sie klammern fich feft an das letzte Argument: »Wir geben, aber wir verkaufen nicht«; und fie verftofsen aus ihrer Mitte die Käuflichen, wie fie aus ihren Kreifen ausgeftofsen wurden, weil fie fich verfchenkt hatten. Sie gehören dem, der ihnen gefällt, nicht denen, welchen fie gefallen.«

Und ferner fagt Dumas: »Wir werden ein für allemal für die Lexikographen der Zukunft feftftellen, dafs die *Demimonde* keineswegs, wie man es glaubt und druckt, den grofsen Haufen der Courtifanen, fondern *nur* diejenigen Weiber bezeichnen foll, welche aus der guten Gefellfchaft in die fchlechte gefunken find *(les déclaffées)*. Nicht jede, die da will, gehört alfo zur *Demimonde* ... Diefe Gefellfchaft befteht in der That *ausfchliefslich* aus Frauen aus guter Familie, die als junge Mädchen, als Frauen und Mütter in den beften Kreifen mit völliger Berechtigung verkehren durften, und die fich auf und davon gemacht haben.«

Sie bemerken den Unterfchied: jedes Mädchen kann, wenn es den nöthigen Leichtfinn befitzt, Courtifane werden, um aber zur *Demimonde* zu gehören, find aufser dem Leichtfinn noch erforderlich: gute Familie, gute Manieren etc. etc.

Marguerite Gautier, das Mädchen aus dem Volke, das fich verkauft, ift alfo gerade das Gegentheil von dem, was Sie fagen. Sie ift eine gefühlvolle *femme entretenue*; die Baronin d'Ange gehört zur *Demimonde*.

Wenn Sie ferner behaupten: »Cameliendamen find in diefer »halben Welt« nur die Ausnahmen; in der Regel trachten diefe Perfonen (das foll heifsen: die der »Halbwelt« angehörigen Perfonen) lediglich darnach, fich Geld zu verdienen«, fo ift das wieder vollftändig unrichtig. Ich verweife Sie auf das obige Citat aus der Dumas'fchen Vorrede: »Sie geben, aber verkaufen fich nicht, fie verftofsen die Käuflichen aus ihrer Mitte, fie gehören dem, der ihnen gefällt, nicht denen, welchen fie gefallen« u. f. w. Alfo das, was Sie als die Regel bezeichnen, ift nicht einmal als Ausnahme richtig!

Was mich veranlafst hat, diefe Zeilen an Sie, verehrtefter Herr Doctor, zu richten, ift aber nicht diefe oder jene Einzelheit, es ift die Tendenz Ihres ganzen Artikels. die in dem Schlufsfatze ausgefprochen ift. Sie fagen: »Gefagt mufs dem deutfchen Publicum von Zeit zu Zeit werden, dafs in diefer neumodifchen Literatur weder echte Schönheit noch echte Verworfenheit liegt, fondern die *reine Windbeutelei.*«

Punctum. Damit fchliefsen Sie. Wegen des Stiles will ich Sie nicht chicaniren, Schönheit und Verworfenheit als Gegenfätze und eine »liegende Windbeutelei« — dergleichen paffirt Ihnen häufig. Aber über das, was Sie haben fagen wollen, möchte ich mir doch eine kleine Auseinanderfetzung mit Ihnen erlauben.

Alfo Sie meinen, dafs das deutfche Publicum in dem ftolzen Gefühle feiner Ueberlegenheit und in dem Hange, Alles und Jedes, was ihm namentlich von franzöfifchen Autoren geboten wird, als windig und nichtig zu betrachten, noch obenein beftärkt werden mufs? Wir find wohl noch zu befcheiden? Und find wohl fo gründlich und gediegen, dafs wir kaltlächelnd auf die armfeligen Schächer jenfeits des Rheins herabblicken dürfen? Unfere Erbgediegenheit ift kein hohles Wort? Wir find niemals oberflächlich, niemals Windbeutel?

Nun, mein verehrtester Herr, auf die Gefahr hin, einen Schrei des Entsetzens hervorzurufen, der von der Leitha bis zum Rhein wiederhallt, muſs ich Ihnen gestehen, daſs mir gegenwärtig kein Land bekannt ist, in welchem die mit Respectwidrigkeit gepaarte literarische Oberflächlichkeit so grassirt und zu so hohen Ehren gelangt, wie in unserm fürtrefflichen Deutschland. Ich könnte Ihnen Exemplare vorführen, über die Sie in Erstaunen gerathen würden, könnte Ihnen erzählen, wie einer unserer mit vollem Recht angesehensten und bedeutendsten Dichter ein Stück über ein Meisterwerk schreibt und das Meisterwerk, das die Grundlage seiner Dichtung bildet, nicht einmal gelesen hat, wie einer unserer berühmtesten Künstler sich herausnimmt, Molière's Tartüffe einfach umzudichten, wie einer der genialsten dramatischen Darsteller einen ganzen Act des »Kaufmann von Venedig« streicht, weil er als Shylock darin nicht mehr beschäftigt ist, wie eine unserer kritischen Autoritäten über Dinge schreibt, die ihr völlig unbekannt sind u. s. w., u. s. w. Das Alles geschieht in unserm gediegenen Deutschland ungestraft. Darüber wird dem deutschen Publicum Nichts »gesagt«, aber »gesagt muſs ihm werden« — meinen Sie — daſs die Franzosen Windbeutel sind.

Ich bedaure, diese Ansicht nicht zu theilen.

Gesagt muſs dem deutschen Publicum werden, daſs es kein Verdienst ist, von dem Ruhm der Vergangenheit zu zehren, und kein Kunststück, jede Schöpfung mit blasirtem Lächeln vornehm zu bekritteln; gesagt muſs ihm werden, daſs absprechendes Urtheil und schöpferische Ohnmacht immer Zwillingsschwestern sind und daſs in der nergelnden, unverschämten Kritik weder gesunder Menschenverstand, noch rechte Wissenschaftlichkeit liegt, fondern dafs fie nichts Anderes ift, als die reine Windbeutelei, Herr Doctor!

Es wird mir eine Freude fein, Ihre fpäteren Auffätze zu verfolgen und Sie gelegentlich wieder einmal zu einem kleinen Ausfluge abzuholen.

Hochachtungsvoll

Ihr ergebenfter Diener.

Molière in Deutschland.

Es macht auf uns Deutſche immer einen eigenthümlichen Eindruck, wenn wir ſehen, wie von gebildeten, einſichtigen Franzoſen E. T. A. Hoffmann als einer der hauptſächlichen Vertreter unſerer Nationalliteratur hingeſtellt wird; gewiſs hätten aber auch die Franzoſen vollauf Urſache, ſich über ähnliche Sonderbarkeiten, denen ſie bei uns begegnen können, höchlich zu verwundern. Wir gehen in der Vertheilung von Lob und Tadel ziemlich willkürlich zu Werke; die Bevorzugung, welche wir einzelnen Schriftſtellern angedeihen laſſen, die Vernachläſſigung, unter welcher andere zu leiden haben, ſtehen nicht immer in Einklang mit ihrem wirklichen Werthe. Von allen franzöſiſchen Dichtern iſt es aber gerade einer der gröſsten, der wahrſte und originellſte, über den das deutſche Urtheil ſelten gerecht, oft geradezu ungerecht war — iſt es gerade Molière, über den die deutſchen Literaten und Literarhiſtoriker mit kaum erklärlicher Leichtfertigkeit zu einer ſehr unmotivirten Tagesordnung übergegangen ſind. Dieſe Eigenthümlichkeit datirt nicht von geſtern. Schon Leſſing berührte die Molière'ſchen Dichtungen ſehr oberflächlich, nur gelegentlich, ohne feiner herrlichen kritifchen Feder die Mufse zu gönnen, bei diefen Meifterwerken einen Augenblick zu verweilen. Schiller, der Racine's »Phaedra« nachdichtete und einem fchlechten Picard'fchen Luftfpiele die Ehre der Ueberfetzung erwies, findet in feinen äfthetifchen Auffätzen auch nicht *ein*mal Gelegenheit, den Namen des grofsen franzöfifchen Dichters zu nennen; ja man könnte im Ungewiffen fein, ob Schiller Molières Werke überhaupt gekannt habe — ein Zweifel, der durch das Schiller'fche Fragment »der Menfchenfeind« wefentlich beftärkt werden würde — wenn fich nicht zufällig in einer feiner Dichtungen eine Stelle vorfände, welche beweift, dafs unfer poetifcher »Friedrich der Grofse« nicht nur die Luftfpiele feines französifchen Vetters von Apollos Gnaden, fondern auch deffen Grundfätze in Sachen des literarifchen Eigenthums gekannt hat. »*Je prends mon bien partout où je le trouve*« fagte Molière; und ebenfo verfuhr Schiller, als er aus Molières »gelehrten Frauen« die beiden Verfe:

»... *Ce n'eft point du tout, la prendre pour modèle*
»...... *que de touffer et de cracher comme elle*«

draftifch und vortrefflich mit:

»Wie er räufpert und wie er fpuckt,
»Das habt ihr ihm glücklich abgeguckt«

für fein »Lager« überfetzte.

Schlegels kritifche Verirrung in Sachen Molières ift längft gerichtet. Zwar bin ich nicht der Anficht des vortrefflichen Molière-Commentators Tafchereau, der in feiner »Gefchichte Molières und feiner Werke«, um eine Erklärung für Schlegels unbegreiflich hartes Urtheil zu finden, die Behauptung aufftellt, dafs wir Deutfchen der Neuzeit

Molière überhaupt nicht recht verstehen könnten, dafs uns die »strahlenden Marquis, die Molière geifselt, ebenso falsch erscheinen müfsten, wie die Goethe'schen Verse und die Namen seiner Helden den französischen Akademikern, die sie nicht aussprechen können, barbarisch und unharmonisch klingen«; Taschereau scheint sowohl seine eigenen Landsleute wie uns zu unterschätzen; die Auffätze, welche z. B. Saint-Rêné Taillandier in der *»Revue des deux mondes«* über die deutsche Literatur seit einer langen Reihe von Jahren veröffentlicht, beweisen zur Genüge, dafs es auch in Frankreich ernste, denkende Kritiker giebt, für die der »barbarische Klang« unserer Sprache kein unüberwindliches Hindernifs bildet; und um uns Deutschen die Lächerlichkeit der grofsspurigen Marquis, die Berechtigung und Schwäche der Molière'schen Satire zu Gemüthe zu führen, bedarf es nicht einmal besonderer historischer Kenntnisse oder einer völligen Abstraction — dazu gehören nur ein paar gesunde Augen und ein guter Blick. Die Lauzun und de Guiche laufen heutzutage noch auf dem Pflaster unserer Residenzen schaarenweise herum; ihre fistelnde, lispelnde, näfelnde Sprache, die Anmafsung ihrer Kritik, die Hohlheit ihres Wissens, das Eingenommensein von ihren kleinen Persönlichkeiten, der eitle Glanz ihres Auftretens, das Alles ist uns wohl bekannt und wir begreifen es wahrhaftig, wenn man diese Junker lächerlich macht.

Noch weniger kann ich mich mit Taschereau einverstanden erklären, wenn er dem Kritiker Dubois beipflichtet und mit diesem annimmt, dafs Schlegel sich durch nationale Engherzigkeit zu den bekannten Unbilligkeiten gegen Molière habe verleiten laffen. »Vielleicht find Schlegels Aeufserungen deshalb nicht ganz unparteiisch,« sagt Ta-

fchereau, »weil er glauben konnte, durch Erniedrigung des
Genies von Racine und Molière fein Vaterland für die
Unterdrückung durch Napoleon zu rächen.« Man muſs
Schlegel herzlich fchlecht kennen, um eine fo ungerecht-
fertigte, thörichte Anklage wider ihn zu erheben. Und
Gottlob haben wir Deutfchen bei allen Schwächen die eine
unbeftreitbare Eigenfchaft, auf geiftigem Gebiete Kosmo-
politen zu fein. Den Diplomaten bleibe es überlaſſen, für
ihre Würdigungen die abgrenzenden Schranken der Natio-
nalitäten in Betracht zu ziehen — auf der höheren Warte,
im geiftigen Verkehr verfchwindet der buntbemalte Grenz-
ftein und den Dichter, den Künftler heifsen wir allwegs
willkommen, ohne nach dem Paſs zu fragen. Als der
»Tannhäufer« vor einigen Jahren in Paris durchfiel, tobten
auch die Thoren diesfeits des Rheins: »Nationaler Groll!«
Du lieber Gott, wer die »Groller« in der grofsen Oper gefehen hat, der weifs, ob Wagner fein kurzes Mifsgefchick
der hohen Politik oder dem niedern Gefchmacke zuzufchreiben hat. Gerade fo verkehrt ift die Anficht, daſs
Schlegel unfere nationale Schmach mit einer literarifchen
Unbill habe fühnen wollen — für die nationale Sühne hat
Blücher geforgt.*) Weshalb die Motive auf einem ganz
fremden Gebiete fuchen? Ift es nicht ungleich einfacher
anzunehmen, daſs Schlegel in der That an Molières Dich-

---

*) Und, feitdem diefe Zeilen gefchrieben wurden, mancher Andere!
Denn es ift wohl überflüffig zu bemerken, daſs diefer Auffatz zu einer
Zeit entftand, in welcher an einen Krieg mit Frankreich gar nicht ge-
dacht wurde. Sonderbarerweife aber haben gerade die Landsleute
Tafchereaus die Thorheit begangen, deren er uns zeihen wollte; ge-
rade fie machen alle Anftrengungen um jetzt, nachdem fie den deut-
fchen Arm gefpürt haben, den deutfchen Geift in die Acht zu erklären.
Es ift fchade, ihretwegen.

tungen keinen Geschmack fand? Und über Geschmacksachen läfst sich nicht streiten. Aehnlichen Wunderlichkeiten begegnet man ja oft; man denke doch nur an Schillers Ansichten über Bürger, an Börne über Göthe, an Heine über Platen etc.

Goethe hat diese Scharte ausgewetzt. Er ist ein aufrichtiger, ein grofser Bewunderer Molières und mehrfach nimmt er Anlafs dies auszusprechen. In der Kritik über Taschereaus Werk sagt er z. B.: »Ernstlich beschaue man den Misanthropen und frage sich, ob jemals ein Dichter sein Inneres vollkommener und liebenswürdiger dargestellt hat«; und in den Eckermann'schen Gesprächen heifst es: »Molière ist so grofs, dafs man immer von Neuem erstaunt, wenn man ihn liest; ich lese alle Jahre einige Stücke von ihm, sowie ich auch von Zeit zu Zeit die Kupfer nach den grofsen italienischen Meistern betrachte, denn wir kleinen Menschen sind nicht fähig, die Gröfse solcher Dinge in uns zu bewahren, und wir müssen daher immer dahin zurückkehren, um solche Eindrücke in uns aufzufrischen.« Aber Goethes Wort ist verhallt. Molière ist nicht in das Herz des deutschen Volkes gedrungen, er ist selbst unserer gebildeten Welt gröfstentheils nur oberflächlich bekannt — dafür spricht die Thatsache, dafs Jahre lang die fabelhaftesten Irrthümer über Molière durch Deutschland die Runde machen konnten, ohne dafs man denselben entgegengetreten wäre, dafs Jahre lang die lächerlichsten Zerrbilder als »Uebersetzungen« passiren durften, ohne dafs sich die Stimme irgend eines einigermafsen bedeutenden Kritikers mit gerechter Entrüstung gegen diese Profanation erhoben hätte.

Ich will all den unbedeutenden Machwerken in diesem Augenblicke, da ihnen das verdiente Glück, vergessen zu fein, befchieden ift, nicht die Ehre erweifen, durch Nachweis ihrer Schwäche ihre Namen in das Gedächtnifs der Lefer zurückzurufen. Nur zwei warnende Beifpiele erlaube ich mir hier anzuführen. Herr W. v. Lüdemann hat zum Exempel eine Ueberfetzung des »Menfchenfeind« geliefert, in der der elegante feingebildete Hofmann Philint alfo fpricht:

»Und wenn ein Narr nun kömmt, und Euch umarmt, Potz Velten!
»Wollt ihr mit gleichem Preis nicht feine Müh' vergelten?«

Das »Potz-Velten!« ift ein eleganter Zufatz des Ueberfetzers und entfpricht augenfcheinlich nur dem ungemein gefühlten Bedürfnifs einen Reim auf »entgelten« zu haben. Alcefts verzweifelter Ausruf:

»*Je n'y puis plus tenir, j'enrage; et mon deffein
Eft de rompre en vifière à tout le genre humain.*«

wird im Deutfchen Folgendes:

»Ich trag' es länger nicht, und feft fteht mein Entfchlufs,
Ich breche mit der Welt, der *Menfchheit zum Verdrufs.*«

Auch diefer letzte Zug ift, wie man fieht, deutfche Originalarbeit; ich würde folgende Variante vorfchlagen:

»Ich breche mit der Welt und geb' ihr keinen Kufs!«

In derfelben erften Scene des »Menfchenfeind« — ich geftehe, dafs 'ich nicht viel mehr von diefer Ueberfetzung zu lefen vermochte — befchliefst Alceft feine entrüftete Anklage gegen die »Duldfamen«, die nicht den Muth haben, dem Lafter die fchimmernde Maske abzuftreifen, die felbft dem Lafter gegenüber unfähig find jenes »urgefunden

Grolls, der edle Seelen tief durchdringen mufs«, in folgender Weife:

»Têteblen! ce me font de mortelles bleſſures,
De voir qu'avec le vice on garde des mefures;
Et parfois il me prend des mouvements soudains
De fuir dans un défert l'approche des humains.

Diefe bittere Tragik erfreut fich folgender Verdeutfchung:

»Potz Wetter! das zu feh'n, das ift mein Kreuz, mein Schmerz,
So mit der Schlechtigkeit zu buhlen allerwärts —
Und oft, mein Freund, packt's mich, mit Grimm und Grauen,
Zur Wüfte fchnell zu flieh'n, die Welt nicht mehr zu fchauen.

Abgefehen davon, dafs der vorletzte Vers falfch ift, auch abgefehen davon, dafs man kein Menfchenfeind zu fein braucht, um »mit Grimm und Grauen zur Wüfte fchnell zu fliehen«, wenn man folche Verfe und eine folche Sprache hört, fcheint der Ueberfetzer gar keine Ahnung von dem Charakter des Mannes zu haben, deffen rauhe Wahrheiten er in biederes Gevatterdeutfch übertragen hat. In den erften Verfen des Luftfpiels gebraucht Philint unvorfichtigerweife einmal das Wort »Freund« und bei diefem Worte fchnellt Alceft erzürnt auf und verbittet fich diefe Liebesprädicate:

»Ich euer Freund? Mich ftreicht aus eurer Lifte.«

Alceft hütet fich wohl, das fchöne Wort, mit dem fo fchnöder Mifsbrauch getrieben wird, nur ein einziges Mal im Gefpräche anzuwenden — aber das find Bagatellen in den Augen des Ueberfetzers, fein Menfchenfeind ftudirt Humaniora und in dem Augenblicke, wo er erklärt, er wolle in die Wüfte fliehen, um der Menfchen elendem Treiben fern zu fein, redet er feinen Widerfacher mit der gröfsten Harmlofigkeit als »mein Freund« an.

Als mildernder Umftand mag angeführt werden, dafs der Ueberfetzer an der Unmöglichkeit, franzöfifche Alexandriner in deutfche Alexandriner umzugeftalten, fcheitern mufste. Der Alexandriner ift eben ein fpecififch franzöfifch nationales Metrum, das uns mit feiner beftändigen, langweilig einförmigen Cäfur in der Mitte entfchieden widerftrebt — und das hat auch Herr Karl Grunert, ein Mann, der den »Tartuffe« überfetzen wollte, wohl begriffen. Ihm ift es gar nicht in den Sinn gekommen, auf die Cäfur zu achten und zu reimen; er hat die profaifchefte Profa gewählt, der er nur in fofern eine Befchränkung angequält hat, als er fich der Mühe unterzog, nach der zehnten, refp. elften Sylbe die Zeile abzubrechen — und das nennt er dann »fünffüfsige Jamben.«

Herr Karl Grunert ift ein fehr tüchtiger Schaufpieler in Stuttgart (»war«, mufs ich jetzt verändern, denn feitdem diefer Auffatz gefchrieben wurde, ift Grunert leider geftorben). Es ift zu bedauern, dafs er dem Gelüfte, von der verbotenen Frucht der Literatur zu nafchen, ebenfo wenig widerftehen konnte, wie fein College Herr Löwe, deffen »Sänger auf der Fahnenwacht« die fchwierige Aufgabe löft: die Harfe zu fchlagen, während in feinem Arme das Schwert, das fcharfe, ruht. Man kann ein recht guter Schaufpieler und dabei doch ein recht fchlechter Autor fein; Leute wie Shakefpeare und Molière, oder um weniger impofante Verhältniffe zu nehmen, wie Iffland, Raimund und Ludwig Schneider find dünn gefäet. Herr Grunert hat alfo, in dem guten Glauben, den »Tartuffe« zu überfetzen, 152 Seiten zehnfylbige abgehackte Profa geliefert, (Stuttgart, bei A. Körner 1863) fchreckliche Profa, die

fich ihrer Schülerhaftigkeit und Dürftigkeit zu fchämen
fcheint und es deshalb für gut befindet, auf den erhabenen
Stelzen unmöglicher Jamben einherzufchreiten. Armer
Molière, was würdeſt Du fagen, wenn Du auf der Stuttgarter Hofbühne die folgenden Verfe hörteſt und wenn
man Dich verficherte, dafs Du ihr intellectueller Urheber
feieſt:

»Bei Tifch gehört ihm (Tartuffe) ſtets der Ehrenplatz,
Mit Freuden fieht er (Orgon) ihn (Tartuffe) die Klinge fchlagen.
— Er (Tartuffe) fchlingt für fechs! — die beſten Biſſen legt
Er (Orgon) felbſt ihm (Tartuffe) vor, — er ſtopft ihn ordentlich, —
Und wenn der Vielfrafs nimmer kann, wenn er,
Zur Trommel aufgebläht, behaglich ächzend
Sich in den Seffel lümmelt, ſtreckt und gähnt,
So fchüttelt ihm der Herr mit einem warmen
»Gott fegn' es« liebevoll die Hand.«

Diefe letzten fünf Verfe find eine zarte Umfchreibung
eines einzigen derben Molière'fchen Verfes:

»*Et, f'il vient à roter, il lui dit: Dieu vous aide*«
»Und wenn's ihm aufſtöfst, ruft er: »Wohl bekomm's!«

Das Aufſtofsen erfchien Herrn Grunert fehr anſtöfsig.
Er würde ohne Zweifel auch: »Wenn fich das Laſter erbricht, fetzt fich die Tugend zu Tifch« in folgender Weife
zu paraphrafiren für nothwendig erachten müſſen: »Wenn
das Laſter Unwohlfein verfpürt, wenn es das Bedürfnifs
fühlt, frifche Luft zu fchöpfen und fich Erleichterung zu
verfchaffen, fo fetzt fich die Tugend zu Tifch.« Es iſt überhaupt eine Eigenthümlichkeit der Grunert'fchen Ueberfetzung: fie veranſtändigt das Original, »aber fragt mich
nur nicht wie?« Der raufchende Strom der Molière'fchen
Poefie, feine Fülle und Grofsartigkeit mufs das Filtrir-

papier des fchwäbifchen Philifteriums paffiren und fickert dann als fröhliche, fittliche Nüchternheit und Mäfsigkeit friedlich hindurch. Dabei lebt Herr Grunert in der rührenden Zuverficht, dafs fein Spiefsbürgerdeutfch reiner und edler fei, als der ungeflüme Humor des grofsen Mannes mit der Allongeperrücke! Es liegt mir fehr fern, diefe Illufion zu zerflören. —

Nur *einen* Wahn mufs ich Herrn Grunert rauben, nämlich den, dafs er franzöfifch verfteht! So paffirt ihm unter Anderm folgende Menfchlichkeit: In der fechften Scene des erften Actes preift der vernarrte Orgon mit bornirter Ekftafe die Gröfse feines frommen Bufenfreundes Tartyffe und fügt dann hinzu:

»*Qui fuit bien fes leçon goûte une paix profonde*
Et comme du fumier regarde tout le monde«

alfo:

»Wer feinen Lehren folgt, fchmeckt tiefen Frieden,
Wie Mift betrachtet der die ganze Welt.«

Zunächft begeht Herr Grunert in Uebereinftimmung mit vielen anderen Molière-Ueberfetzern den fehr erheblichen Irrthum, dafs er das »*Qui*«, welches fich auf die Ellipfe »*celui*« beziehen mufs, von »Tartuffe« abhängig macht; er mufs, um dies möglich zu machen, die Interpunction zweimal ändern, den den citirten Verfen vorhergehenden Alexandriner mit einem Komma, anftatt mit einem Punct befchliefsen, und hinter »*leçons*« ein zweites Komma einfchalten, dann ift das Ding grammatikalifch möglich: (Er ift ein Mann,) der feinen (eigenen) Lehren folgt, tiefen Seelenfrieden fchmeckt und die ganze Welt wie Mift betrachtet«. — Dem Sinne nach bleibt es immer ein ſtarkes Wagnifs; denn erſtens iſt es ziemlich einfältig, einem Manne es als Verdienſt anzurechnen, daſs er ſeine eingenen Lehren befolgt, Seelenfrieden empfindet u. ſ. w.; und ſelbſt Orgons Einfältigkeit reicht nicht aus, um dies zu rechtfertigen; ſodann aber, und das iſt die Hauptſache, wird der ganze pſychologiſche Bau der Orgon'ſchen Rede durch dieſe forcirte Deutung willkürlich zertrümmert.

Zunächſt bewundert Organ den Tartuffe

»*C'eſt un homme ... qui ... ah! ... un homme ...*
un homme enfin!«

Aus der Bewunderung folgt dann die allgemeine moraliſche Nutzanwendung:

»*Qui ſuit bien ſes leçons goûte une paix profonde*
Et comme du fumier regarde tout le monde«.

Und aus dieſem allgemein hingeſtellten Grundſatze zieht endlich Orgon zu ſeinem ſpeciellen Nutz' und Frommen die Lehre für ſich und er fährt fort:

»*Oui, je deviens tout autre avec ſon entretien*«. etc.

Ich bin bei dieſer grammatikaliſchen Expectoration etwas lange ſtehen geblieben — ich wurde dazu verleitet dadurch, daſs aufſer Herrn Grunert auch Duller und ſelbſt Graf Baudiffin dieſen Irrthum begangen haben.

Hören wir nun, wie Herr Grunert die beregte Stelle überſetzt: (»Das iſt ein Mann«)

»Der, was er *lehrt*, auch *thut!* — Ein tiefer Friede
Beſeligt ihn; die Dinge dieſer Welt
Betrachtet er wie *Rauch*«.

»Rauch« franzöſifch »*fumier*«. Verzeihung, Herr Grunert, dá liegt eine kleine Verwechslung vor! »Rauch« heiſst »*fumée*« und »*fumier*« bedeutet leider *nie* etwas Anderes als

»Mift«, »Dünger« — ich rufe die ganze Akademie und alle Lexikographen vom grofsen Mozin bis zum kleinften Thibaut zu meinen Zeugen auf: *la fumée* der Rauch, *le fumier* der Mift. Dafs dergleichen einem Molière-Ueberfetzer paffiren konnte, ift bitter.

Herr Grunert ift übrigens nicht nur ein Ueberfetzer, er ift ein Bearbeiter des »'Tartuffe«; hätte er fich nicht auf diefen hohen Standpunct geftellt, fo wäre es mir nicht eingefallen, ihm mit Grammatik und Lexikon aufzuwarten.

Wie viele Kritiker, hat auch Herr Grunert gefunden, dafs der Schlufsact des »'Tartuffe«, das eigentliche dramatifche *»dénoûment«*, hinter der Grofsartigkeit der erften vier Acte zurückbleibt. In diefem Puncte bin ich mit dem Stuttgarter Ueberfetzer durchaus einverftanden. Der »polizeiliche Ausgang«, wie ihn Goethe, der ihn übrigens vertheidigt, nennt, ift entfchieden ein Nothbehelf. Nachdem in vier auch technifch mufterhaft gearbeiteten Acten gezeigt ift, wie ein fcheinheiliger Lump fich in das Haus und Herz eines eigenfinnigen und befchränkten Familienvaters eingefchlichen, wie er fich dort zu befeftigen gewufst hat, allmächtig, unangreifbar geworden ift, wie er in dem Bewufstfein feiner unerfchütterlich feften Stellung endlich die Larve abftreift und im Begriff fteht, den Lohn feiner verwegenen und berechnenden Bosheit cynifch einzuftreichen, kann es nicht vollkommen befriedigen, dafs diefer Gauner durch ein ganz fremdes Element, durch die perfönliche Intervention eines edlen Fürften an dem Triumphe feiner verbrecherifchen Pläne behindert wird. Bekanntlich tritt ein Polizeidiener auf und erklärt, der König habe von den Schurkenftreichen des Tartuffe Kenntnifs erhalten und er vergebe Orgon feine politifchen Vergehen. Hieran fchliefst fich dann eine Lobrede auf Ludwig XIV. und

Tartuffe wird verhaftet. Die Löfung des wunderbar gefchürzten dramatifchen Knotens ift in der That nicht ftark; und Molière felbft hat es ficherlich empfunden. Er ift feiner eigenen Schöpfung unterlegen; fein Werk, die koloffalen erften vier Acte, wurde fein Meifter, und die er rief, die Geifter, ward er nimmer los. Vor feinem erftaunten Blicke wuchs der Wunderbau bis zu der fchwindeligen Höhe im vierten Acte riefenhaft empor — da verliefsen ihn die Kräfte. Er hatte fein Stück bis zu dem Puncte geführt, wo das infamfte Lafter, die Heuchelei, in ihrer ruchlofen Gröfse felfenfeft dafteht. Tartuffe ift unangreifbar vor dem Richterftuhle diefer Welt; er befitzt, nachdem es ihm mifslungen, die Familie moralifch zu Grunde richten, fichere, zuverläffige Mittel, diefelbe phyfifch zu ruiniren; er ift im Befitze der Schenkungsacte, durch welche ihm Haus und Hof feines Wohlthäters zufallen — und das »von wegen Rechtens«; er befitzt ferner Papiere, die Organ politifch compromittiren, der leichtgläubige Mann hat ihm ja Alles anvertraut; er denuncirt Orgon, Orgon wird verhaftet werden, und in den Mauern des Gefängniffes verhallt die Klage und der Ruf nach Rache. Aller menfchlichen Berechnung nach wird alfo, dieweil Orgon im Kerker die letzten Tage feines Lebens unter den Qualen des Gewiffens, unter Verwünfchungen feines greifen Leichtfinns, unter ohnmächtigen Rachefchwüren über den himmelfchreienden Verrath des elenden Buben, jammernd befchliefst und dieweil feine durch das plötzliche Elend gedemüthigte Familie, von der Mildthätigkeit alter Freunde unterftützt, Gott weifs wo und wie ihr Dafein friftet, Freundchen Tartuffe im Vollgenuffe des erfchwindelten Befitzthums fchwelgen. Diefe Confequenz ift unabweislich. Ein Schauder mufste Molière befallen, als er fich davon Rechenfchaft ablegte, als er fah, was er angerichtet, und fich geftand: auf diefem Wege giebts keinen Ausweg; hier bin ich am Ziele, an einem fürchterlichen Ziele angelangt!

Auf natürlichem Wege konnte er aus der Sackgaffe nicht hinauskommen; er entfchlofs fich fchnell, zur Befriedigung der Moral und Aefthetik, den gordifchen Knoten zu zerhauen und durch eine nicht zur Sache gehörige Inftanz hienieden fchon Gerechtigkeit fprechen und üben zu laffen. Daher erfcheint als *deus ex machina* ein vom Könige gefandter Polizeibeamter, der die Sachen in Ordnung bringt, Orgon begnadigt und Tartuffe verhaftet.

Man hat diefen Ausgang oft getadelt; aber immer hat man bei der Kritik zugeben müffen: es ging fchliefslich nicht anders; es ift zu bedauern, aber nicht zu ändern. Man ftellte dem Dichter als Milderungsgrund ftets das Gebot der *Nothwendigkeit* zur Seite — das harte Gefetz, auf das man fich während des Verfaffungsconflicts fogar zur Rechtfertigung der budgetlofen Verwaltung berufen hat. Herr Grunert meint aber, die Sache liefse fich *doch* ändern, beffern, und die Aufgabe, vor der Molière die Waffen ftreckte — er glaubte fich derfelben unterziehen zu follen.

Herr Grunert hat, bevor er zur Bühne ging, wahrfcheinlich Jura ftudirt, gerade wie Molière, und aus der juriftifchen Rüftkammer holt er die verroftete Muskete, mit der er feine Heldenthat begehen will. Er ftürzt den Tartuffe nicht durch den abfoluten Willen des Monarchen, er begräbt ihn unter den Folianten des *corpus juris*.

Anftatt des Polizeibeamten erfcheint bei Grunert ein Procurator des Parlaments, der um Tartuffe zu verhaften, einer Vorlefung über Juftinianifches Recht nicht entrathen zu dürfen glaubt. Der gute Mann beginnt höchfl würdevoll:

»Im achten Buche, Titel fechsundfünfzig
Des römifchen Kaiferrechts, nach dem wir richten,
Lieft man in klaren Worten: »Schenkungen
Sind widerruflich, wenn fich der Empfänger
Des fchweren Undanks fchuldig gemacht am Geber«.

Der *Procurator* (der einen Augenblick fchwieg, fährt mit Ironie fort):

»Wär dies noch nicht genug, nun denn, fo fagt
Des neunten Buches achter Titel noch;
. . . . .«

Was diefer Titel fagt, wird nun auch noch im fünffüfsigen Jambuswortlaute mitgetheilt; ich finde aber, dafs es allerdings »genug« ift. Und Herr Grunert führt nun gar noch mit einer wirklich himmlifchen Naivetät in einer Anmerkung aus, dafs er *in jure* keinen Spafs verfteht, dafs Alles das genau fo *loco citato* dafteht: »Das römifche Recht, welches in Frankreich galt, beftimmte in der That (feit Juftinian 530 nach Chriftus) im achten Codex, Titel 56 *de revocandis donationibus, conftitutio* 10, dafs Undank folche Schenkungen widerruflich mache, und ebenfo beftimmte u. f. w.« Ich habe den Juftinian nicht nachgefchlagen, aber ich bin feft überzeugt, dafs fich die Dinge genau fo verhalten, wie der Procurator des Herrn Grunert uns das vorträgt. Die Mittheilung ift auch ganz dankenswerth; aber ich erlaube mir doch dem befcheidenen Wunfche Ausdruck zu geben, dafs diefe gelehrte Abhandlung *de revocandis donationibus* an einer andern Stelle erfchienen wäre. Man fucht fich doch nicht gerade ein Molière'fches Meifterwerk, um an diefer geweihten Stelle feine alten Scharteken auszukramen.

Vor mir auf dem Pulte fteht die wundervolle Büfte Molières von Meifter Houdon; mir ift's, als ob der wehmüthige Zug, der fich um das fchöne Auge zieht in diefem Augenblicke einem mitleidigen Lächeln wiche. Du haft's wohl nicht geahnt, alter Freund, welchen Nutzen Du aus Deinen Jugendftudien hätteft ziehen können? Warft doch felbft fo ein Stück Advocat und gewifs nicht der talentlofeften Einer, wie Deine Vorrede zum »Tartuffe« beweift. Hatteft doch gewifs auch die Codices und Pandekten durchftöbert. Weshalb ift Dir diefes Hülfsmittel entgangen, und weshalb mufsten zwei Jahrhunderte faft auf Tag und Stunde verfliefsen, bis endlich ein Dichter in Stuttgart das beffern follte, was Du fchlecht gemacht.

Und des Dichters finnlich gefchwungene Lippen öffnen fich und er fpricht; was er fpricht, will ich nicht verrathen; es fteht, glaube ich, im »Menfchenfeind« in der zweiten Scene; aber ich will Herrn Grunert nicht wehe thun. Er hat fich geirrt; er hätte das *corpus juris*, er hätte Molière ruhen laffen follen. Die Schuld trifft nicht Herrn Grunert allein, fie trifft auch das gefammte literarifch gebildete Publicum in Deutfchland, das durch feine Gleichgültigkeit, mit welcher es Molière bisher behandelte, die Möglichkeit zu dergleichen bedauerlichen Verirrungen felbft gefchaffen hat. Mit Ausnahme einer einzigen alten Ueberfetzung, die im Jahre 1752 in Hamburg bei Chriftian Herold anonym erfchien — der Vorbericht des Ueberfetzers ift F. J. B. unterzeichnet — gab es bisher keine lesbare Verdeutfchung des grofsen franzöfifchen Dichters; diefe alte Ausgabe ift natürlich fchon lange aus dem Verkehr verfchwunden und findet fich nur noch in feltenen Exemplaren im Buchhandel.

Endlich, endlich, in den Jahren 1866/67 erfchien in Leipzig bei S. Hirzel eine echte, wirklich literarifche Ueberfetzung der Molière'fchen Luftfpiele aus der Feder eines Veteranen, der feinen Namen mit der meifterhafteften aller Ueberfetzungen, der Shakefpeare-Ueberfetzung von Schlegel und Tieck, fchon verwoben hatte, aus der Feder des feingebildeten, fprachkundigen Grafen Wolf Baudiffin. Hier haben wir es mit einer ernften, werthvollen, wirklich fchriftftellerifchen Arbeit zu thun, welche wefentlich dazu beitragen wird, die Molière'fchen Meifterwerke in würdiger Weife in Deutfchland bekannt, d. h. beliebt zu machen. Sainte-Beuve fagte einmal: Molière gewinnt in jedem Menfchen, der lefen lernt, einen neuen Lefer; und das ift richtig für Frankreich. Wenn auch diefer Ausfpruch in Deutfchland wohl niemals zur Wahrheit werden wird, fo darf man jetzt, nach der Baudiffin'fchen Ueberfetzung, nicht mehr zweifeln, dafs bald ein jeder gebildete Deutfche von den Molière'fchen Luftfpielen etwas mehr kennt, als den Titel und im günftigen Falle den fummarifchen Inhalt. Baudiffin hat durch diefe Arbeit, die fich unfern beften Werken in der Ueberfetzungsliteratur würdig anfchliefst, Anfpruch auf den Dank aller Gebildeten erworben, vornehmlich auf den Dank aller Derer, welche durch Förderung des internationalen Verkehrs auf dem über allen Parteiungen erhabenen neutralen Gebiete der Geiftesarbeit die politifchen Vorurtheile der Nationen zu befeitigen beftrebt find. Baudiffin hat nicht nur eine literarifch bedeutende Arbeit geliefert, er hat eine gute national deutfche That gethan; er hat bewiefen, dafs fich auch in Deutfchland ein Mann finden kann, der dem grofsen Fremdling ein warmes Herz, ein liebevolles Verftändnifs entgegenbringt; er hat bewiefen, dafs auch ein *Molière in Deutfchland* möglich ift. Ich kann mich hier auf eine eingehende Befprechung der Ueberfetzung von Wolf Baudiffin nicht einlaffen; ich mufs es bei diefer allgemeinen Charakterifirung bewenden laffen und verweife für alle Einzelnheiten auf das Werk felbft.

Dafs das Werk, fo bedeutend es ift, der Kritik dennoch das Wort nicht gänzlich entzieht, verfteht fich von felbft. Vollkommen ift ja nichts auf diefer Welt und Heine klagte fchon mit Recht:

> »Im füfsen Lied ift oft ein faurer Reim,
> Wie Bienenftachel fteckt im Honigfeim,
> Am Fufs verwundbar war der Sohn der Thetis,
> Und Alexander Dumas ift ein Metis«.

Ueber die »fauern Reime« hat man fich bei Baudiffin nun allerdings nicht zu beklagen; er ift verftändig genug gewefen, diefen Sclaven, der gehorchen foll, aber oft unberufen fich zum Herrn macht, zu verabfchieden. Den Alexandriner, der ein gebildetes deutfches Ohr auf die Dauer rafend macht, hat er durch deffen natürlichen Stellvertreter, den fünffüfsigen Jambus, erfetzt. Und es find wirklich Jamben, nicht nur dem Metrum und der Sylbenzahl nach. Man höre, wie z. B. Alceft den fchreibfeligen Marquis Oront abfertigt:

> »Ifts denn fo dringend nöthig, dafs ihr reimt?
> Und wer, zum Henker, drängt' euch, eure Verfe
> Gedruckt zu fehn? Ein fchlechtes Buch ift nur
> Verzeihlich, wenn der Autor fchrieb ums Brod.
> Glaubt mir, feid ftandhaft gegen die Verfuchung;
> Bringt eure Mufe nicht ins Publicum!
> Und gebt den würd'gen Namen, den ihr tragt,
> Nicht hin, um aus des Druckers feiler Hand
> Hervorzugehn mit jenem eines fchlechten
> Und lächerlichen Autors . . . .
> . . . . Der bilderreiche Stil,

Mit dem man jetzt sich aufputzt, klingt gespreizt,
Und fern von aller Wahrheit und Natur,
Getändel ists und leere Ziererei;
So sprach noch nie ein wirkliches Gefühl!«

Ich habe diese Stelle abfichtlich gewählt, nicht etwa um diese auch heute noch vollgültigen Wahrheiten den Unberufenen vorzuhalten, sondern weil sie überhaupt für die Baudissin'sche Ueberfetzungsweise charakteristisch ist. Der Text des Originales ist treu und gewissenhaft in Ehren gehalten, die Sprache ist fließend, die Verse sind leicht, glatt — ja vielleicht zu glatt, zu modern. Es hätte nichts geschadet, wenn hie und da eine markige Unebenheit eingestreut wäre, eine nicht ganz correcte, aber energische Wendung, wie man sie bei Molière so häufig findet, eine wohlthuende Unrichtigkeit, die uns daran gemahnt hätte, dass das Original vor ausgeschlagenen zweihundert Jahren entstanden ist.

Auch die Treue hat Baudissin zu einigen Fehlgriffen, wie mir scheint, veranlasst. Er glaubt z. B. sämmtliche Namen in französischem Original unverändert beibehalten zu sollen, und das ist oft nicht ganz passend. So läfst er in den »Preciösen« den beiden überspannten Frauenzimmern, die so recht echt bürgerliche, kleinstädtische Namen tragen müssen, ihre französischen Taufnamen: Cathos und Madelon. Im Deutschen klingt das anders; wenigstens auf mich macht der Name »Cathos« in unserer Sprache einen sehr aristokratischen Eindruck, und das soll er durchaus nicht. Ich würde mich nicht besonnen haben, in diesem Falle wörtlich »Käthchen« und »Lenchen«, oder »Kathi« und »Lena«, wie man am Oberrhein sagt, zu übersetzen. Allerdings bin ich der Ansicht, dafs man nur, wenn es geboten ist, dergleichen Verdeutschungen vornehmen darf und ich finde es — um das gleich hinzuzufügen — durchaus gerechtfertigt, dafs Baudiffin auf Wiedergabe des Dialekts ganz verzichtet hat.

Ernſtere Bedenken erregt es, dafs Baudiffin die chronologiſche Reihenfolge nicht eingehalten hat. Die Chronologie der Molière'ſchen Stücke iſt nothwendig, denn ſie iſt gleichzeitig ein Dichterleben, wie es in trockenen Daten nicht lebendiger, nicht ergreifender geſchildert werden kann.

Wir ſehen erſt den Schüler den italieniſchen Vorbildern knechtiſch nacharbeiten — »*L'Etourdi*«; dann ein ſchüchterner eigener Verſuch, in die Ueberſetzung epiſodiſch eingeſchaltet: »*Le dépit amoureux*«. Molière geht nach Paris, die Verſchrobenheit der literariſchen Schöngeiſter reizt ſeine Satire; er begreift, dafs hier das Luſtſpiel ſeinen eigentlichen Beruf zu ſuchen hat, und dieſe Erkenntniſs erzeugt »*Les précieuſes ridicules*«. Er wird kühner, er greift die thörichte Menſchheit bei ihren grofsen, traurigen Lächerlichkeiten an, bei der ſchwachen Seite, an der er ſelbſt leidet, und im Begriff, ſich als faſt alter Mann mit einem leichtſinnigen Kinde zu vermählen, ſchreibt er: »*L'école des maris*«; der Zauber der luſtigen Flitterwochen lagert über dem ausgelaſſenen Schwanke »*Les Fâcheux*«; aber der heitere Himmel trübt ſich bald. Sein leichtſinniges Weib macht ihn namenlos unglücklich; ihr kann er nicht zürnen, wohl aber grollt er ſeinem unſeligen verſpäteten Liebeswahnſinn, und ſo entſteht »*L'école des femmes*«. Ein finſterer Mifsmuth überfällt ihn, wenn er um ſich ſchaut. Er lebt am Hofe, er ſieht die Verderbtheit, die Lüge, die ſchale Schmeichelei, den frevlen Leichtſinn der glänzenden Ariſtokratie, die nichts lernen will und noch nichts zu vergeſſen hat. Dieſe Corruption mufs ſich rächen — Tapp, tapp, tapp — der fteinerne Gaft der Revolution ergreift die Hand des ruchlofen »*Don Juan*«, die Erde öffnet fich und verfchlingt ihn. Diefelbe Vorahnung der Kataftrophe findet im »*Mifanthrope*« einen ergreifend beredten Ausdruck. Alceft flieht dies frevelhaft fündige Treiben,

> *»Pour chercher fur la terre un endroit écarté,
> Où d'être homme d'honneur on ait la liberté«.*

Der Dichter ift auf feinem Höhepunct angelangt, der »Tartuffe« ift fchon gefchrieben, »Amphitryon« und der »Geizige« folgen fchnell und endlich, nach einigen herrlichen Humoresken, entfteht am Abende feines Lebens das vielleicht befte, wenn auch nicht gerade wirkfamfte Luftfpiel: »*Die gelehrten Frauen*«. Des Dichters Kräfte fchwinden, er fühlt, es naht der Tod; da fchreibt der Satiriker: »*Den Kranken in der Einbildung*« und ftirbt.

La farce eft jouée.

Molières „Tartuffe"

und

Gutzkows „Urbild des Tartuffe".

Wir haben in Deutfchland die Eigenthümlichkeit, ich möchte faft fagen, die Schwäche, mit einem gewiffen Wohlbehagen die bisweilen ans Fabelhafte grenzenden Irrthümer und Ungenauigkeiten hervorzuheben, deren fich einige ganz bedeutende franzöfifche Schriftfteller in ihren Beurtheilungen oder auch nur zerftreuten Aeufserungen über deutfche Verhältniffe zu Schulden kommen laffen. Wir lächeln ftillvergnügt über diefe Ignoranten und fagen uns mit grofsem Selbftbehagen: Wohl mir, ich bin nicht diefer Schächer Einer! Dann begeben wir uns mit dem Bewufstfein, dafs Deutfchland das Land der Dichter, Denker und grundgelehrten Leute ift, friedlich zur Ruhe.

Es fcheint mir, dafs wir mit diefem bequemen Syfteme nicht immer ganz recht handeln; auch in Deutfchland ift nicht alles Gold, was glänzt, und es wäre nicht rechtfchaffen und nicht ehrlich, wenn wir mit beabfichtigter

Einfeitigkeit die Kehrfeite der Medaille — deutfche Unkenntnifs in franzöfifchen Materien — ganz aufser Acht laffen wollten. Deshalb habe ich die folgende ziemlich undankbare Arbeit unternommen. Ich mufs vor allem bemerken, dafs diefer Auffatz vor mehr als zehn Jahren gefchrieben wurde. Damals waren Gutzkows »dramatifche Werke« und unter ihnen auch das »*Urbild des Tartuffe*« in der Claffikerausgabe — es ift vermuthlich nur vom Formate die Rede — noch nicht erfchienen. Mir lag bei meiner Arbeit nur die *erfte*, unverbefferte Auflage von »Karl Gutzkows dramatifchen Werken«*) vor, und in ihr fand ich das »Urbild des Tartuffe« genau fo, wie es auf allen Bühnen, wo ich diefes Luftfpiel gefehen hatte, gegeben wurde. In der neuen Brockhaus'fchen Ausgabe hat Herr Gutzkow ein fchmähliches Verfehen wieder gut gemacht. Auf diefe Aenderung, die fehr auffallender Weife in unferer aufmerkfamen Zeit faft unbemerkt vorübergegangen ift, fowie auf die gutgemeinten, aber recht fchwächlichen Entgegnungsverfuche, welche diefer Auffatz bei feinem erften Erfcheinen hervorrief, werde ich am Schluffe des Artikels zurückkommen und auseinander zu fetzen mich bemühen, dafs ich mich dadurch nicht veranlafst fehen konnte, die ganze Sache fallen zu laffen.

Ich laffe nun den Artikel folgen, wie er im Jahre 1861 gefchrieben wurde:

I.

Von allen Molière'fchen Komödien ift der »*Tartuffe*« unftreitig die in Deutfchland am meiften bekannte, oder

---

*) Leipzig, bei C. B. Lork. 1847.

wenigſtens am häufigſten genannte. Für eine grofse Anzahl halbgebildeter Leute iſt Molière eben *nur* der Verfaſſer des Tartuffe, und wenn ſie etwa noch den »Geizigen« erwähnt haben, ſo hat ihre Weisheit ein Ende. Mit Recht darf man ſich darüber wundern, dafs gerade der Tartuffe von der ſeltſamen und bedauerlichen Vernachläſſigung, unter welcher Molières Werke in Deutſchland zu leiden haben, ausgeſchloſſen ſei. Gewifs iſt dieſer Tartuffe ein Meiſterwerk, aber ſehr gewagt wäre es behaupten zu wollen, der Tartuffe ſei *das* Meiſterwerk Molières, und ihm auf dieſe Weiſe den Vorrang vor dem »*Miſanthrope* «und den »*femmes ſavantes*« einzuräumen.

Wenn man Herrn Gutzkow das Verdienſt zugeſteht, durch ſein »*Urbild des Tartuffe*« viel dazu beigetragen zu haben, dafs der Name einer der vorzüglichſten franzöſiſchen Komödien in Deutſchland populär werde, wird man ſchwerlich irre gehen. Wie geſagt, das iſt ein Verdienſt und müſte die Anerkennung aller aufrichtigen Verehrer des unſterblichen Molière gewinnen, wenn Herr Gutzkow einigermaſsen gewiſſenhaft zu Werke gegangen wäre und ſich die Mühe gegeben hätte, ſich mit der Zeit und den Perſönlichkeiten, die er zu ſchildern wähnte, wenigſtens annähernd vertraut zu machen.

Ich gehöre zu Molières aufrichtigſten Verehrern; die nachſtehenden Zeilen ſollen lehren, weshalb mir gerade darum das »Urbild des Tartuffe«, obgleich es mit unbeſtreitbarem Talente von bühnenkundiger Hand vortrefflich geſchrieben, ſo verhafst iſt, wie kein zweites Stück auf unſerer deutſchen Bühne. Zwar warnte mich freundſchaftliche Vorſicht, gegen eine anerkannte Autorität wie Gutzkow zu Felde zu ziehen, beſonders aber in dieſer Angelegenheit, wo das Publicum, diefer fürchterliche Friedensrichter, deffen Urtheilsfpruch keine Berufung duldet, *a priori* für meinen mächtigen Gegner, der es mit feiner Komödie unterhalten, Partei ergriffen hatte. Aber gerade das ermuthigte mich. Die fchreiende Unkenntnifs des erften beften Winkelliteraten darf ungeftraft auf dem geduldigen Papier ihr unheimliches Wefen treiben; ungerügt und unbeachtet raft fie fich aus und verkommt fchliefslich befcheiden und ftill als Maculaturbogen, ohne irgend welchen Schaden angerichtet zu haben. Anders aber bei einem anerkannt tüchtigen Schriftfteller, deffen Worte überall williges Gehör finden. Schreibt er dummes Zeug und wird dies dumme Zeug nicht widerlegt, fo erfüllt er eine ganze Lefewelt mit unfinnigen und fchädlichen Gedanken. — Dafs Herr Gutzkow berühmt ift, konnte mich natürlich eben fo wenig zum Schweigen bewegen. Die Berühmtheit hat Herrn Gutzkow noch keineswegs den Stempel der Unantaftbarkeit aufgedrückt und unfer fkeptifches Jahrhundert, das fogar das Dogma der unbefleckten Empfängnifs und die Unfehlbarkeit des Papftes in Zweifel zu ziehen fich unterfing, wird auch die Vermeffenheit haben, an der Gründlichkeit und an der Gelehrtheit einer fchriftftellerifchen Berühmtheit zu zweifeln.

Nach meinem Dafürhalten bedarf es auch keines beftimmten Anlaffes, gegen begangenes Unrecht aufzutreten. Das »*Nicht-Zeitgemäfse*« meiner Arbeit ift ein Vorwurf, der mich nicht trifft. Weshalb haben Andere nicht fchon vor 15 Jahren daffelbe gethan, was ich heute thue? Mir wäre die Mühe erfpart worden. Jedenfalls, möge diefer Auffatz Anerkennung finden oder nicht, bleibt mir Lafontaines Troft: *J'aurai du moins l'honneur de l'avoir entrepris.*

Vor allem mufs die Vorfrage aufgeworfen werden: bis wie weit mufs die gefchichtliche Treue in einem dramatifchen Werke in Ehren gehalten werden?

Die Grenzlinie zwifchen dramatifcher Licenz und hiftorifcher Wahrheit ift durch kein beftimmtes Gefetz bezeichnet worden. Die individuellen Anfichten entfcheiden in den meiften Fällen über diefe beftändige Streitfrage. Ich bekenne mich zur allertoleranteften Auffaffung: es foll dem dramatifchen Dichter das unverkümmerte, fich weiteft erftreckende Recht zugeftanden fein, den hiftorifchen Stoff für feine dichterifchen Zwecke zu verwenden. Die Gefchichte fei ein Sclave der freien Infpiration und es fei der Dichtung, wie im Don Carlos, vergönnt, aus einer gefchichtlich häfslichen Winzigkeit eine ideale Gröfse zu bilden.

Darf fie aber ehrenhafte Namen fchänden? darf fie den frohfinnig guten Dichter und Menfchen zum Prototyp des pedantifchen Einfaltspinfels, den treuergebenen Freund zum lächerlich gehäffigen Feind, die Mutter zur jüngeren Schwefter machen? darf fie Heirathen löfen, um eine im fünften Acte erforderliche Verehelichung zu Stande zu bringen? darf fie in fortwährenden Anachronismen erft zukünftig Gefchehendes als bereits bekannt und vergangen vorausfetzen und umgekehrt die ganze gewichtige Vergangenheit als nie dagewefen betrachten? darf fie, um Alles in Ein Wort zufammenzufaffen, mit einer Confequenz, die man bei vorausgefetzter Sachkenntnifs des Autors berechnet nennen würde, die *Gefchichte in allen Puncten auf den Kopf ftellen?* darf fie das?

Nun, wenn ihr dergleichen Exceffe unterfagt werden müffen — und dies fcheint mir unbeftreitbar — fo kommt die Frage der dramatifchen Licenz in diefem beftimmten Falle gar nicht in Betracht; und ich werde mit Herrn Gutzkow, der fich ein jedes der aufgeführten Vergehen hat zu Schulden kommen laffen, ohne Schwierigkeiten fertig werden. Ich will fogar nachweifen, dafs Herr Gutzkow, der Verfaffer des »Urbilds des Tartuffe«, den Molière'fchen Tartuffe *gar nicht gelefen*, ihn höchftens oberflächlich durchblättert, gefchweige nun das Leben diefes unglücklichen Menfchen felbft und feine Zeit ftudirt hat.

II.

Gutzkow verlegt die Handlung feines Luftfpiels in das Jahr 1667. Das ift vollkommen richtig. In Paris wurde der Tartuffe zum erften Mal auf dem *théâtre du Palais royal* am 5. Auguft 1667 aufgeführt, Tags darauf vom Parlamente (Präfident Lamoignon) verboten und erft am 5. Februar 1669 definitiv freigegeben. Aber fchon feit geraumer Zeit war der Tartuffe vollendet, und theilweife bereits 1664 vor dem Könige und dem Hofe von Verfailles in den *»Plaifirs de l'isle enchantée«* gegeben worden. Die Kabalen gegen die Aufführung des Tartuffe datiren alfo von diefem Augenblick an; es gelang ihnen auch, die erfte Aufführung vor dem Publicum faft drei Jahre auszufetzen und nach diefer erften Vorftellung (1667) ein Verbot des Tartuffe zu erwirken, welches erft im Jahre 1669 definitiv aufgehoben werden follte.

Die angebliche Gefchichte diefes Verbotes (6. Auguft 1667) ift es nun, welche Gutzkow dramatifch behandelt hat. Wenn die Angaben des deutfchen Dichters in Wahrheit ein Verbot des gefürchteten Meifterwerkes hätten provociren können, würden wir uns nicht darüber beklagen, dafs alle näheren Umftände, die, nach Gutzkow, das Verbot herbeigeführt haben follen, vollkommen aus der Luft gegriffen find. Dem ift nun aber leider nicht fo. Von all den Gründen, welche im Gutzkow'fchen »Urbild« gegen die Aufführung des Tartuffe aufgeführt werden, ift aufser den Kabalen der Frömmler und Schleicher, merkwürdigerweife auch nicht ein einziger zutreffend.

Gutzkow läfst gegen den Tartuffe 1) die *medecinifche Facultät*, 2) die *Jurisprudenz*, 3) die *Akademie* und 4) endlich die *Polizei* felbft intriguiren.

Es ift bekannt, dafs Molière im Allgemeinen für die Aerzte nicht fehr eingenommen war und dafs umgekehrt auch die Aerzte Molière nicht in ihr Herz gefchloffen hatten. Herr Gutzkow hat dies gewufst und einen Arzt als Widerfacher Molières auf die Bühne geftellt. Dies war fein unbeftreitbares Recht. Nun war es aber trotzdem keine leichte Aufgabe, gerade einen Arzt für die dramatifche Kabale, welche gegen den Tartuffe angezettelt wurde, zu gewinnen. Im Tartuffe ift auch mit keiner Sterbensfylbe der Jünger des Hippokrates Erwähnung gethan. Die Abneigung eines Mediciners gegen eine Komödie, in welcher die Heuchelei gegeifselt wird, bleibt immerhin fchwer zu erklären. Gutzkow, der keine Hinderniffe kennt, hat diefer Schwierigkeit dadurch aus dem Wege zu gehen gewufst, dafs er auseinander fetzen läfst, wie Molière, obwohl er im Tartuffe die Aerzte ungefchoren gelaffen, doch daran arbeite, auch den prahlhänfigen Quackfalbern gebührlich aufzuwarten.

Freilich fehr gefchickt! Aber dies Verfahren wirft ein fonderbares Licht auf Gutzkows Kenntniffe der Molièrefchen Werke.

Wenn Gutzkow Molières Komödien gelefen und das

zu ihrer Würdigung und ihrem Verſtändniſs ſo nothwendige Datum ihrer Entſtehungszeit beachtet hätte, ſo müſste er wiſſen, daſs im Jahre 1667 die Aerzte bereits mehrfach die grauſamen Spieſsruthen des Molière'ſchen Witzes durchlaufen hatten. Er müſste wiſſen, daſs die erſte bekannte Molière'ſche Jugendſünde, »der fliegende Arzt« (*le médecin volant*, der bereits im Jahre 1661 von Bourſault in Verſe gebracht wurde und mit folgendem inſolenten Wortſpiele endete:

»*Faiſons des médecins, ou volants ou voleurs!*«)

die Geldgier und den Charlatanismus der damaligen Aerzte verſpottete; daſs dieſelbe Idee vor dem Jahre 1667 (Zeit der Gutzkow'ſchen Handlung) von Molière noch mehrfach und mit immer gröſserer Vorliebe wieder aufgenommen wurde, daſs am 15. Februar des Jahres 1665 «Don Juan« über die Bretter ging, in welchem die medicinifche Facultät bittere Pillen verſchlucken mufste.*)

In ſeinem nächſten Stücke »*L'amour médecin*« (15. September 1665) trieb es Molière noch ärger. Hier blieb er nicht mehr bei indirecten Verhöhnungen ſtehen, er brachte gleich die fünf Leibärzte Ludwigs XIV. unter transparenten Pſeudonymen: Tomès, Desfonandrès, Macroton, Bahis und Filerin leibhaftig auf die Bühne und gab ihre Albernheiten dem Gelächter des Parterres Preis. Am grauſamſten wird aber den Aerzten im »*Médecin malgré lui*« mitgeſpielt, der gerade ein Jahr vor dem Tartuffe (9. Auguſt 1666) zur Aufführung kam.

Von alle dem weiſs Dr. Dubois, der im Gutzkow'ſchen Stücke auftritt, im Jahre 1667 noch kein Wort! Er fragt ganz unbefangen: »Was ſollte Molière an den Aerzten zu

---

*) *Don Juan ou le feſtin de Pierre.* III. Act, 1. Scene.

tadeln haben?«*) Erſt aus dem Munde des erſten Präſidenten erfährt dieſer biedere Arzt, dafs Molière einen Streich auf die Heilkunde im Schilde führe. Iſt das denkbar? Und welches iſt das Stück, das Dr. Dubois urplötzlich zum erbitterten Feinde Molières macht, das ihn dazu veranlafst, die Deputation, welche das Verbot des Tartuffe zu erwirken erſtrebt, um ein corpulentes Mitglied zu verſtärken? — Der «Kranke in der Einbildung«, das »nächſte Sujet« ſagt Gutzkow, welches Molière nach dem Tartuffe zu behandeln gedenkt, und das er bereits in dem literariſchen Salon der Ninon vorgeleſen haben ſoll. *Heu! heu!*

Alle Welt weifs, dafs der *Malade imaginaire* Molières *letztes* Stück iſt, dafs er nach der vierten Vorſtellung, in der Nacht vom 17. zum 18. Februar 1673, verſchied.

Dr. Dubois und der erſte Präſident Lamoignon wiſſen im Jahre 1667 nichts von den Epoche machenden Ereigniſſen der vergangenen Jahre, die Zukunft aber, das noch nicht Geſchehene, iſt ihnen bekannt. Sie wiſſen nicht, dafs Molière den von ganz Paris beklatſchten »Arzt wider Willen« *geſchrieben hat*, aber ſie wiſſen, dafs er den »Kranken in der Einbildung« *ſchreiben wird*, und im Jahre 1667 kennen ſie bereits ganz genau alle Einzelnheiten eines Luſtſpiels, das erſt im Jahre 1673 concipirt und aufgeführt werden ſollte!

Man wird doch wohl nicht behaupten wollen, es ſei ſehr gut denkbar, dafs Molière bereits ſieben Jahre vor der Aufführung des »Kranken«, dies Stück verfafst und vorgeleſen haben könne. Um das Unbegründete einer ſolchen Vermuthung darzulegen, brauche ich nur daran zu erinnern, dafs Molière Theaterdirector war und ſeine Stücke,

---

*) Urb. d. Tartuffe, II. Act, letzter Auftritt.

fobald fie fertig waren, zur Aufführung bringen konnte. Es wäre wunderbar, geradezu unerklärlich, wenn Molière gerade den »Kranken« ruhig im Carton hätte liegen laffen und die zehn anderen Luftfpiele, die er nach dem Tartuffe bis zum »Kranken«, alfo von 1668 bis 1672 fchrieb, auf fo unbegreifliche Weife bevorzugt, oder vielmehr den »Kranken« auf fo unbegreifliche Weife zurückgefetzt hätte.*)

Nichts kann zu einer folchen Annahme berechtigen, vielmehr darf man mit Gewifsheit vorausfetzen, dafs Molière im Jahre 1667 noch keine Ahnung von dem im Jahre 1673 gefchriebenen »*Malade imaginaire*« hatte. Gutzkow hat fich alfo einen Anachronismus zu Schulden kommen laffen, den man fich mit dem beften Willen aus nichts Anderem, als aus einer ungenügenden Kenntnifs der Molière- fchen Werke erklären kann. Um einen Arzt gegen Molière aufzureizen, — und nur deshalb wird der »Kranke in der Einbildung« genannt — brauchte er nicht in die ferne Zukunft zu greifen, er brauchte nur an die jüngfte Vergangenheit zu erinnern. Wenn alfo Gutzkow Molières *Médecin volant*, *Don Juan*, *l'amour médecin* und *Médecin malgré lui* wirklich gekannt hat, fo hat er es im »Urbild des Tartuffe« gut verheimlicht.

Und hat denn Herr Gutzkow vergeffen, was Molière felbft *gerade in der Vorrede des Tartuffe* über die Kunft der Aerzte gefchrieben hat, oder hat er es nicht gewufst? Auf

---

*) Molière fchrieb nach der erften Aufführung des Tartuffe bis zu feinem Tode noch folgende Stücke: *Amphitryon*, *George Dandin*, *l'Avare* (1668), *Monfieur de Pourceaugnac* (1669), *Les amants magnifiques*, *le bourgeois gentilhomme* (1670), *Pfyché*, *les fourberies de Scapin*, *la comteffe d'Escarbagnas* (1671), *Les femmes favantes* (1672) und dann erft folgte (1673) *Le malade imaginaire*.

alle Fälle will ich hier Molières Worte wiederholen: »Nichts an und für fich ist fo gut, dafs man nicht einen fchlechten Gebrauch davon machen könne. *Die Arzneikunde ist eine nützliche Kunst und Jedermann hält sie hoch in Ehren, als eines der vortrefflichsten Dinge, welche wir besitzen,* und dennoch hat es Zeiten gegeben etc.« So fchreibt Molière und zwar in der Vorrede zum Tartuffe! Möchte man nicht glauben, dafs er hier den oft verfpotteten Aerzten einen Waffenstillstand in allen Regeln und Formen proponirt? Und über den Tartuffe follen fich die Aerzte beklagen? *Allons donc!*

Gehen wir zu der zweiten Claffe von Leuten über, die nach Gutzkow's Angaben für das Verbot des Tartuffe in die Schranken getreten wären. Es find die Rechtsgelehrten, im »Urbilde« repräfentirt durch den Parlamentsrath Lefèvre.

Es ist ganz richtig, dafs auch der Richterstand nicht zu Molières Liebhabereien gehörte. Namentlich im Mifanthropen, wenn vom Verluste feines Proceffes die Rede ist*), fallen einige bittere Aeufserungen über die corrumpirten Rechtszustände des damaligen Frankreichs. Diefe Invectiven, die, als es fich um das Verbot des Tartuffe handelte, doch wahrlich ftadtbekannt fein mufsten, fcheinen Herrn Gutzkow wie dem von ihm creirten Parlamentsrath Lefèvre vollkommen entgangen zu fein. Lefèvre ist noch im Jahre 1667 ein grofser Verehrer des grofsen Molière; dem Tartuffe bleibt es vorbehalten, die Jurisprudenz gegen Molière aufzuwiegeln.

Im Tartuffe follen nämlich, wie uns Herr Gutzkow lehrt,

---

*) Mifanthrope I. Act 1. Scene, V. Act 1. Scene:
J'ai pour moi la justice et je perds mon procès!« etc.

die *Advocaten* und *Notare* angegriffen fein; im Tartuffe foll, wie uns Herr Gutzkow ferner lehrt, ein Herr Loyal »*Advocat, Notar* und *erfter Huiffier*« (*fic*) auftreten, der »fein ganzes Syftem erbärmlicher Chicanen« auseinanderfetzt, »durch welches diefer Stand fich einer fo grofsen Popularität im Parifer Publicum zu erfreuen hat.«

Wo Herr Gutzkow all diefe fchönen Dinge im Tartuffe gelefen hat, wären wir zu erfahren doch wirklich begierig. In dem Molière'fchen Luftfpiele werden die Advocaten und Notare nicht nur nicht verhöhnt, *es ift von ihnen gar nicht die Rede, nirgends!*

Freilich figurirt im Tartuffe ein Herr Loyal; derfelbe ift aber weder Advocat noch Notar fondern *Huiffier*, zu deutfch: Gerichtsvollzieher. Es ift ebenfalls richtig, dafs er Prügel bekommen foll — aber, fragen wir Herrn Gutzkow, wie können die einem fimplen Huiffier angedrohten Schläge einen Parlamentsrath in feiner Standesehre treffen?? — Ich habe Herrn Gutzkow ftark in Verdacht, dafs er nicht gewufst hat, was ein Huiffier ift. Der Huiffier war fchon zu Molières Zeiten, und ift es noch heute, einer der niedrigften Subalternbeamten im Gerichtsdienfte, alfo Thürfteher, Gerichtsdiener, Gerichtsvollzieher, wie man in Rheinpreufsen, Executor, wie man in den alten preufsifchen Provinzen fagt. Im Gutzkow'fchen »Urbild des Tartuffe« ift aber der *Parlamentsrath* Lefèvre, wie er felbft fagt, *Notar* und gleichzeitig auch erfter *Huiffier*, alfo etwa General-Major und erfter Officierburfche. Aus diefem Mifsverftändniffe erklärt es fich freilich, dafs die dem Gerichtsdiener Loyal angedrohten Prügel den Parlamentsrath Lefèvre in feiner Amtswürde beleidigen können.

Eben fo wenig wie die Aerzte und Juriften Urfache hatten, fich dem Complot gegen die Aufführung eines

Stückes anzufchliefsen, das ihnen nirgends zu nahe tritt, ebenfo wenig war auch die Akademie befugt, das Verbot des Tartuffe im Intereffe des guten claffifchen Gefchmackes für wünfchenswerth zu halten.

Die Akademie — in Gutzkows »Urbild« vertreten durch Chapelle — wir werden fpäter fehen, mit welchem Rechte — beklagt fich über den Tartuffe, weil fich fein Verfaffer »nicht an die Regeln halte«, »entfetzliche Reime« fchreibe, »wider alle Regeln des Ariftoteles« verflofse. Ich weifs freilich nicht, was Herr Gutzkow unter »Regeln des Ariftoteles« verfteht; meint er aber die gewiffenhafte Beobachtung der drei Einheiten, Einheit der Zeit, des Ortes und der Handlung, fo ift der gegen den Tartuffe erhobene Vorwurf rein unbegreiflich, *da gerade in diefem Luftfpiele die fogenannten ariftotelifchen Einheiten vollkommen beibehalten find.*

Auch hier hat man die Glocken läuten hören, ohne zu wiffen, wo fie hängen. Die Diatriben Molières gegen die akademifche Pedanterie, gegen die bis in's Groteske getriebene Vergötterung des Ariftoteles, ftehen in einem anderen Buche. Im »*mariage forcé*«, 1664, geifselte Molière die Ariftotelomanen, er geifselte, in der herrlichen Scene der Philofophen Pancrace und Marphurius, die Univerfität, die von dem Parlamente einen Befchlufs erwirkt hatte, welcher über alle Diejenigen, die fich unterfingen, die claffifchen Präcepte und das Syftem des Ariftoteles zu bekämpfen, die *Todesftrafe* verhängen follte!!*)

---

*) Obgleich dies nicht zu meiner Arbeit gehört, will ich für Leute, die fich an literarifchen Curiofen intereffiren, erwähnen, dafs fich dies unglaubliche Document vollftändig in der »*Eloge de Despréaux*« von d'Alembert, 27. Anmerkung, vorfindet. Es heifst darin wörtlich: »*Fait défenfe à toutes perfonnes, à peine de la*

Noch mehr überrafcht der dem Tartuffe, wenn auch von bornirter Seite, angehängte Vorwurf, er verftofse wider alle *Regeln der Metrik* und enthalte *fchlechte Reime*. Metrifche Licenzen find mit dem philiftröfen Geifte der franzöfifchen Dichtung überhaupt nicht vereinbar, metrifche Fehler in einer franzöfifchen Dichtung weifse Raben. Ein jeder Corrector in der Druckerei würde einen metrifchen Schnitzer aus eigener Machtvollkommenheit ändern dürfen und ändern müffen, und Herr Gutzkow würde fich um die franzöfifche Metrik fehr verdient machen, wenn er im Tartüffe oder in irgend einer andern franzöfifchen Dichtung, gleichviel aus welcher Zeit, auch nur *einen einzigen* nicht ganz correct gebauten Alexandriner angeben wollte. Ebenfo wird man uns den Nachweis für die Behauptung, dafs Molières Tartuffe fchlechte Reime enthalte, fchuldig bleiben müffen. Weifs denn der Gutzkow'fche Chapelle gar nicht, was Boileau, der correcte, geftrenge, unerbittliche Vers- und Sprachrichter, das Modell eines vollendeten Akademikers, an den Werken des gröfsten komifchen Dichters am meiften bewunderte? *Den Reim!* Kennt man die folgenden Verfe nicht, die Boileau-Despréaux an feinen genialen Freund Molière-Poquelin richtete:

> *Rare et fameux esprit, dont la fertile veine*
> *Ignore en écrivant le travail et la peine;*
> *Pour qui tient Apollon tous fes tréfors ouverts,*
> *Et qui sais, à quel coin se marquent les bons vers,*
> *Dans les combats d'esprit favant maître d'escrime,*
> *Enfeigne moi, Molière, où tu trouves la rime?*

---

vie, d'obtenir ou d'enfeigner aucune maxime contre les anciens auteurs approuvés . . . . . Fait au Parlement le quatrième jour de Septembre 1624.«

*On dirait, quand tu veux, qu'elle te vient chercher,
Jamais au bout du vers on ne te voit broncher;
Et, sans qu'un long détour l'arrête, ou l'embaraſſe,
A peine as-tu parlé, qu'elle même s'y place.*)

Es ſei mir gegönnt, in Fragen der franzöſiſchen Verskunſt die Autorität des gelehrten Boileau über alle andern zu ſtellen, und bis auf Weiteres wage ich mit Boileau zu behaupten, daſs Molière die guten Verſe am richtigen Flecke, und ſtets die guten und vernünftigen Reime zu finden wuſste. Ein Jeder, der Molières Werke kennt, ſollte doch wiſſen, daſs die Akademie ſelbſt in ihren beſchränkteſten Vertretern an der Molière'ſchen *Form* nichts ausſetzen konnte, und daſs Molière die Regeln des Ariſtoteles für »weiſe und ſehr nützliche Vorſchriften« hält, ſagt er ſelbſt — in der Vorrede zum Tartuffe.

Es bleibt nun ſchlieſslich noch die Polizei übrig. Nach Gutzkow's Andeutungen**) ſoll im Tartuffe »auch die Polizei der Satire nicht mehr geheiligt bleiben«, die Polizei ſoll »angegriffen ſein.« Wo, fragen wir abermals, hat Herr Gutzkow dieſe Angriffe, dieſe Satire geleſen? Der Polizeibeamte, der im Tartuffe auftritt, ſagt auch nicht Ein unehrerbietiges Wort, nicht eine Sylbe, die zu der gedachten Inſinuation auch nur die geringſte Veranlaſſung geben könnte. Er hält eine Lobrede auf Ludwig XIV., die aber nichts anderes iſt, als der etwas hyperboliſche Ausdruck inniger Verehrung und tief gefühlten Dankes, den ein von der Kabale verfolgter Dichter empfinden muſste, als ſein Werk, aller Nachſtellungen ungeachtet, durch die perſönliche Vermittelung des aufgeklärten Fürſten endlich das

---

*) *Boileau. A Molière. Accord de la rime et de la raiſon.* 1664.
**) Siehe »Urb. d. Tart.«, II. Act, letzte Scene.

Licht der Rampe erblicken durfte. Uebrigens noch ein Bedenken: es ift fehr gut möglich, wie ein Commentator behauptet, dafs der betreffende Paffus in dem erften Manufcripte, das 1667 zur Aufführung kam, gar nicht geftanden, fondern erft nach der definitiven Freigabe des Tartuffe (1669) als übliches *Remerciment au Roi* hinzugefügt fei. Von der Polizei felbft ift im ganzen Stück nicht die Rede.

III.

All' diefe Irrthümer — verhältnifsmäfsig noch gering, wir werden noch anderes hören — beweifen wohl ziemlich klar, dafs der Verfaffer des »Urbildes des Tartuffe« den Tartuffe und die übrigen Werke Molières nur ziemlich oberflächlich kennt. Denn alle Aeufserungen, die über Molière und feine Schöpfungen in dem deutfchen Luftfpiele fallen, laufen dem Thatbeftand zuwider, *obgleich es gar nicht nöthig war, an dem Thatbeftande auch nur ein Jota zu ändern, da diefer genau zu demfelben, von Gutzkow erwünfchten Refultate geführt haben würde.* Wer aber die Wahrheit nicht kennt, glaubt unwahrfcheinliche Ungenauigkeiten erdichten zu können, es ift eben — dramatifche Licenz. Faffen wir das Gefagte kurz zufammen:

Um die Aerzte gegen Molière aufzureizen, durfte Herr Gutzkow nicht den noch unverfafsten *Malade imaginaire* als Argument benutzen, er brauchte nur an den mit gröfstem Beifall kurz vorher aufgeführten *Médecin malgré lui* zu erinnern.

Wenn fich die Jurisprudenz über Molière zu beklagen hatte, fo durfte fie fich nicht auf den für fie durchaus unfchädlichen Tartuffe, fie mufste fich auf den gleichfalls fchon bekannten *Mifanthrope* berufen.

Die correcte Akademie konnte an dem ſtreng form-
correcten Tartuffe nichts tadeln. War ſie dem genialen
Komödianten gram, ſo konnte dies nur von der Verſpot-
tung in dem *Mariage forcé* herrühren.

Die Polizei endlich hatte gar keine Urſache, der Aufführung des Tartuffe irgend welches Hindernifs in den
Weg zu legen.

Darf man hiernach ſchon vermuthen dafs Herr Gutzkow den Tartuffe nicht genau kennt, ſo will ich es jetzt
beweiſen.

Der Vollſtändigkeit halber wiederhole ich die Ungenauigkeiten, die die im Gutzkow'ſchen Stücke auftretenden
Perſonen über den Tartuffe von Molière ausſprechen:

I. Von der Form wird, bei Gutzkow, geſagt, ſie ver-
ſtoſse wider die Regeln des Ariſtoteles.

Das iſt unrichtig. Der Tartuffe iſt nach den »Regeln
des Ariſtoteles« geſchrieben. Dieſelbe Handlung geht un-
unterbrochen an demſelben Tage, an demſelben Orte vor
ſich. — Wenn Herr Gutzkow ſeiner Armande *»fünf wundervolle Coſtüme«* für die Rolle der Elmire im Tartuffe
octroyirt, ſo iſt dies eine Kleinigkeit, die aber in an-
ſchaulichſter Weiſe verräth, dafs dem Herrn Gutzkow
die Rolle der Elmire ganz unbekannt iſt. Elmire, die ein-
fache, verſtändige Hausfrau, die unwohl geweſen iſt, trägt
das ganze Stück hindurch *ein* einfaches, beſcheidenes
Hauskleid.

II. Es ſollen, nach Gutzkows Andeutungen, im Tartuffe die Advocaten, Notare und die Polizei angegriffen ſein.

Das iſt unrichtig. Es werden weder die Herren von
der Polizei, noch die Advocaten, noch die Notare auch
nur mit einer Sylbe erwähnt.

III. Im Gutzkow'fchen Stücke wird von einer Pfändung des Orgon gefprochen.

Auch das ift ungenau. Orgon foll im Tartuffe nicht ausgepfändet, fondern exmittirt werden, mit all feinen Habfeligkeiten.

Das find aber Kleinigkeiten, die ich ganz unberührt gelaffen hätte, wenn ich auch nur hätte fchwanken können, ob es möglich fei, dafs ein berühmter deutfcher Schriftfteller, der über den Tartuffe zu fchreiben fich unterfängt, den Tartuffe nicht gelefen haben könne. Die Beantwortung diefer Frage ift bei mir aber zur Gewifsheit geworden: *Herr Gutzkow kennt den Tartuffe nicht.*

Meine Gründe find folgende:

Herr Gutzkow täufcht fich und Andere über die ganze Fabel, über den ganzen Hergang des Molière'fchen Stückes.

Er fetzt voraus, dafs *Elmire*, Orgons tugendhafte, pflichtbewufste Gattin, *mit dem Scheinheiligen ein ftrafbares Verhältnifs angeknüpft und unterhalten habe;* er macht die wackere Hausfrau, die die Schliche des Tartuffe vollkommen durchfchaut und ihren gutmüthigen, leichtgläubigen Gemahl vor der Gefahr beftändig warnt, zur Mitfchuldigen jenes erbärmlichen Wichtes; er ändert, mit anderen Worten, in Grund und Boden die Fabel des Molière'fchen Meifterwerkes.

Wer mir nicht glauben will, der lefe das Folgende. *)

Madeleine.

Wie können Sie nur glauben, dafs Tartuffe das Schickfal meiner Eltern befchreibt! *Meine Mutter ftand fo rein da, fie ift doch unmöglich mit Elmiren zu vergleichen —*

---

*) Gutzkow, Urb. d. Tart., IV. Act, 4. Auftritt.

Lamoignon (bei Seite).

Jeder Zug Elmirens ift dem Leben ihrer Mutter entnommen.

— Und fpäter*):

Molière (zu Lamoignon).

Sieh hin, dort unten fteht Dupleffis als Orgon. *Elmire ift das Weib des Freundes, das Du zur fchändlichen Untreue verleiteteft.*

Eine folche Molière-Verbefferung, die nichts rechtfertigen kann, überfteigt denn doch wohl die Grenzen des Erlaubten. Ich fetze bei einem fehr grofsen Theile meiner Lefer voraus, dafs fie den Molière'fchen Tartuffe beffer kennen, als Herr Gutzkow, der Verfaffer des »Urbildes des Tartuffe«. Sie werden wiffen, dafs Elmire der Typus der bravften, treueften, ehrenhafteften Gattin ift, den die franzöfifche Bühne je gefchaffen hat. Wer aber die Desdemona eines Shakefpeare, die Elmire eines Molière wiffentlich zu entweihen fich unterfängt, um fein eigenes Machwerk pikanter zu machen, der darf nicht mehr von dramatifcher Licenz fprechen, der mifsachtet geradezu die reinften Schöpfungen der gröfsten Dichter und mag zufehen, wie er einen folchen Frevel vor feinem literarifchen Gewiffen verantworten kann.

Herr Gutzkow aber hat den Tartuffe nur einem *on dit* zufolge gekannt; dies fei als mildernder Umftand erwähnt.

Einen andern Beweis für meine Behauptung finde ich auch in der Gutzkow'fchen Charakterifirung der Dienftmagd Dorine. Sie ift nach Gutzkow**) *»ein geiftreiches,*

---

*) *Gutzkow's* »Urbild des Tartuffe«, letzter Act, letzter Auftritt.
**) Urb. d. Tart. I. Act 5. Auftritt.

allerliebstes Kammermädchen, das alle Fäden der Intrigue in der Hand hält und zur Entlarvung des Scheinheiligen am meisten beiträgt.«

Sie ist im Molière eine grobe, unverschämte, mit natürlich-derbem Witze ausgestattete Dienstmagd, die mit den Fäden der Intrigue und mit der Entlarvung des Scheinheiligen absolut nichts zu thun hat.

Sie ist nicht geistreich, und besonders nicht »allerliebst«, sondern vorlaut, frech, grob, dabei ihrem Herrn allerdings sehr ergeben. Molière charakterisirt sie gleich in den ersten Versen des ersten Actes in folgender Weise:

»*Vous êtes, ma mie, une fille suivante*
»*Un peu trop forte en gueule et fort impertinente*
»*Vous vous mêlez sur tout de dire votre avis.*«

Zu einem »allerliebsten« Kammermädchen pflegt man im gewöhnlichen Leben nicht zu sagen, dass sie »mit ihrem Maule überall voran wäre«, schwache Uebersetzung des viel energischeren »*forte en gueule*«; man pflegt sie auch nicht einen

»*serpent, dont les traits effrontés . . .*

oder »*une peste*«*) zu nennen.

So spricht man im Tartuffe über Dorine; jetzt wollen wir sehen, ob ihre eigene Sprache zu dem ihr von Gutzkow beigelegten Prädicate »allerliebst« berechtigen kann. Auch die berühmte Tuchscene, die einzige, von der ich mit einiger Gewissheit annehmen durfte, dass sie Herr Gutzkow genau gelesen haben würde, denn er erwähnt sie vielleicht zwanzigmal in seinem »Urbild« und citirt ganze Stellen daraus, auch diese Scene scheint unser deutscher Dichter nur

---
*) Tartuffe, II. Act 2. Scene.

höchſt oberflächlich durchflogen zu haben. Als nämlich Tartuffe die ſündigen Schultern der Dorine mit einem Tuch bedecken will, ſagt das »allerliebſt« ſein ſollende Kammermädchen wörtlich Folgendes: »Sie ſcheinen ja ſehr empfänglich für die Verſuchung zu ſein und fleiſchlicher Sinnreiz macht auf Ihr Gemüth groſsen Eindruck. Ich weiſs bei Gott nicht, welche Hitze Ihnen aufſteigt. Mit dem Lüſternwerden geht's aber bei mir nicht ſo geſchwind; und ſähe ich Sie, wie Sie der liebe Gott geſchaffen hat, nackt vom Kopf bis zum Fuſs, Ihr ganzes Fell würde mich nicht in Verſuchung führen.«

Im Original iſt die allerliebſte Dorine noch deutlicher, ſie ſagt:

Et je vous verrais nu du haut jusques en bas
Que toute votre peau ne me tenterait pas*).

Wenn Herr Gutzkow von dieſem allerliebſten Kammermädchen ferner ſagt, daſs ſie die Fäden der Intrigue in der Hand hält und zur Entlarvung des Scheinheiligen am meiſten beiträgt, ſo verwechſelt er die Rolle der Dorine mit der Elmirens. Elmire zettelt die Intrigue gegen Tartuffe an und Elmire entlarvt ihn in der berühmten und wichtigen *Tiſchſcene*, der gleichzeitig genial gewagteſten und künſtleriſch vollendetſten des ganzen Stückes **). Dieſen letzteren bedeutungsvollen, unübertroffenen Auftritt ſcheint Herr Gutzkow gar nicht zu kennen; er wird, obwohl er unſtreitig das wichtigſte Moment des Stückes bildet und über das Wohl und Wehe des Tartuffe entſcheidet, im »Urbild« nicht einmal erwähnt!! Dahingegen

---

*) Tartuffe, III. Act 2. Scene.
**) IV. Act 3. und 5. Scene.

kennt er die Tuchfcene., wie gefagt, fehr genau, fo genau, dafs er je nach Bedarf Dorine und Elmire darin auftreten läfst — o dramatifche Licenz!

IV.

Dafs Herr Gutzkow Molières Werke nicht kennt, könnten böfe Zungen wohl am einfachften daher erklären, dafs er mit der franzöfifchen Sprache felbft auf gefpanntem Fufse lebt. Im »Urbild« find feine etymologifchen und fprachlichen Forfchungen allerdings befremdlicher Natur.

Wir haben bereits gefehen, dafs er die Bedeutung des Wortes *huiffier* nicht kannte, einen Parlamentsrath mit diefer niedrigen Subaltern-Beamtenftelle beehrt und einen Gerichtsdiener zum Vertreter der Notare und Advocaten macht — weil er eben ein *huiffier!*

Den Namen des Apothekers im »Kranken in der Einbildung«, Monfieur Fleurant, leitet er von »*fleurir, blühen*« ab, »der Blühende, weil Aerzte und Apotheker zufammen blühen und gedeihen, wenn die Kranken zu Grunde gehen.*)

Sehr geiftreich, nur fchade, dafs das Particip von *fleurir*, nicht *fleurant*, fondern *fleuriffant*, bildlich *floriffant* lautet. Näheres befagt Ahn's »Franzöfifche Grammatik für die reifere Jugend«. Dahingegen giebt es ein Verbum *fleurer*, Part. Präf. *fleurant*, welches »*riechen, duften*« bedeutet und für den nach pharmaceutifchem — und anderm Balfam duftenden Apotheker fehr wohl pafst.

Nur mangelnde Sprachkenntnifs kann bei einem fo geiftreichen Mann wie Gutzkow das folgende Mifverftänd-

---

*) Urb. d. Tart. II. Act, 6. Auftr.

nifs erklären! Die Auftrittsfcene des Tartuffe wird von Madeleine Béjart im »Urbild des Tartuffe«*) folgendermafsen gefchildert: »Jetzt erblickt der Scheinheilige mich, er fährt mich an, weidet fich dann aber an meiner Schönheit ..... Was will Sie? fragt der Scheinheilige. *Ich ſtottere, und meine Verwirrung benutzend*, zieht er fein Tafchentuch«.

Sehen wir uns die Scene im Original an. Tartuffe III. Act, 2. Scene.

Tartuffe.

Que voulez-vous?

Dorine.

Vous dire ...

Tartuffe (tirant un mouchoir de ſa poche).

Ah! mon Dieu! je vous prie ...

u. f. w.

Das »*Vous dire*« der Dorine hält Herr Gutzkow für ein ängſtliches Stottern für Befangenheit!! Er merkt nicht, dafs Tartuffe die Dienſtmagd gar nicht zu Worte kommen laffen, dafs er fie, fobald fie den Mund aufgethan, unterbrechen will. Er ſtellt fich Dorine fchüchtern vor, als armes unfchuldiges Ding, dafs die Worte nicht finden kann, in *Verwirrung* geräth und *ſtottert!* Hätte Herr Gutzkow nur *vier* Verfe weiter gelefen, fo würde er bald gefehen haben, dafs Dorine weder *verwirrt* iſt, noch *ſtottert*, denn unmittelbar darauf läfst fie ihrem Redeflufs in oben erwähnter Weife freien Lauf. Die Tirade: »Sie fcheinen ja fehr empfänglich für die Verfuchung zu fein«, die ich eben zur Charakteriſtik der Dorine überfetzte, folgt unmittelbar auf

---

*) I. Act, 5. Auftr.

diefes angebliche »Stottern«, auf diefe vermeintliche »Verwirrung«.

Den Namen »*Tartuffe*« leitet Herr Gutzkow von den kleinen Trüffeln, Tartuffes ab. Von allen Etymologien, die über diefen Namen aufgeftellt find, ift diefe unftreitig die wenigft logifche. Philarete Chasles fagt geradezu: *Abfurde etymologie!* Einen Scheinheiligen mit den Trüffeln in Zufammenhang zu bringen, ift in der That keine Kleinigkeit. Uebrigens mufs füglich bemerkt werden, dafs nicht Herr Gutzkow die Verantwortlichkeit für diefen Nonfens zu tragen hat, es ift ein alter Irrthum. Viel vernünftiger ift fchon die Herleitung von den deutfchen »*der Teufel*«, elfäffifch »*tarteiffle*«, am meiften Wahrfcheinlichkeit hat aber die Etymologie von *truffer*, täufchen, *tra-truffer*, *fehr* täufchen *(tra* bedeutet die Verftärkung) woraus aus euphonifchen Rückfichten fchliefslich *tartuffer* und *tartuffe* entftanden wäre. *Tartuffe* würde demnach fo viel bedeuten, wie Erzfchelm, Erzbetrüger.

Bevor ich auf den nächften Abfchnitt meiner Arbeit übergehe, will ich hier noch ganz kurz einige Irrthümer in der Gutzkow'fchen Komödie abfertigen. Alles das find Kleinigkeiten, aber der Appetit kommt beim Effen; ich will den Augiasftall bis auf den Grund reinigen. Herr Gutzkow macht mir die Arbeit leicht.

Im Gutzkow'fchen Stücke darf

I. der König den Tartuffe im Jahre 1667 noch nicht kennen;
II. mufs der König der erften Vorftellung des Tartuffe beiwohnen;
III. mufs Molière noch unverheirathet fein;
IV. mufs Molière die Rolle des Tartuffe fpielen.

Deise vier Puncte bilden die Hauptmomente der Gutzkow'fchen Handlung; fie find die Säulen des ganzen dramatifchen Baues, fehlt auch nur Einer, fo ftürzt die ganze Gefchichte zufammen. Diefe vier Puncte find aber hiftorifch vollkommen unrichtig. Denn in Wahrheit kannte

I. der König den Tartuffe bereits feit dem Jahre 1664 ganz genau;

II. war der König, als der Tartuffe zum erften Mal in Paris gegeben wurde, gar nicht in feiner Hauptftadt; er befand fich im Lager vor der Stadt Lille, wo ihm die Bittfchrift wegen Wiederaufnahme des Tartuffe von zwei Molière'fchen Schaufpielern überreicht wurde. Man hat fogar behauptet, dafs der erfte Präfident, der zu der Annahme berechtigt fein konnte, Molière habe von der Abwefenheit des Königs profitiren wollen und gerade diefen Zeitpunct zur erften Aufführung feiner Komödie gewählt, aus *diefem* Grunde den Tartuffe verboten habe;

III. trug Molière im Jahre 1667 bereits feit fünf qualvollen Jahren das graufame Joch feiner unglücklichen Ehe mit Armande;

IV. hat Molière in feinem Leben niemals den Tartuffe gefpielt und ihn auch niemals fpielen können, da fich diefe Rolle mit dem ausgezeichneten, aber fpecififch komifchen Darftellungstalente des grofsen Poeten und Komödianten nicht vertrug. In tragifchen Rollen wurde Molière ftets ausgelacht. *Don Garcie de Navarre*, das einzige Molièrefche Stück, welches entfchieden Fiasco machte, verdankte fein Mifsgefchick zum grofsen Theile dem unglückfeligen Spiele des immer komifchen Molière. In den pathetifchen Stellen des »*Mifanthrope*« erregte er die Heiterkeit des Parterres; deshalb machte auch der *Mifanthrope*, fo lange Molière die Titelrolle ausfüllte, nur wenig Glück. Der

Tartuffe wird bekanntlich im 4. Acte hochtragifch*). Molière durch trübe Erfahrungen belehrt, konnte nicht die Abficht haben, in dies Wespenneft feine Hand zu ftécken. Der fchwache komifche Alte, der gefoppte guthmüthige Orgon, das war Molières Fach und diefe Rolle hat er auch gefpielt. Du Croify fpielte den Tartuffe.

Alles, was ich bis jetzt gefagt habe, ift nur ein Präludium zu der Jubelouvertüre, die wir jetzt anftimmen wollen. Alles Vorftehende mag auf Rechnung der dramatifchen Licenz gefetzt, mag enfchuldigt werden; aber kein Gott wird es Herrn Gutzkow verzeihen, dafs er zwei Ehrenmänner auf das gröblichfte infultirt, auf das unverantwortlichfte mifshandelt hat. Ich meine den Präfidenten Lamoignon und den Dichter Chapelle.

V.

Lamoignon ift nach Gutzkow das »Urbild des Tartuffe«, d. h. der infame Erbfchleicher, der Wollüftling, der Heuchler, der Verräther, der Menfch, der äufserlich fromm und innerlich ein Fuchs ift, der fich in die Familien eindrängt, mit Wohlthaten überfchüttet wird, die Gattin verführen und die Tochter heirathen will — alles das ift, nach Gutzkow, der Präfident Lamoignon.

Der Präfident Lamoignon ift keine dichterifche Fiction; er hat gelebt und fein Andenken wird in den Werken eines der gröfsten Dichter feiner Zeit ewig fortleben, wenn auch fein Name und feine Familie erlofchen ift. Nur diefem Umftande ift es zuzufchreiben, dafs fich bis jetzt, wenig-

---

*) *C'eſt à vous d'en ſortir, vous qui parlez en maître!* etc.

ſtens meines Wiſſens, keine Stimme gegen die gehäſſige Traveſtirung, die Gutzkow an dieſem ehrenhaften Charakter vorgenommen, erhoben hat.*)

Der Präſident Lamoignon wàr aber nicht nur nicht die erbärmliche Creatur, die die leichtfertige Unkenntniſs eines deutſchen Dichters aus ihm gemacht hat; er war als unbeſcholtener Ehrenmann weit und breit bekannt, von allen groſsen Geiſtern ſeiner Zeit, von Boileau, Racine und Molière, hoch in Ehren gehalten.

Um Herrn Gutzkow völlig zu beſchämen, will ich nach einem Nachſchlagebuche, nach der allerunverfänglichſten und einfachſten Quelle, nach Bouillet's »*Dictionnaire d'histoire*« berichten, was für ein Mann Lamoignon in Wirklichkeit geweſen, »der Tartuffe, ſo wie er gewöhnlich auf der Bühne geſpielt wird« ſagt Gutzkow:

»*Guillaume de Lamoignon*, erſter Präſident am Pariſer Parlament, berühmt durch ſein Wiſſen und ſeine Tugenden, geboren 1617, geſtorben 1677, war der Sohn eines Parlamentspräſidenten. Er war ſucceſſive Parlamentsrath (1635), Requêtenmeiſter (1644), erſter Präſident (1658). Als Ludwig XIV. ihm dieſe Ernennung anzeigte, richtete er an ihn die folgenden, berühmt gewordenen Worte:

»Wenn ich einen gröſseren Biedermann, einen würdigeren Unterthan gekannt hätte, würde ich ihn gewählt haben.« *(Si j'avais connu un plus homme de bien, un plus digne ſujet, je l'aurais choiſi.)* Er wollte der Commiſſion,

---

*) Ich erinnere daran, daſs ich auch dieſen Abſchnitt meiner Arbeit unverändert, wie er im Jahre 1861 geſchrieben wurde, ſtehen laſſe. Der Leſer wird aus dem jetzt hinzugeſetzten letzten Abſchnitt erſehen, wie Herr Gutzkow, auf dieſen Fehltritt aufmerkſam gemacht, die Sache einigermaſsen zu redreſſiren verſucht haben will.

welche über Fouquet zu richten hatte, nicht präsidiren, weil er sich mit diesem seit einiger Zeit überworfen hatte.« Soweit Bouillet, der nüchterne correcte Biograph.

Es giebt aber noch einen andern Mann, der über Lamoignon gesprochen, und ein Autor, der über Molières Zeit geschrieben und Lamoignon als handelnde Person vorführt, sollte dies wissen, denn es ist kein geringerer als Nicolas Boileau-Despréaux. In der Vorrede zu seinem berühmten »Lutrin« heißt es u. A.: «Ich will nicht erzählen, wie ich dazu veranlaßt wurde, diese Bagatelle zu verfassen, auf eine mir im Spaße gewordene Herausforderung seitens des Herrn ersten Präsidenten Lamoignon, den ich unter dem Namen Ariste geschildert habe. Meiner Meinung nach hat dies Detail keine große Bedeutung. Aber ich würde ein zu großes Unrecht gegen mich selbst begehen, wenn ich diese Gelegenheit vorübergehen ließe, ohne Diejenigen, die es noch nicht wissen, davon in Kenntniß zu setzen, daß mich dieser große Mann Zeit seines Lebens mit seiner Freundschaft beehrte. Als meine Satiren am meisten von sich reden machten, lernte ich ihn kennen, und der freundliche Zutritt, den er mir zu seinem berühmten Hause gewährte, vertheidigte mich siegreich wider alle diejenigen, welche mich damals der Ausschweifung und eines unmoralischen Lebenswandels zeihen wollten. Es war ein Mann von außerordentlichem Wissen und ein leidenschaftlicher Verehrer aller guten Bücher des Alterthums; gerade deshalb fand er an meinen Schriften, in welchen er eine gewisse Vorliebe für die Alten zu erblicken glaubte, einiges Wohlbehagen. Da seine Frömmigkeit aufrichtig war, war sie auch heiter und hatte nichts Lästiges an sich. Der Name »Satiren«, den meine Schriften führten, schreckte ihn nicht zurück und er sah auch nichts anderes darin, als Angriffe auf Verse und Autoren. Mehrfach belobte er mich sogar, diese Art von Dichtung von dem Schmutze, der sie bis dahin behaftet hatte, sozusagen gereinigt zu haben. Ich hatte auf diese Weise das Glück, ihm nicht mifsfällig zu erscheinen. Er lud mich zu allen seinen Vergnügungen und zu allen seinen Zerstreuungen, d. h. zu seiner Lectüre und zu seinen Spaziergängen. Bisweilen begünstigte er mich sogar mit seinem innigsten Vertrauen und erschlofs mir sein ganzes Herz. Und was erblickte ich nicht darin! Welch überraschender Schatz an Rechtlichkeit und Gerechtigkeit! welch unerschöpfliche Quelle frommer Inbrunst! Obgleich seine Tugend auch nach aufsen einen starken Lichtstrahl warf, im Innern sah es noch ganz anders aus; und man sah, wie er sorgsam darauf bedacht war, diese Strahlen zu mildern, um nicht die Augen eines so verderbten Jahrhunderts, wie des unserigen, zu verletzen. So bewundernswerthe Eigenschaften entzückten mich aufrichtig, und wenn er mir grofses Wohlwollen zeigte, so war auch ich ihm ganz und gar ergeben ..... Er starb zu einer Zeit, da diese Freundschaft ihren Gipfelpunct erreicht hatte und die Erinnerung an diesen Verlust betrübt mich noch täglich. Weshalb müssen Männer, die des Lebens so würdig sind, so frühe sterben, wenn Schurken und Wichte zu steinalten Männern werden? Ich will mich über einen so traurigen Gegenstand nicht weiter auslassen, denn ich fühle wohl, dafs ich, wollte ich fortfahren, nicht behindern könnte, die Vorrede zu einem lustigen Schwanke mit Thränen zu benetzen.«

Aus diesem Lamoignon, aus diesem gröfsten Ehrenmanne seiner Zeit, macht Gutzkow die Abscheu erregende dramatische Fratze, der wir im »Urbild des Tartüffe« begegnen! Und Gutzkow wagt es, von den »Tafeln der Gefchichte« zu fprechen, auf die er diefe Caricatur, der ich kein Prädicat beilegen mag, zeichnen will. Er wagt es, *feinem* Lamoignon die Worte in den Mund zu legen: »Ich bin verurtheilt, rücklings auf die Nachwelt zu kommen und noch das Zwerchfell der fpäteften Jahrhunderte zu kitzeln«*). Ja freilich ift er verurtheilt; verurtheilt von der graufamften, brutalften Gewalt, von der Ignoranz, gegen die Götter felbft vergeblich kämpfen.

Aber gegen eine folche Verurtheilung darf man appelliren — und deshalb habe ich diefe Zeilen gefchrieben. Ich habe mir feft vorgenommen, den Ton des Pamphlets zu vermeiden, nicht mit Schmähungen, fondern mit Thatfachen, die laut genug reden, aufzutreten. Wenn trotzdem mein Bericht an einigen Stellen eine gewiffe Erregtheit verrathen follte, ift es wahrlich nicht meine Schuld.

Einer folchen monftröfen Entftellung der Gefchichte gegenüber mufs man fich fragen, was Gutzkow dazu veranlafst haben kann, das reine Angedenken eines todten Ehrenmannes zu fchwärzen, einen tugendhaften Namen zu entweihen?

Was Gutzkow dazu veranlafst hat? Ein fchlechter Witz! Eine alberne Anekdote mit einem abgefchmackten Wortfpiel! Das mag unglaublich klingen, aber dem ift fo. Man höre:

Der Tartuffe wurde am 6. Auguft, dem Morgen nach der erften Aufführung, auf Befchlufs des Parifer Parlaments durch deffen Organ, den Präfidenten Lamoignon, verboten. Nun erzählen fich Leute, welche fchlechte Calembourgs der fchönen Wahrheit vorziehen, dafs am Abend des 7. Auguft, in dem Augenblicke, wo der Vorhang über dem Eintritt der Madame Pernelle im

---

*) Urb. des Tart. V. Act, letzter Auftritt.

Tartuffe aufgehen follte, Molière auf den Brettern erfchienen wäre und nach den üblichen drei Grüfsen das Parterre in folgender Weife angeredet hätte: »*Meffieurs, nous comptions avoir l'honneur de vous donner la feconde réprefentation du Tartuffe, mais Mr. le premier préfident ne veut pas qu'on le joue*« — wo fich das »*le*« natürlich fowohl auf den Präfidenten, wie auf Tartuffe beziehen würde.

Gott weifs, unter welchen »Vermifchten Nachrichten« Herr Gutzkow diefe Anekdote gefunden hat; kurz, er hat Kenntnifs davon erlangt und ohne fich nach dem Sachverhalte zu erkundigen, daraus gefchloffen, dafs Lamoignon das Urbild des Tartuffe fein müffe.

»Lamoignon?« fagt die Molière fein follende Perfönlichkeit in dem Gutzkow'fchen Luftfpiel: »Ja! jetzt entfcheid' es fich! An Ihren Kerker, Matthieu, an den Vorhang, ja auf die Tafeln der Gefchichte werd' ich zum Beginn des Kampfes heut Abend das Wortfpiel fchreiben: Parifer, ich hab' Euch den Tartuffe aufführen wollen, aber der Präfident Lamoignon will nicht, dafs man *ihn* auf die Bühne bringt!«*)

Sorglofigkeit kennzeichnet die Poetennaturen. Gutzkow hätte aber, bevor er es unternahm, das mühfam aufgerichtete Gebäude eines guten Rufes mit einem Fauftfchlage zu zertrümmern, weifer daran gethan, etwas weniger poetifche Sorglofigkeit und etwas mehr nüchterne Gründlichkeit zu zeigen. Nichts ift achtunggebietender, als der weifse Marmor eines Grabes.

Ohne Schwierigkeiten hätte Herr Gutzkow erfahren können, dafs Molière niemals den ihm zugefchriebenen Ausfpruch gethan hat und dafs überhaupt ein folches Wort-

---

*) Urbild des Tart. III. Act, letzte Scene.

fpiel niemals einem Manne wie Lamoignon gegenüber irgend welche Wahrfcheinlichkeit haben konnte. Tafchereau, der vortreffliche Molière-Commentator, hat in feiner »*hiſtoire de la vie et des ouvrages de Molière*«*) fogar nachgewiefen, dafs die beregte Anekdote nichts anderes iſt, als die fade Copie einer älteren. »Wir find berechtigt anzunehmen«, fagt er in feinem ausgezeichneten Werke über Molière, »dafs der obfcure Winkelfchreiber, der Molière diefes Pasquills befchuldigte, nicht einmal das freilich ziemlich traurige Verdienſt der Erfindung in Anfpruch nehmen durfte.« Und er beruft fich nun auf folgende, der Ménagiana**) entlehnte Anekdote, die offenbar die Idee und die Pointe zu derjenigen gegeben, in welcher die Verleumdung Molière und Lamoignon figuriren zu laſſen beliebt hat: »Man hatte in Madrid eine Komödie auf den Alkaden gefchrieben und er fetzte es durch, dafs diefelbe verboten wurde. Nun gelang es aber den zahlreichen Freunden, welche die Schaufpieler am Hofe hatten, dies Verbot aufzuheben, und als am Vorabend der erſten Aufführung diefer Komödie der mit dem Annonciren der nächſten Vorſtellung betraute Schaufpieler vor das Publicum trat, fagte er zum Parterre: »Meine Herren! Der »*Richter*« — dies war der Titel des verbotenen und wieder freigegebenen Stücks — »der Richter hatte mit einigen Schwierigkeiten zu kämpfen. Der Alkade wollte nicht, dafs man *ihn* dem Publicum vorführe, aber Se. Majeſtät hat endlich eingewilligt, dafs man ihn auf die Bühne bringe.«

Diefe von Menage erzählte Anekdote giebt vielleicht

---

*) Paris. Hetzel. 1. Auflage 1825.
**) *Ménagiana*. Ausgabe von 1715 IV. Bd. S. 173 u. 174.

Herrn Gutzkow einen nützlichen Wink, wie er feine Komödie retten kann, ohne dabei fein literarifches Gewiffen mit einer grofsen Schuld belaftet zu wiffen. Auf Frankreich pafst das Stück nicht, es wimmelt von Unrichtigkeiten und enthält aufser einem einzigen hiftorifch wahren Momente und einigen hiftorifchen Namen abfolut nichts hiftorifch Richtiges. Nun, fo möchte ich ihm vorfchlagen, feine »Handlung« nach Spanien zu verlegen, in eine unbeftimmte Zeit, aus Molière einen Don Paez oder Don Silva, aus Madeleine Béjart eine beliebige Donna Elvira oder Marcelina zu machen, ich möchte ihm anrathen, auf die Ehre, ein Luftfpiel auf hiftorifcher Grundlage gefchrieben zu haben, ein- für allemal zu verzichten. Er mache aus feinem »Urbild« ein tendenziöfes Phantafieftück und wir wollen ihm lauten Beifall zurufen; aber er laffe Molière, Lamoignon, Chapelle und die Béjarts aus dem Spiele, denn fo lange das Gutzkow'fche Luftfpiel mit bekannten Factoren rechnet und auf franzöfifchem Boden fpielt, wird es einem jeden vernünftigen Menfchen, gelinde gefagt, fpanifch vorkommen.

Die Beantwortung der Frage, wer das Urbild des Tartuffe gewefen fein mag, gehört eigentlich nicht mehr in den Rahmen diefer Arbeit. Ich habe nur nachweifen wollen, dafs der Präfident Lamoignon durch unverantwortliche Leichfertigkeit in Deutfchland zu diefer Schande gekommen ift. Für Leute, die fich an dergleichen immer fehr bedenklichen Nachforfchungen befonders intereffiren, fei erwähnt, dafs die Tradition den Abbé de Roquette als diejenige Perfon bezeichnet, welche Molière bei Abfaffung des Tartuffe befonders vor Augen gehabt habe.

In Tafchereaus Commentaren finden fich folgende Aeufserungen, die zu diefer Annahme berechtigen könnten:

In einem Briefe, welchen J. B. Rouffeau an Broffette richtete, heifst es: »die Gefchichte des Tartuffe habe fich im Salon der Herzogin von Longueville zugetragen«. Der Abbé de Choify berichtet bezeichnender, »dafs Molière bei der Zeichnung feines Tartuffe den Abbé de Roquette habe treffen wollen«, fpäteren Bifchof von Autun, der zu den eifrigften Verehrern der Frau Herzogin von Longueville gehörte. Es ift derfelbe Menfch, auf den fich nachftehendes, Boileau zugefchriebenes Epigramm bezieht:

> *On dit que l'abbé Roquette*
> *P'rêche les sermons d'autrui.*
> *Moi qui fais qu'il les achète,*
> *Je foutiens qu'ils font à lui.*

Madame de Sevigné, die von allen Klatfchgefchichten ihrer Zeit zu erzählen weifs, giebt zwar keinen directen Auffchlufs über den in Rede ftehenden Vorfall, aber fie kennt die Gefchichte und beftätigt die Angaben des Abbé de Choify vollkommen, wenn fie fchreibt: »Wir haben bei dem hochehrwürdigen Herrn Bifchof von Autun fpeifen müffen. *Le pauvre homme!* — «

»*Le pauvre homme*« ift bei Molière bekanntlich der Tartuffe felbft.*)

Bis auf den heutigen Tag hat fich die Tradition bewahrt; als Beweis wird folgendes Quatrain von Chénier gelten:

> *De Roquette en fon temps, Talleyrand dans le nôtre*
> *Furent tous deux prélats d'Autun.*
> *Tartuffe eft le portrait de l'un,*
> *Ah! fi Molière eût connu l'autre!***)

---

*) Orgons Auftritt. Tartuffe 1. Act, Scene 5.
**) Tafchereau: *Hiftoire de Molière.*

Hiermit genug. Es genügt mir, nachgewiefen zu haben, dafs Molière, als er die gefährliche Species der Heuchler im Tartuffe auf die Bühne brachte, wenn feinem Geifte wirklich eine befondere Perfon vorfchwebte, an den Präfidenten Lamoignon nicht gedacht haben kann. Dem Lefer überlaffe ich es, Gutzkows blinden Eifer gebührlich zu beurtheilen.

VI.

Weniger fchändend, aber injuriös genug ift die Traveftirung, die Gutzkows phantaftifche Leichtfertigkeit an den Manen des liebenswürdigen Dichters Chapelle vorgenommen hat.

In der »kurzen Charakteriftik«, welche Gutzkow zur Orientirung dem »Urbilde des Tartuffe« vorangefchickt hat, wird die Rolle des Chapelle in folgender Weife gekennzeichnet: »Trockene, paffive Komik, ein hölzernes Ausrufungszeichen. Nicht ohne Verftand, aber dumm geworden durch Einbildung«. Im Stücke felbft wird Chapelle als Prachtausgabe akademifcher Befchränktheit, als erbitterter Feind Molières, als fader, langweiliger, zopfhafter, geiftlofer Perrückenftock gefchildert, der fich als Rivalen Molières betrachtet, der behauptet, Molière ftehle ihm feine Ideen etc. Auch er fchliefst fich der Deputation an, welche den König um das Verbot des Tartuffe erfucht.

Chapelle war in Wahrheit genau das Gegentheil. Wenn ich als Gymnafiaft einen Auffatz über Chapelle hätte fchreiben follen, fo würde ich den Brockhaus zur Hand genommen haben, denn von einem Gymnafiaften darf man nicht verlangen, dafs er den luftigen Chapelle aus feinen

Werken kennt. Ich würde alfo »Brockhaus' Converfationslexikon« aufgefchlagen und dafelbft, in der 10. Auflage viertem Bande, Seite 32, die folgende nach Bouillet bearbeitete Notiz gefunden haben, welche ich zum Frommen hülfsbedürftiger Literaten hier copire.

»*Chapelle*, eigentlich Claude Emmanuel Lhuillier, einer der liebenswürdigften und anmuthigften franzöfifchen Dichter war 1626 in dem Flecken La Chapelle bei Paris geboren, nach welchem er fich nannte. Die Freiheit und Leichtigkeit feines Geiftes und die Fröhlichkeit feines Charakters erwarben ihm die Freundfchaft der ausgezeichnetften und gebildetften feiner Zeitgenoffen, wie Racines, Boileaus, Molières, Lafontaines u. A. Seine Erzeugniffe tragen durchweg das Gepräge feines Charakters: Freiheit, Munterkeit und Witz. In einem bewunderungswürdigen Grade befafs er das Talent, über ein Nichts geiftreich zu fprechen. Er ftarb 12. September 1686. Seine mit Bachaumont gemeinfchaftlich gefchriebene: *Rélation d'un voyage en France* (1662) ift das erfte Mufter der leichten, lieblichen Dichtungsart. Auch fchrieb er viel muntere Lieder, Sonette und Epifteln«.

So der getreue Brockhaus. Man braucht kein Converfationslexikon zu fein, aber von einem Gegenftande, den man behandelt, mufs man füglich zum mindeften ebenfo viel wiffen, wie ein Converfationslexikon.

Geht hieraus fchon hervor, dafs fich Herr Gutzkow über die Perfönlichkeit Chapelles im Grofsen und Ganzen vollkommen täufcht, fo will ich jetzt zeigen, wie doppelt und dreifach unglücklich es war, *Chapelle in feinen Beziehungen zu Molière* in das unwürdige Licht der Lächerlichkeit zu ftellen.

Chapelle war Zeit feines Lebens der befte, treuefte Freund, den Molière befeffen. Molière und Chapelle find die Kaftor und Pollux der franzöfifchen Dichtung; zwei Jugendfreunde, die fich als Männer fchätzten und liebten und deren rührende Freundfchaft bis in den Tod auch nicht durch ein Wölkchen getrübt wurde.

Gleichzeitig und zufammen wurden Molière und Chapelle bei ihrem grofsen Lehrer Gaffendi in der forglos glücklichen Philofophie diefes jovialen Epikuräers ausgebildet und »niemals — fagt Voltaire —*) hatte ein berühmterer Lehrer würdigere Schüler«.

Und als fich Molière fpäter in Folge feiner unglücklichen Ehe in jener fürchterlichen Geifteszerrüttung befand, in der er den »*Mifanthrope*« niederfchrieb, wem erfchlofs er da fein gemartertes Herz? Seinem treuen Freunde Chapelle**) »*homme digne de l'amitié de Molière*«, fagt Tafcherau. Chapelle war es, der den gemüthlichen Plaudereien im Molière'fchen Landhaufe von Auteuil »durch feine witzigen Einfälle und feinen anakreontifchen Humor«***) die rechte Würze gab. Und nach der ewigen Schmach für Frankreich, als dem edlen, todten Molière die Beftattung in geweihter Erde verweigert ward, welche Stimme war es, die fich in heiliger Entrüftung für die Manen des unfterblichen Dichters erhob? Es war Chapelle, als er ausrief:

*Puisqu'à Paris on dénie
La terre après le trépas*

---

*) *Vie de Molière*, von *Voltaire*, in der Didot'fchen Ausgabe von Molières Werken, I. Band, Seite VI.

**) *La fameufe comédienne*.

***) *Hiftoire de la vie de Molière*. S. 89.

A ceux qui, pendant leur vie,
Ont joué la comédie,
Pourquoi ne jette-t-on pas
Les bigots à la voirie?
Ils font dans le même cas!)

Der Tod Molières machte auf Chapelle einen erfchütternden Eindruck. Er glaubte »allen Troft, alle Hülfe für immer verloren zu haben und war fo niedergefchlagen und bekümmert, dafs man kaum zu hoffen wagte, er würde den Tod feines Freundes überleben.« **)

Das ift Chapelle, der Gutzkow'fche Kabalenfchmied! Molières lächerlicher Rival, trocken, dumm geworden, ein hölzernes Ausrufungszeichen. — *Steterunt comae!* Chapelle war nicht trocken, nicht hölzern, er war ein luftiger Zechcumpan, er trank fehr gern und fehr viel, theilte die Anficht derer, die da behaupten:

»Zu viel kann man wohl trinken,
Doch trinkt man nie genug!«

und er machte gern, felbft auf Koften feiner guten Freunde, fchlechte Witze.***) Das waren feine einzigen Fehler. Aber mitten in feinem ungeregelten Vagabundenleben bewahrte er unverfehrt einen vorzüglichen Geift und ein gutes Freundfchaftsherz. Er liebte Molière, wie Molière geliebt zu werden verdiente; Molière erftattete ihm Gleiches mit

---

*) Laun überfetzt:
»Wollt jedem ihr ein ehrlich Grab verfagen
Der Komödiant, fo lang er lebte, war,
Müfst ihr den Frömmler auch zum Anger tragen
Auf ihn pafst eure Regel ganz und gar«.
Laun fchreibt dies Epitaph irrigerweife Lafontaine zu.
**) *Grimareft. La vie de Mr. de Molière.* Paris 1705. S. 295.
***) *Vie de Chapelle par Saint-Marc* p. lxvij.

Gleichem zurück und im »Menfchenfeind«, wo er feine ganze Häuslichkeit auf die Bühne brachte, durfte auch der gute Chapelle nicht fehlen. Philint, der leichtfinnige Philofoph, der treue ergebene Freund des Menfchenhaffers Alceft, ift eben kein anderer als Chapelle.*)

Gutzkow hat in der Rolle des Chapelle *auch nicht ein einziges Wort gefagt*, welches mit einer Ahnung von Wahrfcheinlichkeit auf Chapelle bezogen werden könnte, auf diefen guten, liebenswürdigen, leichtfinnigen Dichter, der niemals irgend welche Tragödie verbrochen, und auch niemals irgend einer Akademie angehört hat, deffenungeachtet aber im Gutzkow als »Vertreter der Akademie« fungirt!!

Mit rechten Dingen kann das nicht zugegangen fein, und da ich mir dergleichen Abfonderlichkeiten gern zu erklären fuche, habe ich meinen Scharffinn fehr angeftrengt und bin auf die unerhörte, aber begründete Vermuthung gerathen, *dafs Herr Gutzkow Chapelle mit Chapelain*, den poetifchen Epikuräer mit dem pedantifchen, langweilig falbadernden Akademiker *verwechfelt habe!!!*

Man mache mir nicht den Vorwurf, dafs ich Herrn Gutzkow willkürliche Abfurditäten andichte, nur um mit defto gröfserer Bequemlichkeit und Nonchalance meinen Kritifirgelüftchen' Genugthuung zu verfchaffen. Nichts liegt mir ferner als das, und wenn ich eben von einer »Vermuthung« fprach, fo ift dies eitel Höflichkeit, die der befcheidene junge Schriftfteller dem längft berühmten Dichter fchuldet. Ich vermuthe nicht nur, dafs Herr Gutz-

---

*) *Philarète Chasles'* Commentare zu Molières Werken III. Bd. S. 117.

kow Chapelle mit Chapelain verwechſelt habe, ich bin
deſſen gewiſs, und zwar aus folgenden Gründen: Chapelain war der lächerliche Rival des groſsen Molière, Chapelain wurde ſeines ſchwülſtigen, blumenreichen Stiles wegen
die Zielſcheibe des Molière-Boileau'ſchen Sarkasmus,
Chapelain war eines der erſten Mitglieder der Akademie.
— Und wie wird Chapelle von Gutzkow charakteriſirt?
*»Trockene paſſive Komik, ein langes hölzernes Ausrufungs-
zeichen«.* Mit dieſer Charakteriſtik vergleiche man folgendes Epigramm, welches von Racine und Boileau gemein-
ſchaftlich auf den unſterblich lächerlichen Chapelain gedichtet wurde:

> *Froid, ſec, dur, rude auteur, digne object de ſatire*
> *De ne ſavoir pas lire oſes-tu me blâmer?*
> *Hélas! pour mes péchés, je n'ai que trop ſu lire*
> *Depuis que tu fais imprimer!*

Daſs das »Trockene«, »Hölzerne«, »Paſſive« und
»Lange« des Gutzkow'ſchen Chapelle eine wortgetreue
Ueberſetzung von dem »*Froid*«, »*Sec*«, »*Dur*«, »*Rude*« des
wahren Chapelain iſt, braucht nicht beſonders hervorgehoben zu werden, und wenn man unter ſolcher Be-
wandtniſs nur von »Vermuthungen« ſprechen darf, ſo giebt
es kein »*in flagranti*-Ertappen« mehr auf dieſer Welt. Die
Verwechſelung iſt eclatant, unleugbar, und ich glaube
nicht zu viel zu ſagen, einer der gröſsten literariſchen
Böcke, die je geſchoſſen ſind. Wenn ein Franzoſe Gutzkow
mit Goethe verwechſelte, weil beide Namen mit einem G.
anfangen, ſo würde man groſsen Lärm ſchlagen, und mit
Recht. Iſt es nicht ebenſo ungeheuerlich, wenn ein Deutſcher *Chapelle* mit *Chapelain* verwechſelt, weil dieſe Namen
mit denſelben Buchſtaben anfangen?

VII.

Bei den letzten Figuren, denen wir im Gutzkow'fchen Luftfpiele begegnen, will ich mich nicht lange aufhalten. Gutzkow ift auch hier feinem Principe, das Unterfte zu oberft und das Oberfte zu unterft zu kehren, getreu geblieben.

Madeleine und Armande Béjart macht er zu Schweftern, Armande zu der älteren. Armande war aber, wie neuerdings wiederum mit völliger Gewifsheit nachgewiefen ift, Madeleines Tochter. Die jüngere Schwefter Madeleine im Gutzkow'fchen Luftfpiel war alfo in Wahrheit die Mutter der Armande, welche im Gutzkow'fchen Luftfpiel die Functionen der älteren Schwefter verfieht. Dergleichen Anachronismen find felbft bei vorausgefetzter dramatifcher Licenz durchaus unftatthaft; und wenn Herr Gutzkow es auch verabfäumt hatte, über die in der That ziemlich verwickelten verwandtfchaftlichen Verhältniffe Armandes und Madeleines gründliche Nachforfchungen anzuftellen, fo hätte er doch wenigftens wiffen müffen, dafs nicht Armande die ältere, fondern dafs Armande im Jahre 1645, Madeleine aber bereits im Jahre 1620 das Licht der Welt erblickt hatte, dafs Madeleine mithin 25 lange Jahre älter war, als ihre (im Gutzkow'fchen Stücke ältere) Schwefter Armande.

Auch die Charakteriftik des intereffanten Gefchwifterpaares, oder der Mutter und Tochter Béjart, ift durchaus verfehlt.

Madeleine, bei Gutzkow »im Soubrettenton«, leicht, tändelnd, fchalkhaft und guter Dinge, war bekanntlich ein ehrgeiziges, herrfchfüchtiges, eiferfüchtiges, altjüngferlich verbiſſenes Weib, nicht das unerfahrene junge Ding, das juſt aus der Provinz kommt. Sie zählte im Jahre 1667 (Zeit der Gutzkow'ſchen Handlung) 47 Jahre und war zwei Jahre älter als Molière.

Armande, bei Gutzkow eine recht gewöhnliche erſte Liebhaberin, ohne auch nur einen Anflug von Originalität, dabei treu und ergeben, war in Wirklichkeit das intereſſanteſte, leichtſinnigſte, ſchändlichſte und reizendſte Frauenzimmer, das die Welt geſehen, eine Sirene, ein Ausbund von ſeltſamem Liebreiz;

> »Ob's ein Teufel oder Engel,
> Weifs ich nicht; genau bei Weibern
> Weifs man niemals, wo der Engel
> Aufhört und der Teufel anfängt«

ſo recht ein Charakter für einen wahren Bühnendichter, wie Gutzkow, wenn er ihn nur gekannt hätte

Molière endlich iſt ganz und gar verzeichnet. Alles, was Gutzkow über ihn zu ſagen weifs, iſt, dafs er einige Komödien geſchrieben und Armande geliebt habe. Das Hochtragiſche in dieſem traurig grofsen Komiker iſt kaum angedeutet. Ich will hier keine Charakteriſtik Molières ſchreiben, aber ein jeder mit der franzöſiſchen Literatur auch nur oberflächlich Vertraute wird eingeſtehen müſſen, dafs es kaum möglich war, einen Mann wie Molière, eine ſo alleinig daſtehende, in jeder Lebensphaſe intereſſante Erſcheinung, ſo in das Banale der »Helden und Liebhaber« ordinärſter Gattung herabzuziehen, wie dies dem Verfaſſer des »Urbildes« mit ſeinem »Molière« benannten Geſchöpfe gelungen iſt.

So bin ich denn an dem Ende meiner allzu langen Kritik glücklich angelangt, und, da es Sitte und Brauch iſt, am Schluſſe einer ſolchen Arbeit der langen Rede kurzen Sinn in wenige Worte zuſammenzufaſſen, ſchliefse ich mit folgender Recapitulation:

Ein berühmter deutſcher Schriftſteller, der über ein Meiſterwerk eines der gröfsten Dichter aller Zeiten eine Komödie geſchrieben, hat es nicht der Mühe für werth gehalten, das Meiſterwerk ſelbſt zu leſen. Was Gutzkow über die im Tartuffe auftretenden Perſonen (z. B. über Dorine), was er von der Handlung ſagt (dafs Tartuffe Orgons Gattin Elmire verführt habe) iſt durchaus unrichtig und kann ſelbſt von dem wohlwollendſten Richter aus nichts Anderem erklärt werden, als aus einer gänzlichen Unkenntnifs der Molière'ſchen Komödie.

Derſelbe berühmte deutſche Schriftſteller hat auch von den Perſonen, die er zu ſchildern wähnte, gar keine Ahnung gehabt, obgleich ihm nöthigenfalls Brockhaus den erforderlichen Beſcheid gern ertheilt hätte. Lamoignon wird bei ihm zum Schurken, Chapelle zum lächerlichen Feinde Molières, Molière nichtsſagend, die wankelmüthige, lüderliche Armande ein treues, liebendes Mädchen, die 47 Jahre alte, verbiſſene, böſe Madeleine ein achtzehnjähriges, roſenwangiges, liebes und naives Kind u. ſ. w.

Nun, ich behaupte, dafs ein berühmter deutſcher Schriftſteller eine ſehr geringe Meinung von ſeinem Publicum haben mufs, wenn er ſich einbildet, dafs eine geſchickte ſcenariſche Verkettung, ein bisweilen geiſtreicher, immer friſcher Stil und dafs der berühmte Name ſelbſt genüge, um ſolche Verſehen gutzuheiſſen. Es iſt Zeit, dafs auch wir anfangen, die Balken in unſern Augen zu bemerken, da uns die Splitter in den Augen der lieben Nachbarn ſo grofsen Verdrufs erregen. Es iſt Zeit, dafs wir uns und unſern Berühmtheiten die Faſchingsmaske einer angeblichen Gediegenheit und Gründlichkeit von der Stirn reifsen und unfere Schwächen mit derfelben Ruthe geifseln, mit der wir fo gern die Unarten einer leichtfertigen, freundnachbarlichen Nation züchtigen. Es ift endlich Zeit, dafs auch wir auf eine Herausforderung, wie fie Gutzkow dem gebildeten deutfchen Publicum mit feiner Komödie zugefchleudert hat, muthig hervortreten, dafs wir eine folche Verhöhnung nicht ruhig hinnehmen und ihm zeigen, dafs die Berühmtheit nicht das Privilegium befitzt, dem Publicum Sand in die Augen zu ftreuen, dafs wir, wenn es fein mufs, das Kind beim rechten Namen nennen und der Oberflächlichkeit, der Leichtfertigkeit und Keckheit ihren derben, ungefchminkten und ungefchwächten Ausdruck laffen können.

Nachfchrift.

Seitdem ich mit diefer feierlichen Peroration meine frühere Arbeit befchloffen, hat die Brockhaus'fche Verlagshandlung eine vollftändige, *neu umgearbeitete* Gefammtausgabe von »*Karl Gutzkows dramatifchen Werken*«, in 20 Bändchen zu 10 Ngr. herausgegeben. Jedem Bändchen ift, wie Herr Gutzkow in dem Profpectus anzeigte, eine Anmerkung beigefügt worden, welche fich mit dem Urfprunge und den Schickfalen des in ihm enthaltenen Stückes befchäftigt. Mit dem lebhafteften Intereffe öffnete ich das erfte Bändchen, in welchem zufälligerweife das angeblich »neu umgearbeitete« »Urbild des Tartuffe« dem Lefer vorgelegt wurde.

Ich fand in der That fchon im Perfonenverzeichnifs eine Veränderung, die unter den gegebenen Bedingungen eine Befferung fein mufste. Der Präfident Lamoignon hiefs nicht mehr Lamoignon, er hiefs La Roquette; Chapelle hatte aber leider feinen Namen beibehalten, Armande blieb leider die ältere, Madeleine die jüngere Schwefter, im Uebrigen leider keine Aenderung. Ich durchlas das Stück und bemerkte, dafs auch der Dialog, den ich übrigens durchaus unangefochten gelaffen, hier und da gefeilt und gefichtet war; aber — wiederum leider! — find die groben Verftöfse, die die erfte Auflage verunziert hatten, unverändert ftehen geblieben. Fleurant leitet noch immer feinen Namen von *fleurir* ab, Elmire hat ihr ftrafbares Verhältnifs mit dem Scheinheiligen beibehalten. Dorine ift nicht mehr »geiftreich«, fondern »*durchtrieben*«, geräth auch nicht mehr in Verwirrung, bleibt aber leider »allerliebft«, behält die Fäden der Intrigue in der Hand und trägt nach wie vor zur Entlarvung des Scheinheiligen »am allermeiften« bei. Die ungereimte Anekdote, die Gutzkow dazu veranlafst hatte, den Ehrenmann Lamoignon als Urbild des Tartuffe zu fchänden, ift ftehen geblieben, nur heifst es jetzt nicht mehr »der Präfident Lamoignon«, fondern der »Präfident La Roquette«. Das ift »die neu umgearbeitete« Ausgabe des alten »Urbild« und man wird begreifen, dafs die ganz geringfügigen, unwefentlichen Aenderungen, die Gutzkow vorgenommen, mich nicht dazu beftimmen konnten, das Schwert in die Scheide zu ftecken.

Die der neuen Ausgabe beigefügte »*Anmerkung*« enthält aber wiederum fo auffallende Sachen und ift wiederum fo ganz und gar darauf berechnet, dem flüchtigen Lefer zu imponiren, dafs ich es jetzt, mehr denn je, für eine literarifche Gewiffenspflicht halte, diefem Unfuge entgegenzutreten. Mir fteht kein Cliquen- und Coterienwefen zur Seite, aber ich habe die thatfächliche, mächtige Wahrheit für mich und harre getroſt einer etwaigen Widerlegung, wenn ein ſolcher Verſuch beliebt werden ſollte.

Gutzkow erzählt, wie das Luſtſpiel »das Urbild des Tartuffe«, welches im Sommer 1844 geſchrieben wurde, ſeine nächſte Veranlaſſung aus dem Geiſt und den Kämpfen der damaligen Zeit nahm. Allüberall waren die Bücher-, Zeitungs- und Dramenverbote an der Tagesordnung. Gutzkow fährt wörtlich fort: »Die hiſtoriſchen Thatſachen, die ich der ſomit erklärlichen Anwendung des *»facit indignatio verſum«* dieſem Luſtſpiel zu Grunde legte, machten, da die eigentliche Abſicht anderswo lag, keinen Anſpruch auf beſondere hiſtoriſche Treue.«

»Beſondere« hiſtoriſche Treue gefällt mir. Alſo die *indignatio*, die edle Entrüſtung ſoll als hoher Zweck niedrige Mittel heiligen können. Schöne Grundſätze, das! Von einem freiſinnigen Dichter, der den Jüngern Loyola's oft genug ſeine ſcharfen Zähne gezeigt, hätte man wahrlich etwas anderes erwarten dürfen: In der heiligen Entrüſtung ſoll es ſtatthaft ſein, wenn ich mich eines Ulbach'ſchen Ausdrucks bedienen darf, einen todten Ehrenmann aus dem Grabe herauszuziehen, um ihm vor ausgekauftem Haufe in's Geſicht zu ſpeien? Ich kann mir nicht denken, daſs Gutzkow der *indignatio* dieſe Gewalt zugeſteht, ich miſsverſtehe ihn jedenfalls, denn ich weiſs nicht, was die *indignatio* mit ſeinem unverzeihlichen Irrthum zu ſchaffen hat, ich begreife nicht, was er unter »beſonderer« hiſtoriſcher Treue verſteht, und muſs nur bedauern, daſs ein ſo tüchtiger Schriftſteller, der die Sprache vollkommen in ſeiner Gewalt hat, ſich über eine ſo wichtige Frage in ſo vieldeutiger, unklarer Weiſe ausgeſprochen habe.

Gutzkow fährt fort: »Noch war damals das Molière

zugeschriebene Wort: *Monsieur le président ne veut pas, qu'on le joue!«* nicht für apokryph erklärt worden.«

Ich bitte tausendmal um Entschuldigung. Im Jahre 1844 hatte Taschereau's *»Histoire de la vie et des ouvrages de Molière* bereits die *dritte* Auflage erlebt, die erste erschien im Jahre 1825, und in diefer »Geschichte Molières« hätte Herr Gutzkow Seite 122 und 123 im Texte und in den Anmerkungen Seite 252 ausführlich nachlesen können, dafs bereits damals, also lange bevor noch Herr Gutzkow in der *indignatio* das »Urbild des Tartuffe« niederschrieb, kein vernünftiger Mensch mehr an die Authenticität der beregten Anekdote glaubte. Die Ménagiana, welche einem spanischen Komödianten dieselben Worte zuschreibt, datirt vom Jahre 1715. Herr Gutzkow irrt sich also wiederum, wenn er behauptet, dafs im Jahre 1844 das *»qu'on le joue«* noch nicht für apokryph erklärt sei.

»Der Präsident, den Molière nun gemeint haben könnte«, sagt Gutzkow weiter, »war Guillaume de Lamoignon, der damalige Chef der ausübenden Gerechtigkeit in Frankreich. Diefer Name kommt in den erften Anfängen der französischen Revolution vor, wo ein Lamoignon Justizminister war, ein Achselträger; ich nahm den Urgrofsvater, wie ihn, als möglicherweise gewesen, jene Anekdote hinstellte.«

Anstatt eines ehrlichen, einfachen *Pater peccavi*, anstatt eines offenen, unumwundenen Eingeständnisses des begangenen schweren Irrthums, hat Herr Gutzkow es vorgezogen, sich gewissermafsen zu rechtfertigen, das Vergehen zu bemänteln, seinen Irrthum als ganz plausibel hinzustellen. Im Jahre 1787 war ein Justizminister Lamoignon ein »Achselträger«, weshalb sollte der Urgrofsvater, der erste Präsident Lamoignon, im Jahre 1667 nicht der erforderliche Schurke fein können? Der vertrauensvolle Lefer foll annehmen, dafs Herr Gutzkow, der in der Gefchichte Frankreichs und in der Genealogie der Familie Lamoignon fehr bewandert zu fein fcheint, gerade aus feiner Kenntnifs der Gefchichte her dazu berechtigt fein konnte, aus einem Lamoignon eine abermalige »Spottgeburt von Dreck und Feuer« zu fchaffen!

Es ift wahrlich fchlimm genug, dafs Herr Gutzkow den Namen Lamoignon nur bei einem feiner unbedeutendften, obfcurften Träger gekannt habe! Wenn Herrn Gutzkow der grofse Lamoignon unter Ludwig XIV., der »wackerfte Ehrenmann feiner Zeit«, bisher unbekannt geblieben war, fo hätte er, da er die »Lamoignons in den erften Anfängen der französifchen Revolution« fo genau kennt, doch wiffen follen, dafs gerade zu diefer Zeit ein Lamoignon lebte, auf deffen Stirn die Nachwelt die Krone der Unfterblichkeit gedrückt hat. Ja, Herr Gutkow hat Recht: der Name Lamoignon kommt in den erften Anfängen der französifchen Revolution vor! Es gab damals allerdings einen Lamoignon, auf den alle Zeiten mit inniger Verehrung blicken müffen. Natürlich meine ich nicht den von Gutzkow citirten unbedeutenden Juftizminifter Chrétien François; ich meine feinen Vetter, den hochherzigen Vertheidiger Ludwigs XVI., den unerfchrockenen Greis, der mit heiterer Todesverachtung fein verehrungswürdiges Haupt auf den Block der Guillotine legte, ich meine Guillaume Lamoignon de Malesherbes, den Urenkel des berühmten Präfidenten!

Ich kann nicht annehmen, dafs Herr Gutzkow, der François Chrétien als einen Urenkel des Präfidenten Lamoignon bezeichnet, ignorirt habe, dafs auch Malesherbes ein Urenkel deffelben Präfidenten Lamoignon gewefen fei.

Weshalb verschweigt er nun Malesherbes grofsen, edlen Namen und weshalb gefällt es ihm, den Justizminister Chrétien François, den er einen »Achselträger« nennt, aus dem Grabe der Vergessenheit herauszuziehen? Um sich zu rechtfertigen? So vertheidigt sich kein ehrlicher Advocat. Die Vertheidigung ist auch ungeschickt. Wenn es überhaupt gestattet wäre, von dem Charakter des Urenkels auf den des Urgrofsvaters auch nur mit einer Ahnung von Folgerichtigkeit schliefsen zu können, wie Gutzkow es anzunehmen scheint (nur deshalb wird der »Achselträger« Lamoignon unter Ludwig XVI. genannt und Gutzkow sagt wörtlich: *Ich nahm den Urgrofsvater, wie ihn als möglicherweise gewesen jene Anekdote hinstellte*) — wäre eine solche barbarische Schlufsfolgerung gestattet, so würde Herr Gutzkow, wenn er daran gedacht hätte, dafs der treue, edle Malesherbes ein Urenkel des Präsidenten Guillaume de Lamoignon war, den Urgrofsvater Lamoignon nicht als das »Urbild des Tartuffe« gebrandmarkt haben.

In der Gutzkow'schen »Anmerkung« heifst es dann wörtlich weiter: »Die Literaturen der Völker sind jedoch nicht mehr die Geheimnisse einer Familie unter sich. Ich war mir nur einer ideellen Wiederspiegelung eines Momentes aus Molières Leben bewufst, eines Momentes, wo allerdings vielleicht die *höhere* reale Wahrheit durch meine Erfindung nicht weniger getroffen wurde, und kümmerte mich nicht allzusehr um die Namen meines Stücks.«

Den Satz »Ich war mir nur« bis »getroffen wurde«, habe ich nicht verstanden. Dies »allerdings vielleicht die höhere« dies »nicht weniger«, und dies »getroffen« ist mir durchaus unklar geblieben.

Was Herr Gutzkow mit »*höherer*« realer Wahrheit meint, ist für denjenigen, der nicht weifs, was Herr Gutzkow unter »*hoher*« realer Wahrheit verfteht, nicht recht ein-leuchtend. »Nicht weniger« ohne einen darauf folgenden Comparativfatz ift für mich ebenfalls durchaus unfafslich. Ebenfo ift mir auch die eigentliche Bedeutung des doppelfinnigen »getroffen« entgangen. Ich fpreche dies offen aus, felbft auf die Gefahr hin, als Pedant verfchrieen zu werden.

Der letzte Paffus: »Ich kümmerte mich nicht allzufehr um die Namen meines Stückes«, ift dahingegen erfchrecklich klar. Ich überlaffe es äfthetifchen Richtern, auf dies Bekenntnifs einer Dichterfeele die gebührliche Antwort zu ertheilen.

Gutzkow fährt fort: »Eine bittre Strafe folgte. Die Franzofen fehen nur zuweilen in unfere Literatur, wie in einen matterleuchteten Guckkaften, den man, mit halb erblindeten Gläfern, auf Jahrmärkten zeigt; aber fie hatten das von Lamoignon in Deutfchland entworfene Bild eines bei ihnen als Mäcen der Künfte gefeierten Mannes, an den Boileau manche feiner Satiren gerichtet, erfahren und es dem Autor nicht wenig übelgenommen.«

Die Franzofen find alfo nicht competent; diefe Behauptung hat mit meiner Arbeit nichts zu fchaffen. Jedenfalls wird mir Herr Gutzkow zugeftehen müffen, dafs ich in fein deutfches Luftfpiel nicht »wie in einen matterleuchteten Guckkaften, den man mit halb erblindeten Gläfern auf Jahrmärkten zeigt«, fondern mit fcharfer Brille, wie auf ein von der Sonne hellerleuchtetes Stoppelfeld gefehen habe. Was Gutzkow von Lamoignon fagt, ift wenig aber ungenau. Nicht nur als Mäcen der Künfte, fondern hauptfächlich »*feines Wiffens und feiner Tugenden halber*« wird Lamoignons Name in Frankreich hochgefeiert. Auch hat Boileau nicht »manche feiner Satiren« an ihn gerichtet.

Von den 12 Satiren, die Boileau gefchrieben hat, trägt keine einzige eine folche Widmung; wohl giebt es eine Epiftel, die Boileau Herrn de Lamoignon zugeeignet hat, dies ift aber der *Sohn* des Präfidenten. Wiederum eine kleine Verwechfelung. Vielleicht meinte Herr Gutzkow, dafs Boileau auf des Präfidenten Lamoignon Veranlaffung dafs heroikomifche Gedicht »*Le lutrin*« verfafst habe. Dies ift richtig; aber dann ift der gewählte Ausdruck »an den Boileau manche feiner Satiren gerichtet« doch fehr wenig correct.

Gutzkow fährt fort: »Meinerfeits glaub' ich nun an eine perfönliche Wiederbegegnung mit den Abgeftorbenen diefer Erde in irgend einem paradiefifchen oder acherontifchen Jenfeits, wo man ihnen für Hafs und Liebe Rechenfchaft geben foll; meine Aefthetik hat Anwandlungen von mönchifcher Afkefe, denenzufolge ich von jedem hiftorifchen Drama, deffen Inhalt fich nur *irgendwie* eine Entftellung der Gefchichte erlaubt, und wäre es Schiller's »Don Carlos« oder Goethe's »Egmont«, behaupte, es fteckt ein böfer Wurm darin, der feine Lebensblüthe mit der Zeit tödtet — man kommt dahin, wenn man als Autor viel experimentirt hat, und Dinge, die man fich heiter und fröhlich gedacht, fpäter in Sack und Afche betrachten mufs!«

Nun ich glaube, Herr Gutzkow wird gut daran thun, wenn er fich in dem paradiefifchen oder acherontifchen Jenfeits mit einem guten Knotenftocke bewaffnet. Wenn er da drüben, in dem räthfelhaften Etwas, dem luftigen Zechcumpan Chapelle begegnet, der Armande oder der Madeleine, oder gar dem grofsen Molière felbft, fo wird er vorausfichtlich einige unangenehme Auseinanderfetzungen mit diefen intereffanten Schatten haben, und da kann man nicht wiffen, was paffirt.

Sehr wichtig ift, dafs Herr Gutzkow feinem Luftfpiele eine *hiftorifche* Grundlage vindicirt; feine Aefthetik hat »Anwandlungen von möchifcher Afkefe« und wenn er ein hiftorifches Drama fieht, »das fich nur irgendwie eine Entftellung der Gefchichte erlaubt«, fo behauptet er, es trägt den Keim des Unterganges in fich! Selbft »Egmont« und »Don Carlos« finden vor diefem ftrengen Hiftoriker keine Gnade! Ich habe als Autor noch nicht genug experimentirt, um mich zu einem folchen, wie mir fcheint, extremen Rigorismus zu bekennen, wohl aber weifs ich, dafs fich der Aefthetik des Herrn Gutzkow jetzt fattfam Gelegenheit bietet, ihre mönchifchen Kafteiungen wieder aufzunehmen. Den luftigen ehrlichen Chapelle, den fich der Dichter pedantifch und eingebildet gedacht hat, mag er in Sack und Afche betrachten. Von den Anderen gar nicht zu reden.

Es heifst nun weiter in der Gutzkow'fchen »Anmerkung«: »So rechne ich zu den vielen Sünden, deren aufrichtiges Bereuen mich mehr oder weniger heilig machen foll, die Einführung des Parlamentspräfidenten Lamoignon, der gefchichtlich allerdings unter das Verbot des Tartuffe feinen Namen gefetzt hatte und forfchte, wen ich hiftorifch richtiger dafür an feine Stelle fetzen follte.«

Ift es denn gar fo fchwer ein begangenes Unrecht einzugeftehen? Weshalb diefer zuckerfüfse Wortfchwall um einen bittern Kern? Wozu diefe befchönigenden Gloffen, wozu die Bemerkung »dafs der Präfident *allerdings* das Verbot des Tartuffe unterzeichnet hat«, die mit dem Thatbeftande abfolut nichts zu fchaffen hat und nur vom Unverftande als mildernder Umftand für Gutzkows Vergehen aufgeführt werden kann? Freilich hat der Präfident Lamoignon das Verbot des Tartuffe unterzeichnen *müffen*, aber was hat diefe Mafsnahme mit der »Einführung« des

Präsidenten als Urbild des Tartuffe zu schaffen? O Gott behüt uns vor Euphemismen! rufe ich mit Courrier aus; wir wollen die Erstickung des Gedankens nicht »Censur« und die Mishandlung eines ehrenhaften Namens nicht »Einführung« nennen. — Gutzkow »forschte, wen er historisch richtiger an Lamoignons Stelle setzen sollte«. Der Comparativ »historisch richtiger« verdient in Gold gefasst zu werden. Gutzkow kennt ein »historisch richtig«, ein »historisch richtiger«; bei seiner nächsten Komödie möchte ich mir doch den Superlativ das »historisch richtigste« ausbitten. Leider scheinen die Forschungen, die Herr Gutzkow nach dem »historisch richtigeren« Urbild des Tartuffe anstellte, sehr oberflächlich gewesen zu sein. Er sagt unmittelbar darauf: »Denn eine unumstösliche Tradition bleibt es, dass dem *Imposteur*, unter welchem Namen »Tartuffe« bekanntlich zuletzt freigegeben wurde, ein wirklicher Vorgang aus dem Leben eines allbekannten, schon 1667 von Paris allgemein belachten Namens zu Grunde lag.«

Also »bekanntlich wurde der Tartuffe unter dem Namen *l'Imposteur zuletzt* freigegeben«? Dies ist nicht richtig. Der Tartuffe wurde im Jahre 1667 *bei seiner ersten Vorstellung* in Paris unter dem Titel *l'Imposteur* gegeben. Tartuffe hatte seinen, schon vor der ersten öffentlichen Aufführung ominös gewordenen Namen in Panulphe umändern müssen. Als Tartuffe *zuletzt* (5. Februar 1669) freigegeben wurde, gab Molière seiner Komödie und deren traurigem Helden den ursprünglichen und wahren Namen »*Tartuffe*« wieder und stellte den früher angegebenen »*l'Imposteur*« in die zweite Reihe*).

---

*) *Taschereau, Histoire de la vie etc.* S. 121 und 145.

Die Forschungen haben aber wenigstens das Gute erreicht, dafs Herr Gutzkow das vermuthlich. wahre, »historisch richtigere« Urbild des Tartuffe wirklich ermittelt hat. Es ist, wie ich schon früher bemerkt, der Abbé Roquette, späterer Bischof von Autun. Dafs es es dazu grofser Forschungen bedurft hat, kann ich wirklich nicht annehmen, da ein jeder Schriftsteller, der über Molières Werke geschrieben, den Bischof Roquette als das Modell bezeichnet, nach welchem der grofse Dichter feinen Tartuffe entworfen habe.

Welche Nutzanwendung hat nun Gutzkow aus diefer Belehrung gezogen? Hat er fein Stück demgemäfs geändert?

Keineswegs! Alles ist beim Alten geblieben; fogar von den beiden ersten Buchstaben des Namens Lamoignon hat er sich nicht trennen können! Das Urbild des Tartuffe in der umgearbeiteten Auflage ist nicht der *Abbé Roquette*, fondern der *Präsident La Roquette*, derselbe Präsident, der das Verbot des Tartuffe unterzeichnet hat. Nun weifs aber alle Welt, dafs dieser nicht La Roquette, fondern Lamoignon hiefs; die angebliche Verbefferung ist daher nichts als ein zu den alten Irrthümern hinzugefügtes neues Verfehen! Wahrlich des Präfidenten Lamoignon fchwer verletzte Ehre ist durch diefe Namensescamotirung nicht gerettet. Zwifchen dem alten »Urbilde des Tartuffe« und dem in der »neuumgearbeiteten Ausgabe« erfchienenen vermag ich daher nur den einzigen Unterfchied zu erkennen: dafs Gutzkow im Jahre 1844 unwiffentlich einen grofsen Fehler beging, den er im Jahre 1862 wiffentlich nicht wieder gut machen will. Wir erwarteten eine Sühne.

Bei seinem ersten Erscheinen machte der vorstehende Aufsatz ziemlich viel von sich reden, wenigstens fanden sich einige zwanzig bis dreißig deutsche und französische Blätter — darunter die angesehensten — veranlaßt, meine Fehdeschrift gegen Gutzkow zu besprechen, zum Theil sogar in sehr eingehender Weise. Fast alle diese Blätter theilten meine Ansicht über die völlige Berechtigung meiner Kritik; nur die »Kölnische Zeitung« und die »Blätter für literarische Unterhaltung« warfen sich zum Vertheidiger der von mir bedrohten Unschuld Gutzkows auf — die »Kölnische Zeitung« in einer ebenso kurzen wie blöden Notiz, die «Blätter für literarische Unterhaltung« in einem längeren Artikel. Die »Kölnische« machte es sich wie immer bequem. Sie verschwieg den Kern der Sache, entstellte die Tendenz meiner Arbeit und machte dann im Vertrauen auf die Trägheit ihrer Leser, die ihr das Pensum nicht nachsehen würden, eine insolente Bemerkung von oben herab. Die Bemerkung war völlig nichtssagend und bewies nichts anderes als den Leichtsinn der Redaction, welche den trübsten Köpfen gestattet, erwünschten Unsinn im Feuilleton zu sagen. Die »Kölnische« erklärt sich die Entstehung meines Aufsatzes aus dem Umstande, daß ich mich noch nicht zur Höhe der dichterischen Auffassung eines Mannes wie Gutzkow aufzuschwingen vermöchte. Ja, ja, da lag's. Die Gute hatte Recht, ich war so eine Art Thersites, den die Wohlgestalt des Achill Gutzkow verdroß und der aus diesem Grunde allein seine Schmähsucht an dem Heros befriedigte. Nur mangelhaftes Verständniß und geistige Ohnmacht machten mich zum Kritiker, nicht das redliche Streben, eine schreiende Ungerechtigkeit wieder gut zu machen, und nicht das rechte Wollen, einer literarischen Ehrenpflicht zu genügen. Es fällt mir nicht ein, mit einem Blinden über Lichtwirkungen zu debattiren, und ebenfo wenig kann es mir in den Sinn kommen, mich mit einem literarifchen Hülfsarbeiter der »Kölnifchen«, der feine kritifche Befähigung vornehmlich der Lectüre von Buchhändlerprofpecten verdankt, über literarifche Dinge zu unterhalten.

Vernünftiger ift der Artikel in den »Blättern für literarifche Unterhaltung« (Nr. 15 vom 7. April 1864). In dem beinahe drei Spalten langen Auffatz wird der Inhalt meines Artikels ziemlich genau analyfirt. Der Kritiker der »Blätter« findet, dafs ich mich ohne Grund ereifert habe; er meint alfo, diejenigen Verftöfse, welche ich Gutzkow nachgewiefen habe, feien als poetifche Licenzen zu entfchuldigen. Er hat den Kern meiner Kritik gar nicht herausgefühlt. Ich fage ausdrücklich, dafs ich von keinem Dichter die pedantifche Wahrung des gefchichtlich-Thatfächlichen verlange; wenn es ihm zu feinem Zwecke dienlich erfcheint, mag er erfinden, was er will. Wenn aber das Zweckdienliche durch das Thatfächliche geliefert wird, fo ift's baarer Nonfens, das Thatfächliche bei Seite zu fchieben und Erfindungen hervorzuholen, die niemals thatfächlich haben fein können. Ich glaube nicht, dafs man es als poetifche Licenz gelten laffen, glaube vielmehr, dafs man mich mit Recht der Unwiffenheit zeihen würde, wenn ich im Luftfpiel als Vertreter des deutfchen Geiftes einen kritifirenden Anonymus der »Kölnifchen Zeitung« nähme, oder wenn ich mich auf Knak als auf eine aftronomifche Autorität beriefe. Das geht nicht, nicht einmal im Luftfpiel.

Zum Schlufs vernichtet mich der Kritiker in den »Blättern« mit dem niederfchmetternden Argumente: ich folle doch nun felbft ein hiftorifches Luftfpiel fchreiben, in welchem der peinlichfte Antiquarius auch nicht die kleinfte

Ungenauigkeit aufmutzen könnte — »aber auch nur ein folches!« — Diefer Satz hat mich fehr nachdenklich gemacht; mir wurde bei meinem kritifchen Beftreben um Kopf und Bufen nur noch bänger als gewöhnlich; ich nahm mir die Sache fehr zu Herzen. Vor einigen Jahren fah ich Blondin auf dem hohen Thurmfeile im Paradefchritt einher marfchiren; ich fand, dafs er die Füfse nicht genügend auswärts fetzte und war fchon im Begriff, diefe Rüge öffentlich auszufprechen, als mir zur guten Stunde der Rath des weifen Mannes in den »Blättern« einfiel. Ich begriff alsbald, dafs ich, bevor ich über die Leiftungen des Seiltänzers ein Urtheil abzugeben befähigt fei, mich zunächft mit feiner Kunft vollkommen vertraut machen und durch meine eigenen Leiftungen die Leiftungen Blondins in den Schatten ftellen müfste. Das ift der Standpunct des Recenfenten in einem Blatte, welches das kritifche Centralorgan Deutfchlands fein follte. Gott bewahre — —!

Proben modernster Ueberfetzungskunst.

I.
Ein toller Tag, oder: Figaros Hochzeit.
Von
CARON DE BEAUMARCHAIS,
überfetzt von
FRANZ DINGELSTEDT.

Hildburghaufen — Bibliographifches Institut.

I.

Der Standpunct, den die Kritik der vorliegenden Ueberfetzung gegenüber einzunehmen hat, ist einestheils durch die Bedeutung des franzöfifchen Originals und den klangvollen Namen, deffen fich der Ueberfetzer in der deutfchen Literatur zu erfreuen hat, fchon von felbst gegeben, anderntheils aber auch durch die Einleitung, durch welche Herr Dingelstedt Beaumarchais' luftigen Helden in Deutfchland einführt, ausdrücklich bezeichnet.

Herr Dingelstedt erklärt, er habe fich »in Allem *genau* an das Vorbild gehalten«; »nur *eine einzige* Befonderheit, die uns störend, nicht fördernd vorkommt, in der Nomenclatur des Stückes, ist von uns abfichtlich nicht nachgeahmt worden.« Diese »einzige« im Deutschen nicht imitirte Besonderheit ist die allerdings ziemlich geschmacklose Art, Personen durch grob erfundene Eigennamen zu charakterisiren, die zu Beaumarchais' Zeiten noch häufig angewandt wurde. Dingelstedt übersetzt also nicht »*Brid'oison*« mit Gimpelmeier oder Gänsekopf, sondern glaubt, dafs die Bezeichnung dieser lächerlichen Figur einfach als »Friedensrichter« dieselben Dienste thut; und damit kann man sich nur einverstanden erklären. »*In allem Uebrigen*, heifst es weiter, »sind wir dem Original *treu* gefolgt.« Und schliefslich bemerkt Dingelstedt sehr richtig: »Eine *Bearbeitung* und eine *Ueberfetzung* sind zwei sehr verschiedene, zum Theil sogar entgegengesetzten Zwecken dienende Dinge.« Der vorliegende Band soll nun eine *Ueberfetzung*, keine »Bearbeitung« des Beaumarchais'schen Lustspiels sein; d. h. Dingelstedt hat es sich zur Aufgabe gestellt, »Figaros Hochzeit« »zwar in deutschem Gewande, aber in ihrer ursprünglichen und eigenen Erscheinung vorzuführen«; er hat sich in Allem — bis auf die einzige, jedenfalls nicht rügenswerthe Ausnahme, die er gewissenhaft selbst hervorhebt — genau an das Vorbild gehalten, ist dem Originale treu gefolgt, hat nichts aus Rücksicht auf die Erfordernisse der Bühne weggelassen und nichts aus eigener Machtvollkommenheit hinzugefügt.

Und die Erfüllung dieser Grundbedingungen einer jeden guten Ueberfetzung überhaupt ist bei der Uebertragung des »Figaro« in's Deutsche eine doppelte Nothwendigkeit. »Figaro« hat durch Mozarts Musik auch auf deutschem Boden schon längst eine heimathliche Stätte gefunden. Der Reiz der Neuheit, das Interesse an der künstlich verschlungenen Intrigue vermag uns nicht mehr an das Beaumarchais'sche Lustspiel zu fesseln; wir kennen im Grofsen und

Ganzen die Handlung; Almaviva, Rofine, Figaro, Sufanne, Cherubin, Bartolo und Bafilio find uns alte Bekannte; und wenn ein Autor auf den unglücklichen Gedanken käme, uns in beliebiger Profa ausführlich zu erzählen, was wir beffer und poetifcher mit Mozart'fchen Weifen herträllern können, fo würden wir den armen Schelm bedauern, dafs er Zeit und Mühe vergeudet hat. Die Bedürfnifsfrage einer »Bearbeitung« des Beaumarchais'fchen Luftfpiels — im Sinne der Intendanten, Regiffeure und Couliffenhelden — mufs entfchieden in Abrede geflellt werden. Eine fo geiftvolle, poetifche und individuelle Bearbeitung, wie fie Amadeus Mozart gefchrieben hat, haben wir fchwerlich zu erwarten, gefchweige denn etwas Befferes.

Ganz anders verhält es fich mit einer treuen *Ueberfetzung* der Caron'fchen Komödie. Ihr thut die Popularität der Mozart'fchen Oper keinen Abbruch; im Gegentheil. Bei der Ueberfetzung, die dem Originale »treu folgt« und die demfelben »feine urfprüngliche und eigene Erfcheinung« läfst, wird der merkwürdige Unterfchied, welcher zwifchen der Beaumarchais'fchen Schöpfung und der Mozart'fchen Auffaffung befteht, mit aller Schärfe hervortreten; wir werden, wenn wir eine folche kunftvolle Ueberfetzung lefen, nicht über eine überflüffige und langweilige Wiederholung längft bekannter Gefchichten zu klagen haben; wir werden nicht die Enttäufchung erfahren, alte Freunde, die uns bisher im Lichte der Poefie erfchienen waren, unter ungünftigen Verhältniffen als profaifche Alltagsmenfchen wiederzufehen — wir werden die Bekanntfchaft mit neuen, freilich nicht fo fympathifchen, aber in vielen Beziehungen intereffanten Perfönlichkeiten machen; wir werden uns überall zu Vergleichen zwifchen diefen neuen Bekannten und den alten Freunden angeregt fühlen und allerorten wahrnehmen, wie die himmlifche Reinheit unferes Mozart die Figuren des boshaften Franzofen geadelt, idealifirt, wie Mozart in »Milch der frommen Denkart« Beaumarchais' »gährend Drachengift« verwandelt hat. Einer folchen Ueberfetzung würde alfo, wie ich fchon fagte, die Beliebtheit der Mozart'fchen Oper nicht nur nicht fchaden, fondern nur den neuen Reiz des vergleichenden Studiums hinzufügen.

In diefem Sinne aufgefafst ift die Uebertragung des franzöfifchen Luftfpiels allerdings ein Kunftwerk; einem Schriftfteller, wie Dingelftedt, durfte man daffelbe zutrauen, ja, man mufste es von ihm erwarten. Ihm konnte es nicht entgangen fein, dafs Beaumarchais einer der originellften Stiliften ift, welche Frankreich befitzt; und fchon die Thatfache, dafs von Dingelftedt eine Ueberfetzung vorlag, bewies, dafs er die Fähigkeit in fich fühlte, für den wunderlichen, oft incorrecten, aber immer eigenthümlichen Stil Beaumarchais' einen deutfchen Erfatzmann zu ftellen. Und das war durchaus nothwendig. Denn wenn fich auf einen Menfchen das oft citirte Buffon'fche Wort vom *»style—l'homme«* mit voller Berechtigung anwenden läfst, fo ift dies gerade Caron de Beaumarchais. Selbft der fteife Akademiker Auger, der feinen genialen Landsmann durchaus nicht milde beurtheilt und am »Figaro« mehr zu rügen als zu loben findet, läfst Beaumarchais diefe Gerechtigkeit widerfahren und hebt gerade den Stil des »Figaro« als rühmlich hervor — natürlich nicht ohne akademifchen Vorbehalt. »Beaumarchais hat in Wahrheit einen Stil, der ihm allein gehört,« fagt Auger, »und in allen feinen Schriften finden wir denfelben wieder« .... »Der Stil des »tollen Tags« fprüht von luftigen Funken und Blitzen des

Geistes und der Satire, und das Detail des Ausdrucks ist von spitziger Schärfe; viele seiner Ausspüche sind als Sprüchwörter in die Unterhaltung übergegangen.«*) Und daſſelbe sagt auch Saint-Marc Girardin in seinem geistreichen Eſſay über Beaumarchais.**)

Einem Schriftsteller, wie Dingelstedt, konnte diese hervorragende Eigenschaft seines franzöſiſchen Vorbildes nicht entgangen sein, und er musste wiſſen, daſs ſich die Werke Victor Hugos nicht wie die Alexander Dumas', die Eſſays von Johannes Scherr nicht wie Louiſe Mühlbachs Romane, Beaumarchais' gifterfüllte Pamphlets nicht wie die Spiefsbürger-Komödien Picards überſetzen laſſen — er *musste* dies wiſſen, und wenn er dies nun in seiner Arbeit durchaus ignoriren, wenn er gerade das Gegentheil von dem thun sollte, was er in der Vorrede verspricht, würde man da nicht nothwendigerweise zu dem Schluſſe gedrängt werden, daſs Dingelstedt wider beſſeres Wiſſen gehandelt und auf den Leichtsinn und die Unwiſſenheit des Publicums speculirt habe? Ich glaube nicht, daſs ſich diese Frage verneinen läſst.

Nun wohl, ich habe mir die Mühe gemacht, die Dingelstedt'sche Arbeit sorgfältig mit dem Original zu vergleichen, und zu meinem lebhaften Bedauern ist es mir nicht gelungen, in derſelben auch nur das *Beſtreben*, das Original »in seiner urſprünglichen und eigenen Erſcheinung vorzu-

---

*) *Beaumarchais, précédé d'un notice par Auger.* Paris. Didot. 1857. S. XVIII.
**) Er rühmt am »Figaro«: »*par deſſus tout, un ſtyle ſi plein et ſi acéré que ſa proſe ſe retient presque comme des vers, et que ſes phraſes ont fait proverbe.*« Oeuvres complètes de Beaumarchais précédées d'une notice ſur ſa vie et ſes ouvrages par Saint-Marc Girardin. Paris. Ledentu. 1837. S. 7.

führen«, auch nur den guten Willen einer treuen Ueberfetzung wahrzunehmen. In der willkürlichften Weife hat Dingelftedt hier eine fcharfe Kante des Beaumarchais'fchen Luftfpiels abgeftofsen, dort einen feinen Zug in eine grobe Verzerrung umgewandelt, hier dem Figaro einen Finger abgehauen und ihm dort eine Nafe angefetzt. Alle Fehler, die man an einer fchlechten Ueberfetzung rügen darf — überflüffige Umfchreibungen, offenbare Mifsverftändniffe, Hinzufetzungen ohne Berechtigung, Streichungen aus Bequemlichkeit — alle diefe Fehler find in der Dingelftedtfchen Ueberfetzung in überreichem Mafse vorhanden; nicht *eine* Seite ift correct überfetzt; unter folchen Umftänden fcheint mir die Strenge der Kritik einem Werke gegenüber, das die Prätenfion erhebt, in Allem dem Original treu zu folgen, der Rechtfertigung nicht mehr zu bedürfen.

Dingelftedt mufs bei der Ueberfetzung des »Figaro« ein ganz eigenthümliches Verfahren beobachtet haben: Ich ftelle mir vor, dafs er einmal flüchtig in das Beaumarchais'fche Original gefehen und einige Zeilen des französifchen Werkes gelefen, dann einen kleinen Spaziergang durch das Zimmer gemacht und darauf, ohne fich durch nochmaligen Einblick von der Richtigkeit feiner Auffaffung zu überzeugen, in Dingelftedt'fcher Profa den ungefähren Sinn des Ebengelefenen niedergefchrieben hat. War unterwegs das Eine oder das Andere zu Boden gefallen, fo verlohnte es nicht der Mühe, daffelbe aufzuheben; es wurde dafür an einer andern Stelle die Beaumarchais'fche Dürftigkeit durch reiche Spenden des Dingelftedt'fchen Geiftes verdeckt. Nur auf diefe Weife kann ich mir die Befchaffenheit der Dingelftedt'fchen Ueberfetzung erklären. Wenn der Sonntagsjäger vorbeiplefft, fo wundert fich kein

Menfch darüber, wenn aber ein guter Schütze aus nächfter Nähe regelmäfsig das Ziel verfehlt, fo fagt fich Jedermann: das kann offenbar nicht mit rechten Dingen zugehen.

II.

Ich mufs den Lefer nun um etwas Geduld bitten: ich will nachweifen, dafs die Dingelftedt'fche Ueberfetzung das Mufter einer mifslungenen, leichtfertigen und willkürlichen Arbeit ift, und zu dem Behufe bin ich zu fehr zahlreichen Citaten genöthigt. Es liegt eben in der Natur der Sache, dafs ich, um den verfprochenen Beweis zu führen, claffifcher Zeugen bedarf, deren Ausfagen nicht mit Stillfchweigen übergangen werden können. Ich bezichtige Dingelftedt fchwerer literarifcher Vergehen, die »öffentliche Meinung«, unfer aller Richter in letzter Inftanz, wird entfcheiden, ob diefe Befchuldigung begründet ift oder nicht. So viel es mir möglich ift, will ich die Monotonie der Anklagefchrift zu befeitigen fuchen; bei der grofsen Zahl der in der Dingelftedt'fchen Ueberfetzung incriminirten Paffus und bei den fich immer wiederholenden Vergehen ift das allerdings nicht leicht.

Mit dem geringfügigften Fehler Dingelftedt's, mit den *zwecklofen Abänderungen* und *überflüffigen Umfchreibungen* will ich beginnen. Meine Aufzählung macht natürlich keinen Anfpruch auf Vollftändigkeit; wollte ich alle zu diefer Kategorie gehörenden Licenzen des Ueberfetzers wiedergeben, fo würde es am gerathesten fein, das Beaumarchais'fche Luftfpiel und die Dingelftedt'fche Uebertragung *in extenfo* neben einander abzudrucken. Alfo nur einige Beifpiele:

Act I. Scene 4 *). (Dialog zwifchen der alten Haushälterin Marceline und Dr. Bartolo über das Verhältnifs des Grafen zu feiner Frau)
Beaumarchais fchreibt:
Marceline. Elle languit.
Bartholo. Et de quoi?
Marceline. Son mari la néglige.

Diefe äufserft einfachen Fragen und Antworten überfetzt Dingelftedt mit einem fogenannten »Kalauer« wie folgt:

Marceline. Sie leidet allerdings.
Bartolo. Eine kleine Erkältung?
Marceline. Ganz recht, ihres Herrn Gemahls, — gegen fie!

Man mag von diefer Ueberfetzung denken, was man will, *treu* ift fie jedenfalls nicht.

Sufanne berichtet der Gräfin über die verliebten Streiche des tollen Pagen.

Beaumarchais: *Suzanne. J'ai voulu le* (nämlich *le ruban*) *lui ôter; madame, c'etait un lion; fes yeux brillaient ... Tu ne l'auras qu'avec ma vie, difait-il en forçant fa petite voix douce et grêle.*
La comteffe. Eh bien, Suzon?
Suzanne. Eh bien, Madame, eft-ce qu'on peut faire finir ce petit démon-là? Ma maraine par ci; je voudrais bien par l'autre; et parce qu'il n'oferait feulement baifer la robe de madame, il voudrait toujours m'embraffer, moi.
La comteffe. Laiffons ... laiffons ces folies.

---

*) Ich folge bei der Angabe der Scenen immer dem französifchen Original; auch die fcenarifche Eintheilung hat Dingelftedt ohne erfichtlichen Grund abgeändert.

Dingelstedt: Sufanne. Und da ich es (das Band) ihm wieder abnehmen wollte, vertheidigte er feinen Raub wie ein Löwe. Hätten gnädige Frau nur gefehen, wie feine Augen funkelten, wie er mir um den Hals fiel, mich küffen wollte ...

Gräfin. Dich, Sufanne?

Sufanne. Nun ja doch, aus lauter Refpect vor der gnädigen Frau Pathin, weil er den Saum Ihres Kleides nicht einmal zu küffen wagt.

Gräfin. Thorheit, Thorheit.

Diefe gänzlich unmotivirten und unfchönen Abänderungen beweifen, aufser der Freiheit des Ueberfetzers, dafs Dingelstedt die Feinheit diefer Stelle im franzöfifchen Original gar nicht gefafst hat.

Die Situation ist die: Rofine, die von ihrem Gemahl verlaffene, unglückliche junge Frau, intereffirt fich, ohne es felbst zu wiffen, fehr lebhaft für den bartlofen Pagen Cherubin, der fie vergöttert. Sie läfst fich von Sufanne erzählen, dafs der Page ihr (der Gräfin) Band geraubt und es wie ein Löwe vertheidigt hat. Das hört die Gräfin gern und fie bittet Sufanne fortzufahren. »*Eh bien, Suzon?*« »Nun, weiter? Sufanne.« Sufanne gehorcht: fie erzählt, wie der Page für feine Pathin gefchwärmt, »und weil er nicht einmal den Saum Ihres Kleides zu küffen fich getrauen würde, möchte er mich in einem fort küffen«. Das gefällt der Gräfin weniger, und mit einem halb träumerifchen, halb unwilligen »*Laiffons ces folies*« bricht fie hier die Unterhaltung ab. In der Dingelstedt'fchen Ueberfetzung wird die Sache nicht zu ihrem Vortheil auf den Kopf gestellt. Als Sufanne von den Küffen, die *fie* vom Pagen erhalten hat, erzählt, wird fie von der Gräfin zum Weitererzählen ermuntert; und als Sufanne von der Verehrung des Pagen für die Gräfin fpricht, wird ihr geboten, dies Gefpräch fallen zu laffen. Beaumarchais kannte die Weiber zu gut, um nicht zu wiffen, dafs eine Frau demjenigen, der ihr erzählt, dafs ihre Reize einen Verehrer gefunden haben, *niemals* das Wort entzieht, befonders nicht, wenn der Verehrer der Verehrten nicht gleichgültig ift. Dingelftedt hat alfo nicht nur fchlecht überfetzt, fondern auch Beaumarchais einen pfychologifchen Schnitzer aufgebürdet.

Anderes Beifpiel. Act II. Scene 21. Die Worte des betrunkenen Gärtners Antonio: »*Boire fans foif et faire l'amour en tout temps, madame, il n'y a que ça qui nous diftingue des autres bêtes*« überfetzt Dingelftedt in folgender Weife: »Der fortwährende Durfcht ift der einzige Vorzug, was die Menfchen von den Thieren unterfcheiden thut.« Aus der dem Menfchen eigenthümlichen Fähigkeit »ohne Durft zu trinken«, macht Dingelftedt »fortwährenden Durft«. Das »*faire l'amour en tout temps*« wird als charakteriftifches Unterfcheidungszeichen des Menfchen von den *andern* (*autres*) Beftien gar nicht berückfichtigt.

Anderes Beifpiel. Die fünfte Scene des dritten Actes, in welcher der Graf Figaro Vorwürfe darüber macht, dafs er nicht der alte geblieben fei, der ihm einftens treu gedient und ihm zum Befitz Rofinens verholfen habe, wimmelt von finnentftellenden Ueberfetzungsfehlern, z. B.:

Beaumarchais: *Le comte: Je la comble de préfents.*

Figaro. Vous lui donnez (c. a. d. à la comteffe) mais vous êtes infidèle. Sait-on gré du fuperflu, à qui nous prive du néceffaire?

Dingelftedt macht fich's in folgender Weife bequem, ohne dabei an Grazie zu gewinnen: Der Graf. Befitzt fie nicht Alles im Ueberfluffe?

Figaro. Aufser dem Nöthigften: das Herz ihres Gemahls.

Einige Zeilen tiefer. Beaumarchais: *Figaro. Tenez, monfeigneur, n'humilions pas l'homme qui nous fert bien, crainte d'en faire un mauvais valet.*

Dingelftedt: Figaro. Bitte, gnädiger Herr, mifshandeln Sie einen guten Diener nicht, wenn Sie ihn nicht zu einem fchlechten machen wollen.

humilier — »mifshandeln«? *l'homme qui nous fert bien* — »ein guter Diener?« Hat denn Herr Dingelftedt nicht bemerkt, dafs Figaro hier nicht nur den *guten* Dienften eines Individuums die *fchlechten* eines andern gegenüberftellt, fondern auch die beiden Individualitäten derer, die diefe Dienfte verrichten: Den freien *Menfchen (l'homme)* und den gehorchenden *Knecht (valet)*. Wenn Herr Dingelftedt das beachtet hätte, würde fich die richtige Ueberfetzung des »*humilier*« mit »demüthigen« ganz von felbft ergeben haben.

Weiter im Text. Beaumarchais: *Le comte. Pourquoi faut-il qu'il y ait toujours du louche en ce que tu fais?*

Figaro. C'eft qu'on en voit partout quand on cherche des torts.

Dingelftedt: Der Graf. Ift es nicht wahr, dafs du immer auf krummen Wegen gehft?

Figaro. Auf dem ich meinem gnädigen Herrn allzeit begegne.

Wenn fich Figaro erdreiftet hätte, dem Grafen Almaviva eine fo unverfchämte Grobheit an den Kopf zu werfen, wie fie ihm Dingelftedt in den Mund legt, fo würde der gnädige Herr den frechen Gefellen vermuthlich mit der Reitgerte gezüchtigt haben. Figaro ift freilich kein gewöhnlicher Diener, aber eben deshalb ift er auch nie grob, fondern immer nur fehr malitiös. Aufserdem ift auch hier wieder der Sinn entstellt. In Dingelstedts Ueberfetzung giebt Figaro zu, dafs er auf krummen Wegen geht, im Beaumarchais'schen Original weist er die Beschuldigung des Grafen zurück.

Einige Zeilen tiefer. Figaro spricht von der Kunst der Politik als *»tâcher d'ennoblir la pauvreté des moyens par l'importance des objets«* sagt Beaumarchais, und Dingelstedt überfetzt es ganz ungenirt durch: »mit kleinen Mitteln die gröfsten Zwecke verfolgen.« Ich brauche auf den Unterschied zwischen dem Original und der Ueberfetzung nicht aufmerkfam zu machen.

Ebenfo verfehlt wie die Ueberfetzung diefes Auftritts ist die des ergötzlichen Zwiegefprächs zwifchen dem listigen Figaro und dem einfältigen Friedensrichter Brid'oifon (Act III. Scene 14). Beaumarchais läfst Figaro dociren: *»Si le fond des procès appartient aux plaideurs, on sait bien que la forme est le patrimoine des tribunaux.«* Auch hier überfetzt Dingelsted im Stile der Penny-a-liners für das »belletristische Ausland«: »Der Procefs gehört den Parteien, die Kosten dem Gericht.«

Den Schlufs der Scene hat Dingelstedt wie folgt abgeändert:

Figaro. Es handelt fich nur um eine Schuld.

Friedensrichter. Die Ihr nicht bezahlen wollt?

Figaro. Ganz recht, Herr Richter. Der Fall ist einfach: Ich bin fchuldig. Aber ich bezahle nicht. Folglich ist's ebenfo, als ob ich nichts fchuldig wäre.

Friedensrichter. Sehr richtig.

Beaumarchais: *Brid'oifon. Mais si tu dois et que tu ne payes pas?*

Figaro. Alors monfieur voit bien que c'est comme fi je ne devais pas.

Brid oifon: *Sans doute.* — *Hé! mais qu'eſt-ce donc qu'il dit?*

Dingelſtedt hat alſo, ganz ohne Grund, den erſten Satz, den er Figaro ſprechen läfst, *hinzugefügt;* die ſchöne Theorie über nicht bezahlte Schulden, die Beaumarchais im ſchnellen Wechſelgeſpräch durch eine Unterbrechung der Rede des langſamen Friedensrichters von dem hurtigen Figaro entwickeln läfst, wird bei Dingelſtedt von Figaro allein lang und breit vorgetragen; und dennoch geht der Dingelſtedt'ſche Friedensrichter in die Falle und bleibt darin, während Brid'oifon bei Beaumarchais, nachdem er ſich zuerſt zu einem »*ſans doute*« hat verleiten laſſen, nach kurzer Ueberlegung den Unſinn bemerkt, den ihm Figaro vorgeſchwatzt hat und »*Hé! mais qu'eſt-ce donc qu'il dit?*« hinzufügt.

Ueberhaupt hat Dingelſtedt mit der Ueberſetzung der von Brid'oifon debitirten ergötzlichen Albernheiten kein Glück gehabt. Einer der drolligſten Ausſprüche Brid'oifons (Act III. Scene 19) geht in dieſer Uebertragung vollſtändig verloren. Antonio will ſeine Nichte Suſanne nicht dem unehelichen Kinde Figaro zur Frau geben und drückt dieſen Entſchlufs in folgender Weiſe aus: »*Irai-je donner l'enfant de not' ſoeur à qui n'eſt l'enfant de perſonne?*« worauf Brid'oifon mit unwiderleglicher Richtigkeit erwiedert: »*Eſt-ce que cela ſe peut, imbécile? on eſt toujours l'enfant de quelqu'un.*«

Dingelſtedt hält folgende Verdeutſchung für genügend:

Antonio. Die Tochter meiner Schweſter gebe ich nicht her an Einen, der nicht einmal einen Vater hat.

Friedensrichter. Einen Vater hat natürlich Jedermann.

Wäre die wörtliche Ueberfetzung nicht beſſer geweſen? Es ſcheint mir immer ein miſsliches Ding, einem Autor, dem ein hundertjähriger andauernder Erfolg eine ſehr hohe Stellung in der Literatur angewieſen hat, das Penſum corrigiren zu wollen; vor allen Dingen gehört es aber nicht zu den Befugniſſen des *Ueberſetzers*, die »beſſernde Hand« an das Original zu legen. Franz Dingelſtedt behandelt aber Beaumarchais wie den erſten beſten hergelaufenen Schreiber, und dem gänzlichen *Mangel an Reſpect* vor dem eigenthümlichen Talente des franzöſiſchen Dichters ſind die erheblichen Mängel und Verſtöſse ſeiner Ueberſetzung zum groſsen Theil zuzuſchreiben. Beaumarchais hat Humor, Dingelſtedt nicht — um ſo unbegreiflicher iſt es, daſs gerade die humoriſtiſchen Stellen am willkürlichſten behandelt worden ſind. Die Dingelſtedt'ſchen »Witze« machen neben den ausgelaſſenen Späſsen Beaumarchais' einen wahrhaft kläglichen Eindruck. Das lodernde Feuer geht uns verloren, wir bekommen nur Qualm zu ſehen. Hierfür noch ein anderes Beiſpiel: Antonio fragt Figaro, ob er wirklich aus dem Fenſter des Zimmers der Gräfin geſprungen ſei *»en tombant jusqu' en bas«*, worauf Figaro replicirt: »*Un plus adroit, n'eſt-ce pas, ferait reſt en l'air?*« Das überſetzt Dingelſtedt: »Der Herr Onkel hätte wohl einen Purzelbaum in der Luft geſchlagen?« Auch dieſe Ueberſetzung glaube ich als eine überflüſſige und häſsliche Abänderung des Originals bezeichnen zu dürfen.

Ungenauigkeiten findet man auf jeder Seite der Dingelſtedt'ſchen Ueberſetzung; ich würde Raum und Zeit verſchwenden, wollte ich alle Stellen, wo das Original durch die Ueberſetzung abgeſchwächt oder forcirt worden iſt, hier anführen. Einige wenige Beispiele mögen hier noch Erwähnung finden.

Basilio sagt von Figaro: »*Qu'y aurait-il de plus fâcheux que d'être cru le père d'un garnement,*« worauf Figaro ant- antwortet: »*D'en être le fils; tu te moques de moi;*« und Basilio replicirt: »*Dès que Monsieur est quelque chose ici, je déclare, moi, que je n'y suis plus de rien.*«

In der Dingelstedt'schen Ueberfetzung lautet dies:

Basilio. Was könnte Einem schlimmeres begegnen, als Vater zu einem solchen Hanswurften heifsen.

Figaro. Der Sohn einer folchen Vogelscheuche fein.

Basilio. Ich verzichte! Sobald diefer Taugenichts im Spiele ift, ziehe ich mich zurück.

Dingelstedt übersetzt demnach »*garnement*«, das Beaumarchais nur *einmal* gebraucht, *doppelt* und beide Mal fehr ftark durch »Hanswurft« und »Vogelscheuche«; demnach kann es consequent erfcheinen, wenn »*Monsieur*« mit »Taugenichts« wiedergegeben wird, aber richtiger wird es dadurch nicht.

Wenn hier die Farben zu ftark aufgetragen find, fo giebt es viele andere Stellen, an denen das Original in der Ueberfetzung feine urfprüngliche Kraft gänzlich verloren hat. So z. B. in dem fchon erwähnten köftlichen Dialoge zwifchen Figaro und dem Friedensrichter (Act III. Scene 13). Figaro hat die Ehre gehabt, zu den fehr intimen Freunden der Frau Friedensrichterin zu zählen, deren Bekanntfchaft er »ungefähr ein Jahr vor der Geburt ihres jüngften Herrn Sohnes« gemacht hat. Dem braven Brid'oifon kommt das Geficht Figaros bekannt vor. »Ich habe den Burfchen fchon irgendwo gefehen,« fagt er, und Figaro antwortet: »*Chez Madame votre femme, à Séville, pour la servir, Monsieur le conseiller.*« Dingelftedt läfst es fich mit folgender

Ueberfetzung genügen: »In Sevilla, bei Ihrer Frau Gemahlin, aufzuwarten, Herr Richter.« Das fehr wefentliche »*la*« ift eine von den Kleinigkeiten, die Herrn Dingelftedt auf dem Spaziergange durch feine Zimmer verloren gegangen find.

III.

Wären es nur einzelne Worte des Originals, welche die Ueberfetzung zu berückfichtigen für überflüffig erachtet hätte — wir würden die Sache gar nicht für erwähnenswerth halten. Herr Dingelftedt hat fich aber erlaubt, in einer Arbeit, die er »Ueberfetzung« nennt und deren Treue er ausdrücklich hervorhebt, ganze Sätze, ja ganze Scenen des Originals zu ftreichen. Wenn ich nicht fchon gewufst hätte, dafs Herr Dingelftedt Jahre lang Theaterintendant gewefen ift, an feiner Figaro-Ueberfetzung würde ich es errathen haben. Während die Franzofen, die unfere fuperklugen Nichtswiffer fo gern die »frivolen« nennen, mit einer wahrhaft religiöfen Pietät die Werke ihrer Claffiker, fo wie fie gefchrieben find, unverkürzt und unverändert zur Aufführung bringen, ift bei uns die Unfitte eingeriffen, die Meifterwerke unferer grofsen Dichter erft, nachdem fie »bühnengerecht« zugeftutzt find, über die Bretter gehen zu laffen. Ich gebe zu, dafs unfere Dichter weniger auf die Erforderniffe der Scene und die Anfprüche der Fünfgrofchengalerie geachtet haben, als die Franzofen, und dafs hie und da Abänderungen und Streichungen durchaus geboten find. Aber in diefem Falle follte man doch mit der allergröfsten Discretion verfahren und nicht einen Augenblick den Refpect aus den Augen laffen, den wir den geiftigen Helden fchulden. Anftatt deffen fehen wir elende Pfufcher, die nicht werth find, unferm Leffing, Goethe und Schiller die Schuhriemen zu löfen, in den Werken diefer Dichter herumwirthfchaften, als hätten fie die Producte ihres Gleichen vor fich; fehen wir, wie in der Geftalt von »Bearbeitungen« die gröfsten Kunftwerke in einer Weife verhunzt werden, dafs einem jeden Gebildeten die Schamröthe auf die Stirn treten mufs; fehen wir, wie aus den nichtigften Gründen bedeutende Scenen, ja ganze Sätze »geftrichen« werden, etwa weil es einem vagabundirenden Gaftfpiellümmel, der in demfelben »nicht befchäftigt« ift, alfo behagt. Das ift, Gott fei's geklagt, Landes Brauch; und deshalb darf man fich nicht darüber verwundern, dafs Leute, die diefes Gefchäft — ich möchte es dramatifche Wurftmacherei nennen — regelmäfsig betreiben, mit der Zeit den Gefchmack an jedem einheitlichen Kunftwerft verlieren und nicht mehr im Stande find, dasfelbe zu würdigen, das heifst: zu achten. Das Unverbindlichfte, was fich dem Ueberfetzer eines dramatifchen Werkes nachfagen läfst, ift, dafs er »bühnengerecht« überfetzt; denn das heifst mit anderen Worten: bei ihm hat Gaunerroutine Raum und Statt der Treue, er bemifst den Werth des Kunftwerkes nach der Einnahme der Kaffe, die Gröfse der Scene nach dem Zeiger der Uhr, mit einem Worte: er verfteht nichts von der Sache.

Vierundvierzig zum Theil fehr wefentliche Stellen des Beaumarchais'fchen Originals haben fich nicht der Gunft zu erfreuen gehabt, von dem Herrn Intendanten Franz Dingelftedt der Ueberfetzung für werth befunden zu werden. Vierundvierzig! So viel habe ich gezählt. Wahrfcheinlich find es mehr. »Wir haben uns *in Allem genau* an das Vorbild gehalten . . . wir find dem Original *in allem treu* gefolgt«, fagt Herr Dingelftedt in der Vorrede. (Seite 16.) Auch hier will ich durch einige wenige Beifpiele fchlagend nachweifen, dafs die von Herrn Dingelftedt beliebten Auslaffungen faft in allen Fällen Verfchlechterungen find.

Der Schlufs der erften Scene des erften Actes lautet im franzöfifchen Original:

Figaro. C'eft que tu n'as pas d'idée de mon amour.

Suzanne (fe défrippant). Quand cesserez vous, importun, de m'en parler du matin au soir.

Figaro (myftérieufement). Quand je pourrai te le prouver du soir jusqu'au matin.

Suzanne (de loin, les doigts unis fur fa bouche). Voilà votre baifer, Monfieur; je n'ai plus rien à vous.

Figaro (court après elle). Oh! mais ce n'est pas ainsi que vous l'avez reçu.

Dingelftedt überfetzt kurz und fchlecht:

Figaro. O Sufanne, wenn du wüfsteft, wie lieb ich dich habe.

Sufanne (fich losreifsend). Erzähle mir das heute Abend. (Im Abgehen ihm eine Kufshand zuwerfend.) Da haben Sie Ihren Kufs wieder; ich will nichts behalten, was Ihnen gehört!

Figaro (ihr nacheilend): Sufanne!

Durch die fette Schrift find fchon für das Auge diejenigen Stellen, die der Intendant dem Dichter mit Anwendung des üblichen Rothftifts geftrichen hat, hervorgehoben. Die Stelle ift allerdings etwas gewagt, aber ich meines Orts kann felbft dem früheren Präfidenten der deutfchen

Schillerftiftung das Recht nicht zuerkennen, über die Geiftesproducte Beaumarchais' in der Weife zu Gericht zu fitzen, dafs er nach eigenem Gutdünken dasjenige, was ihm mifsfällt, oder was zu überfetzen ihn zu viel Anftrengung koftet, ohne Weiteres dem deutfchen Lefer vorenthält. Und follte es wirklich lächerliche Pruderie gewefen fein, follte wirklich Herr Dingelftedt beforgt haben, dafs durch Uebefetzung diefer Zeilen feiner jungfräulichen Feder Gewalt angethan würde? Es ift kaum anzunehmen. Denn wenn wir die deutfche »Veranftändigung« mit dem französischen Original vergleichen, fo werden wir bemerken, dafs das letztere viel anftändiger ift, als die erftere. Wenn fich ein Mann, wie Figaro, am Morgen feiner Hochzeit eine Anfpielung auf die Dinge, die da kommen follen, erlaubt, fo ift das allenfalls zu begreifen, wenn es auch nicht fehr hübfch ift; dafs aber Sufanne, die Braut, einen folchen Scherz macht und *»fur de fales vues traîne la penfée«*, das ift, gelinde gefagt, unfauber. Die Zweideutigkeit wird ausgemerzt, und eine Zote an ihre Stelle gefetzt — aus äfthetifchen Rückfichten.

In der folgenden Scene ift Herr Dingelftedt — Gefchwindigkeit ift keine Hexerei — mit einem kühnen »Hopp, hopp, hopp« über fünf Zeilen Beaumarchais'fcher Profa hinweggefetzt. Figaro fagt nämlich vom Grafen:

»*Pendant que je galoperais d'un côté, vous feriez faire de l'autre à ma belle un joli chemin!* **Me crottant, m'échinant pour la gloire de votre famille, vous, daignant concourrir à l'accroissement de la mienne! Quelle douce réciprocité!** *Mais monfeigneur, il a de l'abus!*«

Herr Dingelstedt macht daraus *in usum Delphini:*
»Während ich Courier für Sie reite, — (mit der Zunge
klatschend) hopp, hopp, hopp — fahren Sie mit meiner
kleinen Frau, wer weifs wohin. Nicht doch; mein gnädig-
ster Herr, das wäre für uns der Gnade, für Sie des Dien-
stes zu viel!« Für die mit fetter Schrift gesetzten Sätze
findet Herr Dingelstedt die lakonische Ueberfetzung »hopp,
hopp, hopp!« — und wir können uns noch freuen, dafs er
»je galoperais« nicht mit »Pferdchen, lauf Galopp« wiedergegeben hat — während er das kurze, energische
»il y a de l'abus, Monseigneur« in polizeiwidriger Weise
breittritt.

Im fünften Auftritt des ersten Actes fehlen neun Sätze:
drei Sätze der Susanne, fünf der Marceline, einer des Bartholo: unter Anderen der köstliche Vergleich: *»innocente
comme un vieux juge«.*

Der Anfang der neunten Scene ist von dem übersetzen-
den Herrn Intendanten, der sich «in Allem treu an das
Original gehalten«, vollständig umgearbeitet worden. Der
Anschaulichkeit wegen stelle ich hier Original und Ueberfetzung neben einander.

Beaumarchais.	Dingelstedt.
Bazile. N'auriez-vous pas vu Monseigneur, mademoiselle?	Basilio (durch die Mitte hereinschleichend). Auch hier ist er nicht.
Suzanne. (brusquement). Hé, pourquoi l'aurais-je vu? Laiffez-moi.	Susanne. Wer nicht? Wen sucht man bei mir in so unziemlicher Weise?

Bazile (s'approche). Si vous étiez plus raifonnable, il n'y aurait rien d'étonnant à ma queſtion. C'eſt Figaro qui le cherche.

Suzanne. Il cherche donc l'homme qui lui veut le plus de mal après vous?

Le comte (à part). Voyons un peu comme il me fert.

Bazile. Déſirer du bien à une femme, eſt-ce vouloir du mal à ſon mari?

Suzanne. Non, dans vos affreux principes, agent de corruption.

Bazile. Que vous demande-t-on ici que vous n'alliez prodiguer à un autre? Grâce à la douce cérémonie, ce qu'on vous défendait hier, on vous le préſcrira demain.

Suzanne. Indigne!

Bazile. De toutes les choſes ſérieuſes le mariage étant la plus bouffonne j'avais penſé...

Suzanne (outrée). Des horreurs! Qui vous permet d'entrer ici?

Baſilio (immer umherfpürend). Wen follte man bei einer Braut anders fuchen, als den Bräutigam?

Sufanne. Und wer könnte bei einem Mädchen fo keck eintreten, als Herr Baſilio.

Bazile. Là, là, mauvaise! Dieu vous apaise! Il n'en fera que ce que vous voulez: mais ne croyez pas non plus que je regarde Monsieur Figaro comme l'obstacle qui nuit à Monseigneur; et sans le petit page...

Suzanne (timidement). Don Cherubin?

Basilio. Zwar der gnädige Herr möchte ebenfalls hier zu finden sein, und am Ende nicht minder ein gewisser Page.

Susanne (verlegen). Don Cherubin?

Die Verstümmelungen des Originals sind hier so augenscheinlich, dass darauf nicht besonders hingewiesen zu werden braucht. Hält Herr Dingelstedt das von ihm Gestrichene für überflüssig? — dann muss ich ihn eines Besseren belehren. *Diese Scene ist für den Charakter des Basilio die wichtigste des ganzen Stücks.* Die wenigen Worte, die Basilio spricht, seine cynischen Ansichten über das Wesen der Ehe, enthüllen uns mit einem Schlage die verächtliche Seele des Kupplers. Sie erklären uns Basilios Stellung im Hause des Grafen, wo er von seinem Herrn verachtet und von allen übrigen gehasst wird. In der Dingelstedtschen Uebersetzung ist Basilio daher etwas ganz anderes geworden, als er im Originale ist. In der Uebersetzung ist er eine *lächerliche* Person, im Original eine *verächtliche* Creatur. Und diese *mutatio personarum* passirt Herrn Dingelstedt auf Seite 31, nachdem er Seite 16 angesichts des deutschen Publicums gelobt hat, den ausländischen Classiker »zwar im deutschen Gewande«, aber in' seiner »ursprünglichen und eigenen Erscheinung« vorzuführen!

Auch in der Uebersetzung der zehnten Scene des 1. Actes fehlen einige allerliebste Kleinigkeiten, z. B. das

»*amoureux, poëte et muſicien ſont trois titres d'indulgence pour toutes les folies;*« Cherubins ſchüchternes: »*Pardonner généreuſement n'eſt pas le droit du ſeigneur auquel vous avez renoncé en époufant Madame*«, ferner das hübſche, ſehr überſetzbare Wortſpiel: »*S'il plaiſait à Dieu, qu'il ne lui plût jamais*« und anderes.

Der Schluſs der 13. Scene des 2. Actes iſt geſtrichen, ebenſo iſt es dem ſehr dramatiſchen Schluſs der Scene 15 ergangen; auch hier giebt die Zuſammenſtellung des Originals mit der ſogenannten Ueberſetzung das klarſte Bild von der Treue, die Herr Dingelſtedt ſeiner Arbeit vindicirt.

Beaumarchais.	Dingelſtedt.
Le comte. Sors donc, petit malheureux!	Der Graf. Heraus Unſeliger!
La comteſſe. Ah, Monſieur, Monſieur, votre colère me fait trembler pour lui. N'en croyez pas un injuſte ſoupçon, de grace! et que le déſordre où vous l'allez trouver….	Die Gräfin. O, mein Gemahl, ſchonen Sie ein unſchuldiges Kind! Es wagt nicht zu erſcheinen. Die Unordnung in ſeinem Anzuge….
Le comte. Du déſordre!	Der Graf. Auch das noch!
La comteſſe. Hélas oui! Prêt à s'habiller en femme, une coiffure à moi ſur la tête, en veſte et ſans manteau, le col ouvert, les bras nus: il allait eſſayer….	Die Gräfin. Wir wollten ihn in ein Kleid Suſannens ſtecken. Trauen Sie meinen Worten mehr als dem Augenſchein.

Le comte. Et vous vouliez garder votre chambre! Indigne épouse! ah! vous la garderez ... longtemps; mais il faut avant que j'en chasse un insolent, de manière à ne plus le rencontrer nulle part.

La comtesse (à genoux). Monsieur le comte, épargnez un enfant; je ne me consolerais pas d'avoir causé ...

Auf meinen Knieen bitte ich um Gnade für ihn.

Le comte. Vos frayeurs aggravent son crime.

La comtesse. Il n'est pas coupable, il partait: c'est moi qui l'ai fait appeler.

Le comte (furieux). Levez-vous. Otez-vous ... Tu es bien audacieuse d'oser me parler pour un autre!

Der Graf. Bitte für dich, treuloses Weib! Hinweg aus meinem Wege.

La comtesse: Eh bien! je m'ôterai, Monsieur, je me lèverai; je vous remettrai même la clef du cabinet; mais au nom de votre amour ...

Die Gräfin. Bei deiner Liebe zu mir sei beschworen ....

Le comte. De mon amour, perfide!

Der Graf. Meine Liebe, du Falsche?

La comtesse. Promettez-moi que vous laisserez aller cet enfant sans lui faire aucun mal; et puisse après tout votre courroux tomber sur moi, si je ne vous convaincs pas ...

Le comte. Je n'écoute plus rien.

Noch einmal, hinweg von der Thür.

Man lese die lodernden Zeilen des französischen Originals und vergleiche damit die nichtssagende Uebersetzung, die Herr Dingelstedt mit seinem guten literarischen Namen geschmückt hat. Was ist aus der Seelenangst Rosinens, die an ihrem Herzen zur Verrätherin wird und ihr mehr als gewöhnliches Interesse für den Pagen aufdeckt, was aus dem eifersüchtigen Zorn des Grafen geworden?

Die nächste Scene hat ebenso unter unberechtigten Auslassungen gewaltig gelitten; auf diese und dreißig andere Kleinigkeiten — Kleinigkeiten im Vergleich zu den sinnentstellenden Fehlern — will ich aber nicht eingehen. In Figaros Definition über die Kunst der Politik fehlt in der Ueberfetzung das gewiss nicht unwesentliche: »*Surtout de pouvoir au delà de ses forces.*«

Die Scene 6 des III. Actes glänzt in der Ueberfetzung durch ihre Abwesenheit, ebenso eine Rede des Figaro (Act IV. Scene 1), die den Verlauf der ganzen Handlung zusammenfasst. Scene 15, Act IV. ist auf die Hälfte reducirt u. s. w. u. s. w.

Es ist mir natürlich nicht möglich, die vierundvierzig Auslassungen sammt und sonders hier zu besprechen; die angeführten Beispiele werden wohl genügen, um dem Leser von Dingelstedt'scher »Treue« einen richtigen Begriff zu geben.

VI.

Es war ein Mann im Lande Lübeck, der hiess Johann Ballhorn und war Buchhändler. Selbiger gab eine Fibel heraus, die besser sein sollte, als die früheren. Zu diesem Behufe legte er dem Kikerikihahn, der den Umschlag ver-

fchönte, ein Ei unter und fchnitt ihm die Sporen ab. Oft
habe ich, während ich Dingelftedts Ueberfetzung las, an
den braven Ballhorn gedacht und einige der neugelegten
Hahneneier will ich hier zum Beften geben. Ich komme
jetzt nämlich auf das Capitel der *Hinzufügungen* zu fprechen, das noch merkwürdiger ift, als die vorhergehenden.

Herr Dingelftedt hat gefühlt, dafs er Beaumarchais für
das, was er bei der Ueberfetzung über-, um nicht zu fagen
unterfchlagen hatte, Revanche fchuldete, und fich daher
veranlafst gefehen, hier und da das Füllhorn feines Geiftes
über Beaumarchais' Schwäche zu ergiefsen. Auch hier
mufs man zwifchen geringfügigen und bedeutenden Veränderungen unterfcheiden. Zu den geringfügigen rechne
ich z.¹ B. die auf Seite 31 der Dingelftedt'fchen Ueberfetzung. (I. Act, Scene 8.) Im franzöfifchen Original
fchweigt Sufanne, als Bafilio ihr Zimmer betritt, während
der Graf fich hinter den Stuhl verfteckt und der kleine
Page im Stuhle fich niederduckt. Bei Dingelftedt aber
fpricht Sufanne das grofse Wort: »Was für ein Tag, als
wär's mein letzter!« Eine geringfügige Hinzufetzung nenne
ich es ferner, wenn Dingelftedt den Grafen (IV. Act,
9. Scene) die »Stecknadel« mit den Worten fuchen läfst:
»Ich foll die Nadel zum Zeichen der Zuftimmung zurück-
fchicken. Ja, wo ift fie nur?« während es Beaumarchais
genügt, den Grafen fchweigfam nach der »unglückfeligen
kleinen Nadel« fuchen und diefelbe aufheben zu laffen.

Wefentliche Hinzufetzungen, Verballhornungen, Eier
männlicher Straufsen find folgende. Auch hier mufs ich,
um Dingelftedts Verfahren in das rechte Licht zu ftellen,
den Urtext und die Ueberfetzung einander gegenüber-
fetzen.

Erſte Scene des vierten Actes.

Suſanne und Figaro in zärtlichem Geſpräch.

Beaumarchais.	Dingelſtedt.
Suzanne. Tu vas exagérer! dis ta bonne vérité!	Suſanne. Iſt das nicht auch eine deiner zahlreichen Staats- und Nothlügen?
Figaro. Ma vérité la plus vraie!	Figaro. Die reine, die wahre Wahrheit.
Suzanne. Fi donc, vilain! en a-t-on pluſieurs?	Suſanne. Als ob es eine andere, als die wahre Wahrheit gäbe, du Schelm!
Figaro. Oh! que oui. Depuis qu'on a remarqué qu'avec le temps vieilles folies deviennent ſageſſe, et qu'anciens petits menſonges aſſez mal plantés ont produit de groſſes, groſſes vérités, on en a de mille espèces. Et celles qu'on ſait, ſans oſer les divulguer: car toute vérité n'eſt pas bonne à dite; et celles qu'on vante, ſans y ajouter foi: car toute vérité n'eſt pas bonne à croire;	Figaro. Laſs dich belehren, unerfahrenes Weſen. So wie es Thorheiten giebt, welche mit der Zeit zu Weisheitsſätzen werden, und Lügen, aus denen grofse Wahrheiten hervorgehen, ſo giebt es umgekehrt auch Wahrheiten, die ſich im Laufe der Jahre zu dicken dummen Lügen verwandeln. Zu geſchweigen von jenen Wahrheiten, die Niemand auszuſprechen wagt und von anderen, die Niemand glaubt, weder derjenige, der ſie ausgiebt, noch wer ſie einnimmt.

et les ferments passionés, les menaces des mères, les protestations des buveurs, les promesses des gens en place, le dernier mot de nos marchands; cela ne finit pas. Il n'y a que mon amour pour Suzon qui soit une vérité de bon aloi.

— Zum Exempel: Du trittst in einen Laden einzukaufen (nahahmend): »Mademoifelle, ich verfichere, dafs dies mein genauester Preis ist« oder »Mademoifelle, unfer Gefchäft hat nur feste Preife.« Das ist eine unwahre Wahrheit, denn nach fünf Minuten Handelns wirft er die Waare um die Hälfte nach. — Ein Bittsteller wird von einem grofsen Herrn entlassen: (wie oben) »Seien Sie überzeugt, dafs ich mich Ihrer Verdienste und Ihrer Wünsche stets erinnern werde.« Wiederum eine Wahrheit, an welche weder der feufzende Supplicant, noch der lispelnde Gönner glaubt. — Oder endlich: Ein fchmucker Cavalier erfucht ein niedliches Kammerkätzchen um ein stilles Stelldichein, im Garten, bei Mondenfchein. Ach, er bittet fo fchön, fo inständig, wo er doch befehlen könnte, der gute gnädige Herr, dafs dem armen Kätzchen nichts übrig bleibt, als »Miau«, das heifst Ja, zu fagen. Aber das Kätzchen geht doch nicht…

Suzanne. J'aime ta joie, parcequ'elle eſt folle; elle annonce que tu es heureux. Parlons du rendez-vous du comte.

Figaro. Ou plutôt n'en parlons jamais; il a failli me coûter Suzanne.

Suzanne. Tu ne veux donc plus qu'il ait lieu?

Figaro. Si vous m'aimez, Suzon, votre parole d'honneur ſur ce point: qu'il ſ'y morfonde, c'eſt ſa punition.

Suzanne. Il m'en a plus coûté de l'accorder que je n'ai de peine à le rompre: il n'en ſera plus queſtion.

(dringend) nicht wahr; es geht nicht?

Suſanne. Gewiſs nicht, wenn du es nicht mehr willſt. Und ſei überzeugt, daſs das Wegbleiben mir weniger unangenehm iſt, als das Verſprechen, zu kommen, geweſen.

Figaro. Ta bonne vérité!

Suzanne. Je ne ſuis pas comme vous autres ſavants. moi! je n'en ai qu'une.

Figaro. Et tu m'aimeras un peu?

Suzanne. Beaucoup.

Figaro. Die wahre Wahrheit?

Suſanne. Ich kenne nicht ſo viel Wahrheiten, wie Ihr Herren Staatsmänner. Für mich giebt es nur eine,

Figaro. Ce n'est guère.

Suzanne. Et comment.

Figaro. En fait d'amour, vois-tu, trop n'est pas même assez.

Suzanne. Je n'entends pas toutes ces finesses; mais je n'aimerai que mon mari.

und die heißt: ich werde meinen lieben Mann treu lieben mein Leben lang.

Figaro. Tiens parole, et tu feras une belle exception à l'usage..

Figaro. O du Ausbund, Du Ausnahme von allen Weibern, wenn Du Wort hältst nämlich. .

»O hänge dich auf, Figaro! Das hätteſt Du nicht geahnt!«

Ich kann die Gefühle, die mich bei der Vergleichung dieſer Stelle des Beaumarchais'ſchen Luſtſpiels mit der entſprechenden der Dingelſtedt'ſchen Ueberſetzung beſchlichen haben, nicht beſſer ausdrücken, als durch das obige dem Luſtſpiel entlehnte Citat. Hänge dich, Figaro-Beaumarchais, das hätteſt du nicht geahnt, daſs achtzig Jahre, nachdem du dein Luſtſpiel vollendet, ein deutſcher Literat ſich herbeilaſſen würde, das, was man im Künſtler-Jargon eine »Einlage« nennt, dir in das Fleiſch zu keilen.

Noch ein Schritt weiter und wir ſind zum Couplet angelangt und ſehen, wie Figaro, ſich räuſpernd, vor die Rampe tritt und nach einer bekannten Melodie ſeine Theſen über wahre und falſche Wahrheiten mit dem Refrain »Sand in die Augen« vorträgt. Erſtes Couplet: »Der jüdiſche Kaufmann«, zweites Couplet: »Der lispelnde Gönner«, drittes Couplet: »Der verliebte Kater« mit obligatem Miau und ſonſtiger Katzenmuſik. Hänge dich, Figaro, das hätteſt du nicht geahnt. Und wer iſt der moderne Johann Ballhorn? Es iſt der wegen literariſcher Verdienſte zum Ritter etc. geſchlagene Hofrath, in den Adelſtand erhobene, hochwohlgeborene Herr Franz von Dingelſtedt, bisher Generalintendant des grofsherzoglichen Hoftheaters zu Weimar, früher (vielleicht auch jetzt noch, ich weifs das nicht genau) Präſident der deutſchen Schillerstiftung etc. etc. und jetzt oberſter Leiter der erſten deutſchen Bühne!! Auch das, Figaro, hätteſt du nicht gerathen, hänge dich!

Und was iſt in der deutſchen Ueberſetzung aus deiner pikanten, ſpitzigen Suſette geworden? Eine jener braven, biedern deutſchen Hausfrauen, die »ihren lieben Mann treu lieben« ihr Leben lang, eine jener braven Naturen, von denen Heine ſagt, ſie lieben die Chauſſeen in der Liebe und zeugen viel Kinder.

Noch eine andere Stelle muſs ich im franzöſiſchen Original und in der deutſchen Variation hier mittheilen. Sie ſcheint mir noch gelungener, als die eben mitgetheilte Probe; und wenn man es nicht ſchwarz auf weifs vor ſich ſähe, würde man es nicht für möglich halten, dafs ein talentvoller Mann ſich zu einer ſolchen Geſchmackloſigkeit verirren kann. Es handelt ſich um das Stelldichein, zu welchem der Graf durch die Gräfin vermittelſt eines von Suſanne geſchriebenen Briefchens beſtellt werden ſoll. (Act IV. Scene 3.)

Beaumarchais.	Dingelstedt.
La comtesse. Où est ton rendez-vous?	Gräfin. Wann und wo sollte die Zusammenkunft stattfinden?
Suzanne. Le mot de jardin m'a seul frappé.	Sufanne. Der Herr Graf sprach von einem Dämmerstündchen im Park.
La comtesse. Prends cette plume et fixons un endroit.	Gräfin. Wir müssen das genau bestimmen. Setze dich und schreibe!
Suzanne. Lui écrire!	Sufanne. Wollen die gnädige Gräfin das nicht übernehmen?
La comtesse. Il le faut.	Gräfin. Damit der Graf meine Hand erkennt?
Suzanne. Madame, au moins c'est vous	Sei unbeforgt . . . .
La comtesse. Je mets tout sur mon compte. (Suzanne s'assied, la comtesse dicte.)	· . . . Ich vertrete alles . . . .

.... und damit du dich in Nichts compromittirst, schreiben wir ohne Adresse.

Susanne (setzt sich). Aber was?

Gräfin (nachsinnend). Ich muſs zu Rosinens alten Künsten meine Zuflucht nehmen. Ein Brieflein an Lindoro ... Halt, so geht's. Du schreibst den Anfang einer Romanze von Moratin, für unsern Zweck wie gemacht. Fällt das Blatt dann auch in unrechte Hände, so ist nichts verrathen. (dictirt):

O wie selig ist's zu träumen,
Unbewacht und unbelauscht,
Unter den Kastanienbäumen,
Die der Abendwind durchrauscht.

«Chanson nouvelle, sur l'air... Qu'il sera beau ce soir sous les grands marronniers.... Qu'il sera beau ce soir...»

Susanne. »Unter den Kastanienbäumen,« das ist die dunkelste Stelle im Park.

Suzanne. »Sous les grands marronniers...«

Gräfin (weiter dictirend):

Luna schläft. Im dunkeln Garten,
Um der zehnten Stunde Schluſs,
Mag der Liebste mich erwarten,
Wenn ich sein nicht harren muſs.

Après?

Susanne. Eine Bestellung in bester Form.

La comtesse: Crains-tu qu'il ne t'entende pas?
Suzanne (relit). C'est juste.

Ich fagte ja: noch einen Schritt weiter und wir find am Poffencouplet angelangt; und fchneller, als fich mancher Lefer gedacht haben wird, ift die Vorherfagung eingetroffen. Hier haben wir das Couplet, die »Einlage« in Reimen, in fchönfter Form. Der Triumph des Herrn Dingelftedt würde vollftändig fein, wenn die Gräfin, nach dem zweitem Couplet bei offener Scene gerufen, durch den Beifall der Fünfgrofchengalerie zum *da capo* aufgefordert und dann etwa folgendes Impromptu, nach derfelben Melodie, vortragen würde:

> In dem Park ein Stündchen! Bräutlich
> Ift das grade nicht, doch nett.
> Beaumarchais macht's gar nicht deutlich.
> Vivat Herr Franz Dingelftedt!

Stürmifcher Beifall. Tufch. Die Infaffen der Galerie erheben fich von ihren Sitzen. Dreimal begeiftertes Hoch auf Herrn Dingelftedt. Beglückwünfchungs-Telegramme von Haspe u. f. w.

V.

In dem Vorhergehenden ift fchon vielfach auf einzelne *Mifsverftändniffe* in der Ueberfetzung des Herrn Dingelftedt hingewiefen worden. Gleichwohl verlohnt es der Mühe, diefer Specialität noch ein befonderes Capitel zu widmen.

Wir haben gefehen: Dingelftedt zeigt durch feine Verdeutfchungsweife, durch feine Hinzufetzungen und Auslaffungen, dafs er a) den Charakter Sufannens, b) den Charakter Figaros, c) den Charakter Bafilios mifsverftanden hat. Sufanne wird bei ihm ein hausbackenes gutes

Geschöpf (IV. Act, 1. Scene), die zugleich (I. Act, 1. Scene) sich in mehr als zweideutigen Späfsen wohlgefällt. Figaro wird bei ihm grob gegen den Grafen (III. Act, 5. Scene), ein Hanswurst seiner Braut gegenüber (IV. Act, 1. Scene). Basilio verliert seine Verächtlichkeit und bleibt blos lächerlich (I. Act, 9. Scene).

Es wird nicht schwer fallen, den Beweis zu führen, dafs Herr Dingelstedt aufserdem den Charakter des Pagen, das Verhältnifs des Pagen zur Gräfin, mithin auch den Charakter der Gräfin, endlich das Verhältnifs zwischen dem Grafen und seiner Frau, mithin auch den Charakter des Grafen — mit andern Worten: alle Wesenheiten des Stückes mifsverstanden hat.

Von dem Charakter des Pagen scheint Herr Dingelstedt keine Idee gehabt zu haben. Cherubin ist allerdings noch ein *sehr junger* bartloser Knabe, aber ein durchtriebener Strick; Dingelstedt schildert ihn harmlos; er ist gerade das Gegentheil davon. Er ist ein sinnlicher, verliebter Junge, der die Eifersucht des Grafen durchaus rechtfertigt. Dingelstedt hat den sanften Cherubin des Mozart vor Augen gehabt, aber der ist ein ganz anderer als Beaumarchais' leidenschaftlicher Jüngling. Hören wir, was Auger von dem Burschen sagt: »Die Rolle des jungen Pagen hatte gar keinen andern Zweck, als den: die sinnlichsten Vorstellungen und die wollüstigsten Gefühle hervorzurufen.«[*]) Wenn Dingelstedt das bedacht hätte, würde er schwerlich auf den unglücklichen Gedanken gekommen sein, das ganze Stück hindurch den Pagen von der Gräfin *duzen* zu lassen. Dieses deutsche Duzen verräth ein vollständiges Verkennen der Situation und rückt die beiden Figuren in ein ganz

---

[*]) *Auger. Notice sur Beaumarchais XV.*

falsches Verhältnifs zu einander. Dies Verhältnifs ift folgendes: Rofine ift die Pathin des Pagen, fie war lange Zeit feine mütterliche Freundin. Das Kind wächft zum Jüngling heran; Cherubin *verliebt* fich in feine fchöne Pathin; Rofine befindet fich in einer pfychifchen Krifis, ihr Mann vernachläffigt fie, Cherubin vergöttert fie, und unbewufst findet auch in ihrem Herzen die Liebe diefes jungen leidenfchaftlichen Burfchen Erwiederung. Sie lügt fich und Andern vor, dafs fie nur durch mütterliches Wohlwollen, durch Freundfchaft an das »Kind«, das fie über die Taufe gehalten, gefeffelt werde, aber dennoch fühlt fie fich in feiner Nähe befangen, fein Schmerz entlockt ihr heifse Thränen und eine furchtbare Seelenangft befällt fie, als fie ihn in Gefahr glaubt. Sie *liebt* ihn, fie fühlt es, aber fie will es fich nicht geftehen. In diefer Stimmung lernen wir die Gräfin in »Figaros Hochzeit« kennen; und nun frage ich jeden Menfchen, der fich in diefe Situation hineindenken kann: wird eine Frau unter folchen Umftänden denjenigen, der nicht mehr ihr kindlicher Freund und noch nicht ihr ehebrecherifcher Geliebter ift, wird fie den mit dem vertraulichen »Du« anreden? Die Vertraulichkeit, die Harmlofigkeit ift ja verfchwunden und Befangenheit und Verlegenheit an ihre Stelle getreten! In folchen Fällen wird man ceremoniell und fagt »*Sie*«, wie es auch der feine Pfychologe Beaumarchais vorgefchrieben hat. Dingeftedt macht keine Umftände, der Page wird geduzt, und aus diefem Generalmifsverftändnifs erklärt fich eine ganze Reihe von mifslungenen und mifsverftandenen Ueberfetzungen. Die Gräfin nennt Cherubin »*ce jeune homme*« und (II. Act, 7. Scene) »*Monfieur*«; Dingelftedt überfetzt ohne Weiteres diefes formelle »*Monfieur*« mit »mein Sohn«. Die Zeiten, da Cherubin »mein Sohn« war, find längft dahin; im Monolog gefleht fie fich ihre verbrecherifche Liebe (II. Act, Scene 25), fie drückt das Band, das fie an das »unglückliche Kind« erinnert an ihre Lippen und ruft aus: »O, Herr Graf, was haben Sie gethan! Und ich — was thue ich in diefem Augenblick?«

Ueber das »kindliche« Verhältnifs des Pagen zur Gräfin, wie es Dingelfledt vorausgefetzt, giebt die Fortfetzung von »Figaros Hochzeit«: »*La mère coupable*« geeigneten Auffchlufs. Rofine erfcheint uns in diefem Drama als Mutter eines Kindes, deffen Vater Don Cherubin, der kleine Page »mit den fcheinheiligen Augenwimpern« ifl. Man follte den Figaro nicht überfetzen, ohne die »*mère coupable*« gelefen zu haben.

Im Zufammenhang mit diefem Mifsverfländnifs flehen noch folgende curiofe Ueberfetzungen, die Herr Dingelfledt beliebt hat: Der Page wird von Sufanne, weil er leicht wie ein Vogel und himmelblau gekleidet ifl, im Scherze »*bel oifeau bleu*« genannt; das überfetzt Herr Dingelfledt mit »Spafsvogel!« Hoffentlich doch nur im Spafs!

Der Page fleht vor der Gräfin, er erröthet und flottert: »*Eft-ce qu'il eft défendu ... de chérir ...*«, was Dingelfledt recht einfach mit »darf man denn nicht ... lieben?« überfetzt. Hat denn Herr Dingelfledt nicht bemerkt, dafs Cherubin lügt, wenn er von »*chérir*« fpricht, während er an »*aimer*« denkt. Er fagt eben nicht »darf man denn nicht lieben«, fondern »darf man denn nicht lieb haben«, oder »verehren«, oder »lieb und werth halten« — alles, nur nicht »lieben«.

In der Scene vorher (II. Act, Scene 2) überfetzt Dingelfledt die Worte der Gräfin »*une femme d'honneur*« mit »die Ehre einer Frau *vom Stande*«. Die Gräfin, als

Parvenue, die Figaro gegenüber mit ihrem »Stande« renommirt — auch eine Auffaffung der befcheidenen Rofine!

Ein weiterer Ueberfetzungsfehler, der beweift, dafs Dingelftedt das eheliche Verhältnifs zwifchen dem Grafen und der Gräfin falfch verftanden hat, findet fich in der 16. Scene des II. Actes. Die Gräfin ruft aus: »*Eh! Monfieur, quelle horrible humeur peut altérer ainfi les égards entre deux epoux.*« »Wie kann eine plötzliche Laune fo den *ehelichen Frieden* ftören!« Der »eheliche Friede«, Herr Dingelftedt, ift längft geftört und Rofine ift nicht fo thöricht, ihr Verhältnifs zu dem Grafen als ein »friedliches« zu bezeichnen. Was fie beanfprucht, find nur noch die »*égards*«, die äuſserlichen *Rückfichten*, die die Gatten einnander der Welt gegenüber fchulden — jene

»*dehors civils que l'ufage demande*«

und nichts weiter.

Zum Schlufs noch ein kleines Mifsverftändnifs. Act IV. Scene 10. Figaro hänfelt Bafilio:

Figaro. Y-a-t-il longtemps que monfieur n'a vu la figure d'un fou?

Bazile. Monfieur, en ce moment même.

Figaro. Puisque mes yeux vous fervent fi bien de miroir.

Dingelftedts Ueberfetzung:

Figaro. Haft du lange keinen Schalksnarren gefehen?

Bafilio. Im Augenblick fehe ich einen, *in Lebensgröfse*.

Figaro. Freut mich, dafs mein Auge ein fo guter Spiegel ift.

Durch die Hinzufetzung »in Lebensgröfse« wird das Bild, das Figaro in feiner witzigen Replik gebraucht, unfinnig. Man denke fich die Dimenfionen von Figaros Auge, das im Stande wäre, den edlen Bafilio »in Lebensgröfse« abzufpiegeln. Beaumarchais ift ein denkender Schriftfteller und fällt nicht aus den Vergleichen, die er gebraucht.

VI.

Diefen letzten Abfchnitt habe ich, wie fich's gebührt, dem berühmten *Monolog des Figaro* (V. Act, Scene 3) vorbehalten. Die Ueberfetzung deffelben halte ich nämlich für den Prüfftein der Arbeit überhaupt. Ich weifs fehr wohl: vom dramatifchen Standpunct, oder um es richtiger zu bezeichnen, vom Standpuncte des Regiffeurs, läfst fich gegen diefen überlangen Monolog, der nicht weniger denn fünf Octavfeiten füllt und deffen Vortrag auf dem Theater eine volle Viertelftunde bis zwanzig Minuten in Anfpruch nimmt, fehr viel einwenden. Dafs ein von der Eiferfucht geplagter Menfch fich hinftellt und dem Publicum einen tiefdurchdachten Vortrag über feinen Lebenslauf und feine Weltanfchauung, über Prefsfreiheit und fociale Mifsftände hält, dafs ift ganz gewifs ein grober Verftofs gegen die Gebote der dramatifchen Wahrfcheinlichkeit — aber in diefem Falle ift das ganz gleichgültig. Denn die weltgefchichtliche Bedeutung, die »Figaros Hochzeit« erlangt hat, verdankt diefe Komödie vor allem dem Monolog. Beaumarchais hat auf feine Armbruft vergiftete, tödtliche Pfeile gelegt; die Regierung ift fein Ziel, die Bühne bietet ihm eine Stätte, wo er abdrücken darf und in das Schwarze treffen kann; und diefe Stätte benutzt er, unbekümmert um alle Präcepte und Interdicte der Dramaturgie. Durch das Organ des Figaro fchleudert er feine revolutionären Ideen in die Maffe; die Bühne verfchwindet, wir fehen nur noch den Dichter; der Barbier wirft Scheerbeutel und andalufifches Netz bei Seite — es erfteht der Volkstribun, der die rothe phrygifche Mütze aufftülpt und dem erftaunten Hörer gar wunderfame Dinge vorträgt von Gleichheit und Freiheit. »Hätte diefer Monolog für die fchlauen Zufchauer nicht das ungefchmälerte Intereffe eines fehr verwegenen Pamphlets gehabt, fie hätten ihn als die ungeheuerlichfte Idee, die jemals dem Gehirn eines Dramatikers entfprungen, befpieen.«*)

Aber fie klatfchten wie wahnfinnig, als Figaro gegen das alte Regime, gegen die Vorrechte des Adels, gegen die Verkümmerung der individuellen Freiheit, gegen alle Mifsftände, die fie bedrückten, feine giftigen Pfeile abfchofs — und noch heute wird der Monolog des Figaro zu politifchen Demonftrationen, zu Proteften gegen die Gewalt benutzt. Und wenn man mit Recht gefagt hat, dafs Beaumarchais mit »Figaros Hochzeit« den erften entfcheidenden Hammerfchlag gegen die Stützen des Thrones geführt hat, fo ift vor Allem und allein dem Monolog diefe hiftorifche Bedeutung zuzumeffen. Das erkannte felbft Ludwig XVI., der fich, wie man weifs, lange gegen die Aufführung des gefährlichen Luftfpiels zur Wehr fetzte. Madame de Campan, welche Beaumarchais' Manufcript dem Könige vorlas, erzählt uns über die erfte Lectüre: »Der König unterbrach mich häufig durch immer treffende Bemerkungen, theils um zu loben, theils um zu tadeln. Sehr oft rief er aus: Das zeugt von fchlechtem Gefchmack.

---

*) *Auger. Notice fur Beaumarchais XVIII.*

Der Menfch bringt ja in einem fort die italienifchen Poffenreifsereien (»*concetti*«) auf die Bühne. *Bei dem Monologe des Figaro aber, und befonders bei der Stelle, wo von den Staatsgefängniffen die Rede ift, erhob fich der König in lebhafter Erregung und rief: Das ift abfcheulich! Das wird niemals aufgeführt werden;* die Baftille müfste niedergeriffen werden, wenn die Aufführung diefes Stückes nicht eine gefährliche Inconfequenz fein follte; der Menfch verfpottet ja Alles, was im Staate geachtet werden mufs!« »So wird das Stück alfo nicht gegeben werden?« fragte die Königin. »Nein, darauf können Sie fich verlaffen,« antwortete Ludwig XVI.«

Das Stück wurde doch aufgeführt, die Baftille fiel und der Monolog wurde eine der berühmteften Seiten der franzöfifchen Profa. Die darin enthaltenen Pointen find geflügelte Worte in der Unterhaltung aller gebildeten und halbgebildeten Franzofen geworden: Das »*tandis que moi, morbleu!*« vom unzufriedenen Bürger, »*fe donner la peine de naître*« als einzig verdienftliche Handlung der Adeligen, »*fans la liberté de blâmer, il n'eft point d'éloge flatteur*« »*il n'y a que les petits hommes qui redoutent les petits écrits*« u. f. w., alle diefe dem Monolog des Figaro entlehnten Schlagwörter gehören zu den gewöhnlichen Citaten der franzöfifchen Umgangsfprache. So ift der Monolog, durch feine fociale und politifche Wirkung, auch literarifch für das franzöfifche Volk daffelbe geworden, was etwa Tells Monolog in der hohlen Gaffe und Faufts Monolog im Studirzimmer für uns Deutfche, Othellos Rede vor dem Senat, oder Hamlets »Sein oder Nichtfein« für die Engländer geworden ift: ein epochemachendes Ereignifs in der dramatifchen Literatur. Ich fpreche nur von der Wirkung, von dem durchschlagenden Erfolg, von der Allbekanntheit; im Uebrigen liegt es mir natürlich fern, den dichterischen Werth dieser ganz heterogenen Schöpfungen gegeneinander zu halten.

Ich habe in kurzen Worten die Bedeutung des Monologs festzustellen gesucht; die Frage, wie derselbe vom Ueberfetzer zu behandeln sei, erledigt sich dadurch von selbst. Der Ueberfetzer, der nicht für die Sonntagsnachmittags-Lecture der Commis-Voyageurs arbeitet — von dem spreche ich überhaupt nicht — der Ueberfetzer, der auf den Namen Schriftsteller Anspruch macht und die zu seiner schönen und schwierigen Arbeit erforderlichen Eigenschaften: Fähigkeit, Bildung, Willigkeit und Gewissenhaftigkeit in sich vereinigt, wird mit wahrer Pietät an diesen Monolog herantreten. Er wird sich sagen: diese Seiten haben dazu beigetragen, die Welt zu erschüttern, und es wird ihn drängen,

»Mit *redlichem* Gefühl einmal
Das heilige Original
In sein geliebtes Deutsch zu übertragen.«

Bei jedem Worte wird er auf der Hut sein, dass sich die Feder nicht übereile, und nimmer rasten, bis er den Geist des Urtextes unverfehrt in seine Muttersprache hinübergerettet und für jeden Begriff den schärfsten Ausdruck gefunden hat.

So denke ich mir den Ueberfetzer des Monologs.

Wie macht es Herr Dingelstedt? Man vergleiche das Folgende:

Beaumarchais.

O femme! femme! femme! créature faible et décevante...! nul animal créé ne peut manquer à son instinct: le tien est-il donc te tromper?... Après m'avoir obstinément refusé quand je l'en pressais devant sa maîtresse; à l'instant qu'elle me donne sa parole, au milieu même de la cérémonie... Il riait en lisant, le perfide! et moi comme un benêt...!

— Non, monsieur le comte, vous ne l'aurez pas... vous ne l'aurez pas.

Parce que vous êtes un seigneur, vous vous croyez un grand génie!... Noblesse, fortune, un rang, des places, tout cela rend si fier! Qu'avez-vous fait pour tant de bien! Vous vous êtes donné la peine de naître, et rien de plus. Du reste homme assez ordinaire,

Dingelstedt.

O Weiber, Weiber, Weiber! schwaches und doch in Ränken so starkes Geschlecht! — — — — — Falscheit ist deine Natur. Täuschung ist dein Beruf! — Mir schlug sie ab, hierher zu kommen, als ich sie darum bat — ihm gewährt sie es in demselben Augenblick, wo sie mir feierlich ewige Treue schwört. — Er lachte, da er das Brieflein las, und ich stand dabei wie ein Dummkopf. (Es schlägt zehn Uhr auf dem Schlofsthurm; er schreit auf): Zehn Uhr! Ihre Stunde, mein Herr Graf: Aber kommen Sie nur, suchen Sie — Susanne sollen Sie doch nicht finden! Weil Sie ein grofser Herr sind, bilden Sie sich ein, auch ein grofser Geist zu sein! Geburt, Reichthum, Stand und Rang machen Sie stolz. Was thaten Sie denn, mein Herr Graf, um so viele Vorzüge zu verdienen? Sie gaben sich die Mühe, auf die Welt zu kom-

tandisque moi, morbleu! perdu dans la foule obscure, il m'a fallu déployer plus de science et de calculs pour subsister seulement, qu'on n'en a mis depuis cent ans à gouverner toutes les Espagnes:

et vous vouler jouter...

On vient... c'est elle ... ce n'est personne. La nuit est noire en diable, et me voilà faisant le sot métier de mari quoique je ne le sois qu'à moitié! (il s'assied sur un banc) Est-il rien de plus bizarre que ma destinée! Fils de je ne sais pas qui, volé par des bandits, élevé dans leurs moeurs, je m'en dégoûte et veux courir une carrière honnête et par-

men; das war die einzige Arbeit Ihres ganzen Lebens, deſſen übrigen Theil Sie als ziemlich gewöhnlicher Menſch verpraſst und verprunkt haben. Ich dagegen, das Findelkind aus dem Volke, habe meinen Weg auf eigenen Füſsen machen müſſen. Um mein Brod zu verdienen, das harte, trockene Brod, habe ich oft in einem einzigen Tage mehr Verſtand gebraucht, als die geſammte Regierung der Königreiche von Spanien und Navarra in hundert Jahren. Und Sie wollen ſich mit mir meſſen?! Sie — mit mir, hahaha! (Indem er lauſcht) Sie kommt ... Nicht doch ... Niemand. Die Nacht iſt pechſchwarz, und ich ſpiele hier die einfältige Rolle des Ehemannes, obgleich ich noch keiner bin. (Er wirft ſich auf die Bank.) Giebt es ein ſeltſameres Geſchick, als das meinige? Zigeuner ſtehlen mich, ehe ich von meinen Eltern eine Ahnung habe. Ich entlaufe Ihnen, ihres unſteten Lebens

tout je suis repoussé! J'apprends la chimie, la pharmacie, la chirurgie, et tout le crédit d'un grand seigneur peut à peine me mettre à la main une lancette vétérinaire! Las d'attrister les bêtes malades, et pour faire un métier contraire, je me jette à corps perdu dans le théatre: me fussé-je mis une pierre au cou! Je broche une comédie dans les moeurs du sérail. Auteur espagnol, je crois pouvoir y fronder Mahomet sans scrupule: à l'instant un envoyé... de je ne sais où se plaint que j'offense dans mes vers la Sublime Porte, la Perse, une partie de la presqu'île de l'Inde, toute l'Egypte, les royaumes de Barca, de Tripoli, de Tunis, d'Alger et de Maroc: et voilà ma comédie flambée, pour plaire aux princes mahométans, dont pas un, je crois, ne sait lire, et qui nous meurtrissent l'omoplate, en nous disant: chiens de crétiens!

überdrüffig. Ich fuche, ftrebe, ringe nach einem anftändigen Beruf, und finde alle Wege gefchloffen, alle Thüren gefperrt.

Mit der Guitarre auf dem Rücken durchwandere ich Spanien, finge maurifche Volkslieder auf den Jahrmärkten und heidnifche Schelmenftücklein in den Strafsen der Städte.

In Madrid nimmt der Gefandte des Kaifers von Marocco Anftofs an meiner Kunft;

ich habe feinen Glauben verletzt, klagt er, feinen Propheten gehöhnt.

Man weift mich aus, voll Rückficht und Ehrfurcht für den Sultan, — — — — der in feinen Staaten die Chriftenhunde nach Herzensluft pfählen läfst, ohne

Ne pouvant avilir l'esprit, on se venge en le maltraîtant. Mes joues creusaient, mon terme était échu; je voyais de loin arriver l'affreux recors, la plume fichée dans sa perruque: en frémissant je m'évertue.

Il s'élève une question sur la nature des richesses; et comme il n'est pas necessaire de tenir les choses pour en raisonner, n'ayant pas un sou, j'écris sur la valeur de l'argent et sur son produit net: sitôt je vois du fond d'un fiacre baisser pour moi le pont d'un château fort, à l'entrée duquel je laissai l'espérance et la liberté.

Que je voudrais bien tenir un de ces puissants de quatre jours, si légers sur le mal qu'ils ordonnent! quand une

dafs nur eine Bitte für fie laut zu werden wagt. Weil man den Geift nicht erniedrigen kann, rächt man fich durch Mifshandlungen an ihm. Die Noth brach herein, ich hungerte, hatte Schulden. Schon fah ich den abfcheulichen Gerichtsdiener heranrücken; verzweifelnd raffe ich mich auf. Es war eine Frage an der Tagesordnung: über die Nationalreichthümer; und da man gerade nicht zu haben braucht, worüber man fchreibt, fchrieb ich ohne einen Heller in der Tafche über den Werth des Geldes. Alsbald öffnete fich für mich das Thor eines Kerkers. Ich verliere die Hoffnung und Freiheit. Hätte ich doch hier einen der Mächtigen des Tages, die fo leichtfinnig einen Menfchen mifshandeln,

bonne disgrace a cuvé fon orgueil, je lui dirais que les fottifes imprimées n'ont d'importance qu'aux lieux où l'on en gêne le cours; que fans la liberté de blâmer, il n'eft point d'éloge flatteur; et qu'il n'y a que les petits hommes qui redoutent les petits écrits.	der nur die Wahrheit fagt.
Las de nourrir	Müde, mich zu ernähren...

— — — Hier bei der Hälfte des Monologs will ich abbrechen. Ich habe abfichtlich ein grofses Stück der Ueberfetzung und des Urtextes im Zufammenhange mitgetheilt, damit man nicht etwa glaube, dafs ich durch böswillige Gruppirung des Stoffes dem Lefer von der Dingelftedt'fchen Ueberfetzung eine falfche Anficht beizubringen gefucht habe. Meiner Arbeit — ich erwähne dies bei diefer Gelegenheit beiläufig, da man ja leider auch hinter jedem literarifchen Angriff irgend welche perfönliche Motive wittert — ift jede Gehäffigkeit fern; perfönlich ftehe ich Herrn Dingelftedt fo objectiv wie nur irgend möglich gegenüber, und viele feiner literarifchen Arbeiten fchätze ich hoch. Aus der Vergleichung der obigen umfangreichen und vollftändigen Citate wird der Lefer felbft erkennen, dafs die Kritik nicht aus unlautern Quellen entfprungen ift. Bis auf einige wenige Lichtpuncte, die das unbeftreitbare Sprachtalent des Verfaffers verrathen, und die überhaupt nur da zu fein fcheinen, »um die Dunkelheit recht zu zeigen«, ift der Monolog von der Ueberfetzung in der unerlaubteften Weife verftümmelt worden. Hier find Sätze auseinander geriffen, dort in ganz ungerechtfertigter Art zufammengefchweifst, hier ganze Stellen ausgemerzt, dort andere hinzugefügt worden. Und das foll eine Ueberfetzung fein, die dem Original »feine urfprüngliche Erfcheinung läfst«, die fich »in Allem genau an das Vorbild hält«!! Darf man da nicht mit Figaro fragen: »Ja, wen täufcht man hier denn eigentlich?«

Wir müffen uns diefe Ueberfetzung etwas genauer anfehen: Die erften Sätze von »*O femme*« bis »*moi comme un benêt!*« find im Original in einem ganz eigenthümlichen Stil gefchrieben: eine Reihe abgeriffener Sätze, wie man fie in der gröfsten Aufregung fprechen würde. Bald fehlt das Verbum, bald das Object. Und doch haben diefe zufammenhanglos hingeworfenen Sätze einen fchrecklichen Sinn: »Nachdem fie hartnäckig mir es abgefchlagen, als ich fie inftändig vor ihrer Herrin darum bat — in dem Augenblick, wo fie mir Treue gelobt, mitten in der feierlichen Handlung! Er lachte, als er es las, der Verräther — und ich, wie ein Tropf —.« Dingelftedt fchreibt wohlgeordnete Sätze, ergänzt das Fehlende und giebt den Sinn vielleicht deutlicher, aber jedenfalls den Charakter des Originals nicht richtig wieder. Das leidenfchaftlich empörte »*Vous ne l'aurez pas!*« »Nein, Herr Graf, Sie follen fie nicht haben!« wird in den flachen Spott: »Aber kommen Sie nur, fuchen Sie, Sufannen follen Sie doch nicht finden«, umgewandelt. Grundlos ift auch folgende Abänderung: Figaro fagt: »*Quoique je ne le fois (mari) qu'à moitié*«, was Dingelftedt mit: »obgleich ich *noch keiner* (Ehemann) bin« überfetzt. *Zur Hälfte* ift er allerdings Ehemann, denn die feierliche Handlung der Vermählung ift vollzogen. Dafs Dingelftedt aus der Lancette des Thierarztes eine Guitarre, aus dem Luftfpiel »Volkslieder auf Jahrmärkten und heidnifche Schelmenftücklein«, aus dem

»Gefandten von — wer weifs woher?« den Gefandten des Kaifers von Marocco, aus mohammedanifchen Ländern »Glauben« und »Propheten« macht und die Gelegenheit benutzt, um für die Chriften in Syrien feine Fürbitte einzulegen — das Alles ift gewifs recht überflüffig, aber dabei wollen wir uns nicht aufhalten. Dafs aber Dingelftedt eine der allerwichtigften hiftorifchen Stellen des Monologs, gerade diejenige, bei welcher Ludwig XVI. ausrief: diefes ftaatsgefährliche Stück werde niemals auf die Bühne kommen — *»la tirade des prifons d'états«* nennt fie Madame de Campan — einfach unterdrückt, das ift geradezu ein literarifcher Frevel.

Ift die Stelle, fogar abgefehen von ihrer gefchichtlichen Bedeutung, nicht der Ueberfetzung werth? »Wie gern möchte ich einen jener Mächtigen, die heute emporgehoben, morgen fallen gelaffen werden, und deren freventlicher Leichtfinn fo viel Unheil anrichtet, in meinen Fäuften haben, wenn eine gut applicirte Ungnade feinen Stolz zu Schanden gemacht! Ich würde ihm fagen ... dafs gedruckter Unfinn nur da Wichtigkeit erlangt, wo man feinen Lauf zu hemmen fucht; dafs, wo es keine Freiheit des Tadels, auch kein fchmeichelhaftes Lob giebt, und dafs nur kleine Menfchen vor kleinen Schriften erzittern.«

Meine Ueberfetzung foll durchaus nicht als muftergültig hier angeführt werden, fie foll nur darthun, dafs die entfprechende Stelle des franzöfifchen Originals überfetzt werden *kann* und *nicht un*überfetzt bleiben *darf*. Ich bin mit Ausdrücken wie «Unterfchlagung«, «Fälfchung«, »Veruntreuung« immer, auch wenn es fich um geiftige Vergehen handelt, fehr vorfichtig — mir fehlt in der That das rechte Wort, um das Verfahren des Ueberfetzers hier zu charakterifiren.

Herr Dingelstedt sagt auf der erften Seite feiner Einleitung: »Wir folgen in unferen Aufzeichnungen dem neueften verdienstvollen Biographen Beaumarchais', Loménie.« Herr Dingelstedt kennt alfo Louis de Loménies Werk über Beaumarchais. Es ist fchade, dafs er die beiden ftarken Bände nicht durchgelefen hat. Hätte er dies Werk aufmerkfam gelefen, fo würde er die von ihm unterdrückte Stelle ficherlich nicht als gleichgültig unüberfetzt gelaffen haben, denn gerade ihr widmet Loménie (II. Bd. S. 331) eine fehr ausführliche Befprechung: »Sicherlich,« heifst es da u. A. »wenn Figaro uns zuruft: »Gedrucker Unfinn hat nur da Wichtigkeit, wo man feinen Lauf zu hemmen fucht,« fo antwortet darauf die beklagenswerthe Erfahrung, die fich bei uns unaufhörlich erneuert, auf der Stelle, dafs dies, wenigftens in Betreff Frankreichs, noch nicht richtig ift und dafs, zum Unheil für unfer Vaterland, gedruckter Unfinn thatfächlichen Unfinn, der die öffentliche Ordnung gefährdet, hervorruft, und den fchliefslich immer die Freiheit aus ihrer Tafche bezahlen mufs; wenn aber Figaro hinzufügt: »Ohne Freiheit des Tadels giebt es kein fchmeichelhaftes Lob,« welcher Menfch, der es redlich meint, könnte fich da verhehlen, dafs in diefem Ausfpruch etwas ewig Wahres fteckt, und dafs das abfolute Verbot des Tadels den moralifchen Werth des Lobes fchwer befchädigt.«

So Loménie, deffen gothaifche Anfichten über Prefsfreiheit ich nicht theile, der aber zugiebt, dafs in den von Herrn Dingelftedt nicht überfetzten Sätzen eine »ewige Wahrheit« enthalten ift. Herr Dingelftedt kannte Loménie, er nennt ihn mit Recht »verdienftvoll«, und gleichwohl ftreicht er gerade die Stelle, die dem verdienftvollen Loménie zu einer längeren Expectoration Veranlaffung giebt?

Sonderbar. Ubrigens haben *alle* Commentatoren und *alle* Biographen Beaumarchais' diefen Paffus eingehend befprochen; nur Herrn Dingelftedt fchien er der Ueberfetzung unwürdig.

Dafs in der von mir nicht citirten Hälfte des Monologs eben fo ftarke Abweichungen der Ueberfetzung vom Original, wie in der angeführten vorkommen, verfteht fich nach der ganzen Befchaffenheit der Dingelftedt'fchen Uebertragung von felbft. Ich will nur noch zwei Auslaffungen hier anführen:

»*Laiffant la fumée aux fots qui f'en nouriffent, et la honte au milieu du chemin comme trop lourde à un piéton*« fehlt in der deutfchen Ausgabe. »*Forcé de parcourir la route où je suis entré fans le favoir, comme j'en fortirai fans le vouloir, je l'ai jonché d'autant de fleurs que ma gaieté me l'a permis: encore je dis ma gaieté, fans favoir fi elle eft à moi plus que le refte*« fehlt ebenfalls.

So ift alfo auch der Monolog mit derfelben refpectlofen Willkür von Dingelftedt behandelt worden, wie der übrige Theil der Komödie — und doch hätte Dingelftedt bedenken follen, dafs er ein durch die Gefchichte geheiligtes Blatt vor fich hatte, das Achtung gebieten und fordern darf. Hätte er nur einmal mit einem gebildeten Franzofen fich über das Stück, das er überfetzt hat, unterhalten, er würde gewifs auf feine Arbeit gröfsere Sorgfalt verwandt haben; denn dafs er Befferes leiften *kann*, unterliegt für mich nicht dem leifeften Zweifel.

Welche Erinnerungen knüpfen fich an diefen Monolog allein!

Wie feierlich ftill wird es in den Räumen des *Théâtre français*, wenn Figaro: »*O femme, femme, femme!*« anhebt, wie erfteht in Figaro vor unfern Augen der vorrevolutionäre Proteſtirende, der dem *tiers-état* den Weg bahnt! Wie erſchallt bei ſeinen Diatriben gegen die despotiſche Gewalt auch heute noch der ſtürmiſche Beifall des jugendlichen Parterre, und wie pfeilſchnell rauſcht die Viertelſtunde an uns vorüber! Da wird nicht geſtrichen, nicht gekürzt — das Publicum ehrt die hiſtoriſche Erinnerung und wahrt den Monolog, wie ein Stück Nationalheiligthum, unverſehrt.

Wie tief die Wirkung des Monologs in das Volk gedrungen iſt, davon will ich zuguterletzt noch eine Geſchichte erzählen, die ich früher einmal in Prudhommes Memoiren geleſen habe: Der Vater des als »Joſeph Prudhomme« berühmten Schauſpielers Henri Monnier hatte durch einen Zufall Gelegenheit, Beaumarchais, kurz vor deſſen Tode, einen kleinen Dienſt zu erweiſen. Beaumarchais wollte ſich erkenntlich zeigen und bat Herrn Monnier, er möge irgend einen Wunſch äuſsern; wenn derſelbe zu erfüllen ſei, ſo ſolle es geſchehen. Und was verlangte Monnier?

»Declamiren Sie hier auf der Stelle vor mir den *Mononolog des Figaro!*«

Beaumarchais ſah ſeinen Gaſt erſtaunt an: »Eine merkwürdige Idee! In meinem Alter Komödie ſpielen; aber ich habe Ihnen nichts abzuſchlagen, und wenn Sie wollen, fange ich an.«

— »Brauchen Sie das Stück nicht?«

— »Das ſitzt *da!*« antwortete Beaumarchais, legte den Finger an die Stirn, und nachdem er einige Mal das Zimmer durchſchritten hatte, trug er die merkwürdige Scene vor, von der wir leider keine einigermaſsen brauchbare Ueberſetzung beſitzen.

Ich fchliefse. Einer Recapitulation bedarf es nicht. Ich glaube den Beweis geführt zu haben, dafs Dingelftedts Ueberfetzung nichts werth ift. Ich habe das Bewufstfein, es mit meiner Arbeit ernft genommen zu haben; das deutfche Publicum würde fich Glück wünfchen wenn Herr Dingelftedt von der feinigen daffelbe fagen könnte.

Proben modernster Uebersetzungskunst.

II.
Othello, der Mohr von Venedig

Von

WILLIAM SHAKESPEARE,

übersetzt von

FRIEDRICH BODENSTEDT.

Leipzig. — F. A. Brockhaus.

—

»Wer wird uns von den Römern und Griechen befreien?« rief ein Gegner Voltaires in einer seiner satirischen Episteln aus, in einer Aufwallung gerechter Ungeduld über die steife Travestirung der antiken Tragödie auf den französischen Brettern. Wer wird uns von den Shakespeare-Uebersetzern befreien? möchte man jetzt ausrufen, wenn man in jeder Büchersendung unvermeidlich einen neuen Versuch, die sämmtlichen Werke des grosen britischen Dichters in unser geliebtes Deutsch zu übertragen, wiederfindet. Ich kann mir kaum eine unzweckmäfsigere, eines geistvollen Schriftstellers und Dichters unwerthere Arbeit denken, als die: im Jahre des Heils 1871 Shakespeares dramatifche Werke ohne Unterfchied in's Deutfche zu überfetzen. Und doch befinden fich unter den Ueberfetzern Namen von beftem Klang, Dichter von altem Ruf und hervorragende junge Talente, Leute wie Bodenftedt, Dingelftedt, Freiligrath, Heyfe, Jordan, Adolf Wildbrandt u. f. w.

Die Löfung des Problems, dafs fich alle diefe und andere Schriftfteller von Werth und Bedeutung nach Schlegel-Tieck noch gedrungen fühlen, der mühevollen Aufgabe einer Shakefpeare-Ueberfetzung fich zu unterziehen, hatte für mich einen befondern Reiz. Die in den Anzeigen der Buchhändler immer und bisweilen auch in den Vorworten der Schriftfteller wiederkehrende Behauptung, dafs Schlegel-Tieck trotz aller ihrer Verdienfte noch immer nicht den höchften Grad der Vollkommenheit erreicht hätten, dafs fie übertroffen werden könnten und dafs die deutfche Nation durch ihr Vollverftändnifs des britifchen Dichters Anfpruch darauf habe, die Shakefpeare'fchen Werke in einer der Vollkommenheit möglichft nahen Uebertragung zu befitzen — diefe Behauptung allein war für mich noch keine Aufklärung. Ich mufste mir fagen, dafs das deutfche Volk fich Shakefpeares Dichtungen in der ihm von Schlegel-Tieck dargebotenen Geftalt fo zu eigen gemacht, als wären fie ein Originalwerk unferer Claffiker. Wir citiren in der That Shakefpeare nach der Schlegel-Tieck'fchen Ueberfetzung gerade fo, wie wir Goethe und Schiller citiren. Und nicht nur wegen der Gedanken Shakefpeares, fondern auch wegen der Form, welche ihnen die claffifche Ueberfetzung von Schlegel-Tieck gegeben hat; bisweilen fogar *nur* wegen diefer letzteren. »Von des Gedankens Bläffe angekränkelt«, »in fragwürdiger Geftalt«, »fchlotterige Königin« und viele andere Wendungen find gerade wegen ihres charakteriſtiſchen, deutſchen ſprachlichen Gewandes und nicht wegen des bisweilen gar nicht bedeutenden gedanklichen Inhalts in den Citatenſchatz unſerer Mutterſprache aufgenommen worden.

Gewiſs iſt die alte Ueberſetzung bisweilen ungenau, fehlerhaft und holperig: ich halte es auch für ein ganz verdienſtliches Unternehmen, in einer philologiſchen Zeitſchrift oder in einer Broſchüre auf dieſe Mängel und Unebenheiten hinzuweiſen. Einzelne Dramen ſind ſogar im Groſsen und Ganzen mittelmäſsig überſetzt. Der bei Weitem gröſsere Theil aber und namentlich alle diejenigen Dramen, welche Schlegel überſetzt hat, ſind doch geradezu Meiſterwerke der Ueberſetzungskunſt. Und wenn ſich in dieſen fehlerhafte Kleinigkeiten vorfinden, ſo iſt's wahrlich nicht der Mühe werth, deshalb das ganze groſse Werk beſeitigen zu wollen und den Verſuch zu machen, etwas Neues an ſeine Stelle zu ſetzen. Wir wollen dieſe Incorrectheiten mit derſelben Gelaſſenheit hinnehmen, wie in unſeren claſſiſchen Dichtungen grammatiſche und ſonſtige Fehler, ſchlechte Reime und dergleichen. Ebenſowenig wie es einem vernünftigen Menſchen in den Sinn kommen kann, etwa den »Fauſt« in reine Reime bringen zu wollen und die Härten und Abweichungen vom Sprachgebrauch daraus zu entfernen, ebenſowenig ſollte meines Erachtens ein Dichter, der ja aus eigener Erfahrung weiſs, welchen Reſpect die Dichtung zu fordern berechtigt iſt, nach Schlegel eine Neuüberſetzung des Shakeſpeare vornehmen. Wenn er es dennoch thut, ſo muſs er ohne Zweifel von dem ſtolzen Bewuſstſein unterſtützt werden, daſs er es vorausſichtlich beſſer machen wird, als ſeine claſſiſchen Vorgänger.

Nur das kann die Arbeit felbſt als eine berechtigte und zweckdienliche erſcheinen laſſen.

Ich habe nun eine der neuen Ueberſetzungen ſorgfältig mit der alten verglichen; ich habe mir nicht den Verſuch eines unberufenen Stümpers ausgeſucht, ſondern die Arbeit eines Mannes gewählt, welcher durch ſeine eigene dichteriſche Thätigkeit, durch ſein ſeltenes Sprachtalent und ſeine ungewöhnliche Beherrſchung der Form ſich eine ſehr achtenswerthe Stellung in der Literatur erworben hat.

Wenn Bodenſtedt, der Dichter des »Mirza-Schaffy«, der Ueberſetzer des Puſchkin, der Shakeſpeare'ſchen Sonette, bei der Uebertragung eines der bedeutendſten Shakeſpeareſchen Dramen die Grofsartigkeit der Ueberſetzung ſeiner Vorgänger zu erreichen nicht vermochte — wenn ſich mir dieſe Ueberzeugung mit zwingender Kraft bei der Vergleichung aufdrängte, ſo mufste dies meinen Zweifel über die Nothwendigkeit, alle Shakeſpeare'ſchen Stücke auf's Neue zu überſetzen, weſentlich erhöhen. Um nicht der Einſeitigkeit geziehen zu werden, will ich gleich bemerken, dafs natürlich einzelne neue Uebeſetzungen ihre Berechtigung haben; ſo wird z. B. der Wildbrandt'ſchen Ueberſetzung des »Coriolan« der Vorzug vor der Schlegel-Tieckſchen und der von Vofs, welche gewöhnlich für die Aufführung gewählt wird, gegeben. Auch die Heyſe'ſche Ueberſetzung des »Antonius« ſoll beſſer ſein, als die alte. Ich habe dieſe Ueberſetzungen nicht mit einander verglichen und habe deshalb kein Urtheil in der Sache.

Zu der Ueberzeugung aber, dafs Bodenſtedt ſeine Vorgänger nicht erreicht, geſchweige denn übertroffen hat, bin ich durch eine aufmerkſame Vergleichung ſeiner Ueberfetzung des »Othello« *) mit der Schlegel-Tieck'fchen **) von Wolf Baudiffin und beider mit dem Original ***) gelangt. Ich will diefe Ueberzeugung zu begründen fuchen.

Leider kann ich meiner Arbeit nicht diejenige Ausdehnung geben, welche vielleicht nothwendig wäre. Wollte ich alle mehr oder minder beachtenswerthe Abweichungen, welche zwifchen der Bodenftedt'fchen und der Schlegel-Tieck'fchen Ueberfetzung beftehen, hier anführen, fo würde ich einen Band füllen. Oft aber find die Abweichungen ganz geringfügig und wegen ihrer Ueberflüffigkeit geradezu unbegreiflich; wo fie ftark find, fcheinen fie mir faft immer unglücklich zu fein. Von den beiden Arten von Abweichungen, den geringfügigen und wefentlichen, will ich einige Beifpiele hier geben; und ich glaube, man wird mit mir zu der Ueberzeugung gelangen, dafs die Abänderungen und Neuerungen entweder überflüffig oder fchädlich find.

Der weitaus gröfste Theil der Abweichungen der Bodenftedt'fchen Uebertragung von der Schlegel-Tiecks gehört der erfteren Kategorie an: die meiften find einfach zwecklos. Es ift ift wahrhaft fpafshaft zu beobachten, welche Mühe fich der neue Ueberfetzer giebt, um daffelbe,

---

*) Shakefpeare's Werke. Ueberfetzt von Bodenftedt, Freiligrath, Gildemeifter, Paul Heyfe, Herm. Kurz, Wildbrandt u. f. w., herausgegeben von Fr. Bodenftedt. Erftes Bändchen: Othello, überfetzt von Friedr. Bodenftedt, Leipzig, F. A. Brockhaus. 1867.

*) Fünfte Octav-Ausgabe. 12. Band. Berlin, Georg Reimer. 1857.

**) *Tauchnitz edition, the plays of William Shakefpeare. Leipzig* 1868.

was Schlegel und Tieck gesagt haben, ganz genau in derselben Form wiederzusagen, und dabei doch einige andere Worte zu gebrauchen, welche den von den früheren Uebersetzern gewählten möglichst nahe kommen und doch nicht ganz dieselben sind. Sagen die alten Ueberfetzer »erhalten«, so sagt Bodenstedt »empfangen«, sagen sie »begehen«, so sagt er »verüben«, gebrauchen sie im Dialog »Ihr«, so duzt Bodenstedt, und duzen sie, so sagt er »Ihr«, sagen sie »Türke«, so sagt er »Muselmann« und sagen sie »Muselmann«, so sagt er »Ottomane«. Man wird mir zugeben, dafs das ziemlich gleichgültig ist.

So sagt Bodenstedt (S. 15):

»Hohe Herren!
Die *Türken* haben, grad auf Rhodus steuernd etc.«

Schlegel-Tieck (S. 19):

»Die *Ottomanen*, weise, gnäd'ge Herren,
In gradem Lauf zur Insel Rhodus steuernd etc.«

Dagegen Bodenstedt (S. 16):

»Tapfrer Othello, wir bedürfen Eurer
Gleich *gegen* unsern allgemeinen Feind,
Den *Ottomanen*«.

Schlegel-Tiek (S. 20):

»Tapfrer Othello, ihr müfst gleich in's Feld
Wider den allgemeinen Feind, den *Türken*.«

Ich gestehe, dafs ich da weder für das eine noch für das andere eine besondere Vorliebe habe. Es ist mir vollständig gleichgiltig, ob Othello *»gegen* die *Ottomanen«* oder *»wider* die *Türken«* ausgesandt wird.

Ich finde auch keinen erheblichen Unterschied zwischen

Desdemonas Worten in der Schlegel-Tieck'fchen Ueberfetzung S. 121:

»Wollt *ihr* zu Bett gehn, mein Gemahl? . . .«
»Ach, mein Gemahl! Was willft *du* damit fagen?«

und Bodenftedts:

»Willft *du dich* fchlafen legen, mein Gemahl? . . .«
»Ach, mein Gemahl, was könnt *ihr* damit meinen?«

Wird die Abweichung Bodenftedts von feinen Vorgängern um eine Linie ftärker, unterfcheidet fich der neue Ausdruck auch nur durch eine leife Schattirung von der alten, fo fcheint mir, dafs jedesmal Schlegel-Tieck den Vorzug verdient. In demfelben Mafse, in welchem die neue Ueberfetzung von der alten abweicht, bleibt fie auch hinter der Schönheit der alten zurück. Beifpiele: Rodrigo fagt bei Bodenftedt in der 1. Scene (Seite 7) zu Brabantio:

»Die *befte, reinfte* Abficht führt mich her.«

Die alte Ueberfetzung für Shakefpeare's:

»*In fimple and pure foul I come to you,*«

»In *arglos reiner* Abficht komm ich her.«

fcheint mir wörtlicher und beffer zu fein. Ich fehe auch keinen Grund, weshalb man die alte Ueberfetzung von

»*For an abufer of the world, a practifer
Of arts inhibited and out of warrant.*«

»Als einen *Volksbethörer*, einen *Zaubrer*,
Der unerlaubte, böfe Künfte treibt.«

abändern foll, wie es Bodenftedt gethan hat, in:

»Als einen *volksgefährlichen Betrüger*,
Der fträfliche verbotne Künfte übt.«

Schlegel-Tieck laffen Brabantio von Othello fagen:

»an folches Unholds
Pechfchwarze Bruft, die Grau'n, nicht Luft erregt.«

Bodenftedt überfetzt, allerdings wörtlicher, aber viel weniger draftifch das »*to the footy bofom of fuch a thing as thou, — to fear, not to delight*«

»an den *rufsigen Bufen*
Eines Gefchöpfs wie du, graunvoll, nicht wonnig.«

Auf mich macht es einen komifchen Eindruck, von Othellos »Bufen« fprechen zu hören, zumal von feinem »rufsigen« Bufen; ich würde auch niemals mit einem vierfchrötigen Mohrengeneral den Ausdruck »wonniges Gefchöpf« in irgend welche Beziehung bringen. »Wonniges Gefchöpf« und »Bufen« paffen doch gar zu fchlecht für den fehr männlichen Othello. Ich weifs fehr wohl, dafs »*footy*« »rufsig« heifst, und ich habe fogar Grund anzunehmen, dafs Baudiffin es auch gewufst hat. Aber das wunderbare Sprachgefühl, welches diefem Ueberfetzer eigen ift, zeigt fich gerade an den Stellen, welche er nicht ganz wörtlich wiedergiebt, in der bewunderungswertheften Weife. Ohne Grund weicht er niemals vom Original ab, und feine bewufstvollen Umfchreibungen oder Abänderungen zeigen immer von einem ftaunenswerthen Gefchmack und poetifchem Zartgefühl. Dafs man diefe Abänderungen wiederum abändert, um die Uebertragung dem Wortlaute des Originals näher zu rücken, fcheint mir eine vollftändige Verkennung der Aufgabe des Ueberfetzers zu fein. Die *wörtliche* Wiedergabe des Originals ift ja, namentlich bei einem Dichterwerke, häufig keineswegs die richtige und wahre. Die Wörtlichkeit in der Ueberfetzung ift oft ebenfo lügnerifch und entftellend wie die ganz genaue Abfpiegelung des Antlitzes auf der photographifchen Platte: alle Züge find da, alle Verhältniffe richtig und doch ift das Bild nicht ähnlich; es fehlt der Ausdruck, das Leben. Und wenn nun ein Maler mit dem wahren Künftlerauge an dem vollftändig correcten photographifchen Abbilde eine künftlerifch empfundene, verftändnifsvolle Aenderung vornimmt, einen Zug hineinbringt, der auf der Phyfiognomie fichtbar gar nicht hervortritt, der fich nicht nachweifen läfst und deshalb auch auf dem todten Bilde fehlt, einen andern wegwifcht, den das Bild aufweift und der alfo auch im Leben da fein mufs, die Verhältniffe ändert — dann wird auf einmal das Bild ähnlich! Der Ausdruck ift da; obwohl möglicherweife das Auge gröfser geworden ift, als das Original es hat, oder eine Falte entfernt worden ift, welche auf der Phyfiognomie des Originals, wie die mechanifche Reproduction zeigt, doch vorhanden ift. Und fo ift es auch mit der Ueberfetzung. Wir werden noch fehen, zu welchen fabelhaften Verirrungen Bodenftedt die Sucht verleitet hat, wörtlicher überfetzen zu wollen als Schlegel-Tieck es gethan haben, wie er correcte Wiedergaben bewerkftelligt, »die graunvoll, nicht wonnig«.

Und es ift nicht einmal Syftem in der Bodenftedt'fchen Ueberfetzung. Sehr oft ift die alte Ueberfetzung wörtlicher: »*heaven*« überfetzt Bodenftedt z. B. mit »Gott«, während Schlegel-Tieck einfach »Himmel« überfetzen.

»If it were now to die,
'T' were now to be moft happy.«

heifst in der alten Ueberfetzung einfach und fchön:

»Gält es, *jetzt* zu fterben,
Jetzt wär' mir's höchfte Wonne.«

Ich finde Bodenstedts Ueberfetzung:

> »Müfst ich *jetzt* fterben, wär es ein *Moment*
> Zugleich des höchsten Glücks.«

aufserordentlich platt dagegen. Die Wiederholung des »*now*« »*now*«, »jetzt« »jetzt«, mit »ein Moment zugleich« zu umfchreiben, gefällt mir gar nicht. Das Wort »Moment« würde ich überhaupt nicht ohne befondere Veranlaffung im hohen Stile der Dichtung anwenden. ·

Das wahrhaft krankhafte Beftreben, *anders* als Schlegel-Tieck überfetzen zu wollen, verführt Bodenftedt auch zu offenbaren Irrthümern. Othello befchwichtigt in der 3. Scene des 1. Actes feine Genoffen mit den Worten:

> «*Were it my cue to fight, I fhould have known it
> Without a prompter.*»

Die alte Ueberfetzung fagt ganz richtig dafür:

> »War Fechten meine *Rolle*, nun die wüfst ich
> Auch ohne *Stichwort*.«

Die Ueberfetzung bleibt alfo vollftändig in dem Bilde, welches das Original gebraucht. Othello braucht zur Rolle des Fechtens keinen Souffleur. Da überfetzt Bodenftedt:

> »Wäre Kampf mein *Stichwort*, wüfst ich's ohne *Zuruf*.«

und fällt alfo aus dem Bilde. Ganz ähnlich verhält es fich mit folgender Stelle (IV. Aufzug, 2. Scene)

> »*I fhould make very forges of my cheeks,
> That would to cinders burn up modefty,
> Did I but fpeak thy deeds.*«

Baudiffin übefetzt einfach und gut:

> »Schmelzöfen müfst ich machen aus den Wangen
> Und meine Sittfamkeit zu Afche brennen,
> Nennt ich nur deine Thaten!«

Wieder ein ſtarkes Bild, wie es Shakeſpeare liebt. Othello kann die Thaten Desdemona's nicht nennen, ohne daſs die Gluth der Scham ihm die Wange verbrennt; und wollte er ſie nennen, ſo würde bei dieſer Gluth »das allzu feſte Fleiſch ſchmelzen« und ſeine »*modeſty*« zu Aſche brennen. Die Ueberſetzung des Wortes »*forges*« mit »*Schmelzöfen*« iſt deshalb die richtige. Bodenſtedt, der die Wege meidet, die ſeine Vorgänger gegangen ſind, und mit eigenſinniger Laune immer dicht neben die Fuſsſtapfen Schlegel-Tiecks ſeinen Fuſs ſetzt, ändert wiederum und überſetzt »*forges*« mit »*Schmiedeöfen*«:

»Zu Schmiedeöfen würden meine Wangen,
Die alles Schamgefühl zu Aſche glühten,
Spräch ich von deinem Treiben.«

Jeder mit einem einigermaſsen ausgebildeten Sprachgefühle und etwas reger Phantaſie ausgeſtattete Menſch wird durch die Bodenſtedt'ſche Ueberſetzung wider Willen zu der Annahme veranlaſst, daſs Othello ein ſogenanntes »Ohrfeigengeſicht« beſeſſen haben müſſe. Seine Wangen ſollen zu »Schmiedeöfen« werden! Man ſieht im Geiſte gleich Hammer und Amboſs vor ſich und hört die wuchtigen Streiche fallen, daſs die Funken ſprühen. Weshalb dieſe Abänderung? Glaubt Bodenſtedt wirklich, daſs es beſſer geworden iſt?

Aber es kommen noch andere Dinge vor. In der groſsartigen Scene in Desdemonas Schlafgemach, auf die ich übrigens noch zurückkommen werde, überſetzt Schlegel-Tieck die ergreifenden Worte Desdemonas:

»*If you ſay ſo, I hope you will not kill me*«

ganz wörtlich:

»Wenn du ſo ſprichſt, *dann wirſt du mich nicht tödten.*«

Wer aber mit dem Mikrofkop hinfieht, wird bemerken, dafs der alte Ueberfetzer das »*I hope*« unberückfichtigt gelaffen hat. Er hat wahrfcheinlich angenommen, dafs in dem zuverfichtlichen Futurum »du wirft« die vertrauensvolle Hoffnung fchon enthalten ift; er hat vorausgefetzt, dafs der Lefer fich dies »ich hoffe« von felbft ergänzt und dafs die Schaufpielerin durch die Betonung fchon unwillkürlich das hoffende Gefühl ausdrückt. Bodenftedt war aber an feinem »*I hope*« gelegen, und er überfetzt alfo:

»Wenn du fo fprichft, *hoff' ich, du läfst mich leben.*«

Mich verfetzt die Aufforderung Desdemonas, fie »leben zu laffen«, wider Willen in eine fröhliche Tafelftimmung. Ich fehe im Geifte Othello an das Glas klopfen, um den üblichen Toaft auf Desdemona auszubringen: »Werthe Tifchgenoffen! Von meiner verehrten Nachbarin aufgefordert, fie leben zu laffen, kann ich nicht umhin etc. etc. Und in diefem Sinne bitte ich Sie, das Glas zu ergreifen und mit mir einzuftimmen in den Ruf: »Desdemona lebe hoch!« Dann hat ihr Othello ihren Willen gethan: er hat fie »leben laffen«. Nun aber ernft gefprochen! »Hoff' ich« ift alfo gerettet. Dagegen ift aus dem »*you will not kill me*«, »du wirft mich nicht tödten«, das abgeblafste und unpoetifche »du läfst mich leben« geworden. Merkt denn Bodenftedt gar nicht den Unterfchied zwifchen dem fchwächlichen Ausruf *feiner* Desdemona und dem tiefpoetifchen der Shakefpeare'fchen? Es ift ihr ja nicht blos daran gelegen, dafs man fie *leben* laffe; fie will, dafs *Othello* fie nicht *tödten* foll! Gewifs bangt fie um ihr junges Leben, aber fchrecklich vor allem ift ihr, wie fie ja felbft ausfpricht, dafs fie fterben foll durch die Hand des geliebten Mannes. Sie wehklagt: »Graufamer Tod, der nur um Liebe tödtet«, was Bodenstedt wiederum in: »Um Liebe tödten, das ist unnatürlich« vergewöhnlicht.

Ueberhaupt hat Bodenstedt das Unglück, jedesmal, wenn er mit dem Finger die alte Ueberfetzung berührt, ihr den poetifchen Schmetterlingsftaub abzuwifchen. Man vergleiche z. B. die folgenden Verfe im Original mit der alten und neuen Ueberfetzung:

»*And yet I fear you; for you're fatal then*
When your eyes roll fo: why I fhould fear I know not,
Since guiltiness I know not; but yet I feel I fear.«

Die alte Ueberfetzung lautet:

»Und dennoch fücht' ich dich, denn du bift fchrecklich,
Wenn fo dein Auge rollt.
Warum ich fürchten follte, weifs ich nicht,
Da ich von Schuld nichts weifs; *doch fühl ich, dafs ich fürchte.*«

Ich halte es für unmöglich, wörtlicher und fchöner zu überfetzen; wenigftens hat die Bodenftedt'fche Ueberfetzung mich nicht zu der Ueberzeugung gebracht, dafs er es beffer machen könne. Er überfetzt:

Und doch fürcht' ich dich, denn, wenn deine Augen
So rollen, bift du fchrecklich. *Zwar weifs ich nicht,*
Woher die Furcht, da ich von Schuld nichts weifs;
Dennoch empfind' ich Furcht.«

Ich meine, diefe Ueberfetzung kann einen Vergleich mit der alten gar nicht beftehen. Was ift das gleich für ein entfetzlicher Vers:

»Und doch fürcht' ich dich, denn, wenn deine Augen ...«

Und das fchöne »*I feel I fear*«, das Schlegel-Tieck mit derfelben Alliteration »Ich fühle, dafs ich fürchte« ganz genau und durchaus dichterifch wiedergegeben hat, wird zu dem flachen: »ich empfinde Furcht« entftellt.

Die immer wiederkehrende Paffion Bodenftedts, Schlegel-Tieck nicht geradezu abzufchreiben, aber doch mit beinahe denfelben Worten daffelbe zu fagen — denn wie es Schlegel-Tieck gefagt, »fo ungefähr fagt's unfer Pfarrer auch« — führt Bodenftedt aber auf weit bedenklichere, verhängnifsvolle Irrwege.

Othello fagt in der alten Uebefetzung:

»Das Tuch, das ich fo werth hielt und dir *fchenkte*,
Du *gabft* es Caffio.«

Bodenftedt fagt fich: das mufst du anders machen; wo die alten Herren »fchenken« fagen, fagft du »geben« und wo fie »geben« fagen, fagft du »fchenken«. Und fo entfteht bei ihm Folgendes:

»Das Tuch, das ich fo werth hielt und dir *gab*,
Schenkteft du Caffio.«

An fich wäre es nun ein äufserft arglofes Vergnügen, mit einem guten Lexikon der Synonymik verfehen, an der Schlegel-Tieck'fchen Ueberfetzung in diefer Weife herumzuwortfpielern. Es würde fich nur fragen, ob ein folches Vergnügen eines ernften und guten Schriftftellers würdig ift. Indeffen hier ift wiederum ein offenbarer Irrthum Bodenftedts nachzuweifen. »Geben« und »fchenken« find eben keine fynonymen Begriffe, die fich vollftändig decken. Shakefpeare hat hier nur das eine Wort »*give*« gebraucht:

»*That handkerchief which I fo lov'd and gave thee
Thou gav'ft to Caffio.*«

Ganz wörtlich überfetzt würde die Stelle alfo lauten:

»Das Tuch, das ich fo werth hielt und dir gab,
Du gabft es Caffio.«

Der alte Ueberfetzer hat aber mit feiner wundervollen Kenntnifs unfrer Sprache fich ganz richtig gefagt, dafs das Wort »fchenken« im erften Satze bezeichnender ift, weil es die Weggabe eines Gegenftandes ausdrückt, den der bisherige Befitzer »fo werth hielt«. Othello *fchenkt* das Tuch, das ihm fo werth ift, mit Freuden feiner geliebten Desdemona und fie *giebt* es, wie er glaubt, leichtfinnigerweife als ein für fie werthlofes Ding ihrem vermeintlichen Buhlen. Bei Bodenftedt wird der Sinn ganz anders: da *fchenkt* Desdemona das Tuch dem Caffio; das Tuch hat alfo auch in den Augen Desdemonas Werth. Othello hätte demnach gar keinen Anlafs, befonders hervorzuheben, dafs das Tuch für *ihn* werthvoll fei; es hat in Desdemonas Befitz feinen Werth beibehalten. Gerade in folchen, anfcheinend unwefentlichen Dingen zeigt fich die Ueberlegenheit, der aufmerkfame Eifer und die poetifche Bedeutung der alten Ueberfetzer. Man follte fich doch immer befinnen und genau prüfen, bevor man das, was der Fleifs, die Wiffenfchaft und das Talent diefer Alten errichtet haben, umzuftürzen fich unterfängt.

Wenn die alten Ueberfetzer vom Original völlig abweichen, fo haben fie, wie ich fchon bemerkte, immer einen guten Grund dafür. »*Il y a fagots et fagots.*« Es giebt Ueberfetzungen und Ueberfetzungen, philologifche und poetifche, photographifche und malerifche, folche, die den *Wortlaut* ftarr herübertragen in die andere Sprache, und folche, denen es vornehmlich darum zu thun ift, den poetifchen *Inhalt* unverfehrt zu erhalten. Bei den letzteren muſs bisweilen die Genauigkeit geopfert werden, weil der Geiſt der Sprache ein verſchiedener iſt, weil ſich mit denſelben Worten in dieſer und jener Sprache verſchiedene Begriffe verbinden und weil deshalb dieſelben Worte auf das Gefühl dieſes und jenes Volkes eine ganz verſchiedene Wirkung hervorbringen. Das iſt ja, was Goethe, der ſich auch auf's Ueberſetzen verſtand, mit ſeiner herrlichen Klarheit ausſpricht: »Beim Ueberſetzen muſs man bis an's Unüberſetzliche herangehen, alsdann wird man aber erſt die fremde Nation und die fremde Sprache gewahr.« Von Alfred de Muſſet, von Béranger werden wir niemals gute Ueberſetzungen bekommen können; und die beſte Ueberſetzung wird immer einen ganz andern Eindruck machen als das Original, weil dieſe Dichter in ihren Liedern ſehr viel Worte gebrauchen, die in wortgetreuer deutſcher Wiedergabe ihr neckiſch flatterndes Gewand der originalen Schalkhaftigkeit abſtreifen, alsdann anſtöſsig und ſogar unanſtändig nackt werden. Die engliſche Sprache iſt nun allerdings mit der unſrigen nicht nur wort-, ſondern auch begriffsverwandter als die franzöſiſche; und deswegen haben wir auch viel beſſere Ueberſetzungen der engliſchen Dichter als der franzöſiſchen. Aber immerhin iſt es ein Ding der Unmöglichkeit, auch bei den engliſchen Dichtern, den Wortlaut unter allen Umſtänden aufrecht zu erhalten, wenn man darum bemüht iſt, die poetiſche Bedeutung des Gedichts und den poetiſchen Eindruck, den es hervorzurufen beſtimmt iſt, zu erhalten.

So hat Shakeſpeare im Othello (IV. Act, 2. Scene) in der ſtarken Bilderſprache der Bibel, welche ja auch davon ſpricht, daſs »die Erde ihr Maul aufthut« und daſs Unthaten »zum Himmel ſtinken«, eine Stelle, welche ſich nach meinem Gefühl im Deutſchen nicht wiedergeben läſst, ohne eine vom Dichter des Originals keineswegs beabsichtigte Wirkung hervorzurufen:

»Heaven stops the nose at it, and the moon winks;
The bawdy wind, that kisses all it meets,
Is hush'd within the hollow mine of earth,
And will not hear it.«

Die beim »Himmel« vorausgesetzten Geruchswerkzeuge gehen uns gegen das Gefühl, und selbst die »unwillkürlich ausschmückende Mohrenphantasie« Othellos — um Bodenstedts wunderlichen Ausdruck zu gebrauchen — vermag uns mit der »Nase des Himmels« nicht auszusöhnen. Der alte Ueberfetzer verwirft daher den Wortlaut und rettet den Sinn wie die Wirkung von Othellos aufgeregter Rede:

»*Dem Himmel ekelt's* und der Mond verbirgt sich;
Der Buhler Wind, der küsst, was ihm begegnet,
Versteckt sich in die Höhlungen der Erde
Und will nichts davon hören!«

Bodenstedt — es ist unglaublich! — übersetzt wörtlich und entsetzlich wie folgt:

»*Der Himmel hält die Nase dabei zu,*
Der Mond verbirgt sich und der üppige Wind,
Der alles küsst, huscht in die Höhlungen
Der Erde, um es nicht zu hören!«

Wenn das eine Verbesserung ist, dann weiss ich's nicht! Noch wörtlicher wäre gewesen, wenn Bodenstedt für »*stop*« das wohllautende Wort »stopfen« angewandt hätte.

Ich freue mich, einen Mann gefunden zu haben, der meine Ansichten über die Unmöglichkeit, in allen Fällen die Wörtlichkeit in der Ueberfetzung mit der Wahrheit zu vereinigen, vollkommen theilt. Als ich die Wörtlichkeit in der Ueberfetzung als lügnerifch und entftellend bezeichnete und mit der Abfpiegelung des Antlitzes auf der photographifchen Platte verglich, wufste ich nicht, oder hatte vergeffen, dafs Leffing daffelbe fchon kürzer und fchärfer gefagt hat, wenn er behauptet, dafs die gröfste wörtliche Treue in der Uebertragung zur gröfsten geifligen Untreue werde. Zu diefer Ueberzeugung bekannten fich Schiller und Schlegel und noch ein andrer hervorragender moderner Ueberfetzer. Er fagt: »Wer Shakefpeare »mit Haut und Haar« geniefsen will, der mufs ihn im Urtext lefen und fich bequemen, dazu eingehende Studien zu machen, da felbft ein geborner Engländer den alten Text ohne Erklärungen nicht verftehen kann. Die befte Ueberfetzung kann den Urtext nicht erfetzen, fie kann nur eine mehr oder minder annähernde Vorftellung davon geben. Aus der Ueberfetzung kann man den Dichter nur fo kennen lernen, wie er fich im Geifte des Ueberfetzers abfpiegelt. Ift diefer feiner Aufgabe gewachfen, fo wird er die Eigenthümlichkeit feines Vorbildes wiedergeben, *ohne fich ängftlich an Ausdrücke zu hängen*, deren wörtliche Ueberfetzung allzu befremdend oder ftörend wirkt. Denn was in *einer* Sprache fehr poetifch klingt, kann, gerade bei wortgetreuer Ueberfetzung, in der andern Sprache einen fehr albernen, die Stimmung wefentlich beeinträchtigenden Eindruck machen.«

Das ift ganz meine Meinung, und ich bin diefem verftändigen Manne zu herzlichem Danke verpflichtet; feine trefflichen Worte werden nicht verfehlen auf den Ueberfetzer des Othello, Friedrich Bodenftedt, tiefen Eindruck zu machen; denn diefer verftändige und bedeutende

Schriftfteller ift kein Geringerer als Friedrich Bodenftedt felbft.*)

Die Perle habe ich mir zum Schlufs aufbewahrt.

Wir wollen hier eine gröfsere Stelle des Dramas, eine der fchönften, in der Ueberfetzung von Schlegel-Tieck und der Bodenftedt'fchen vollftändig mittheilen. Die aufmerkfame Vergleichung wird alle Fehler und alle Verkehrtheiten der Bodenftedt'fchen Uebertragung und das Verfehlte der ganzen Arbeit am Anfchaulichften erkennen laffen. Man wird fehen, dafs das wahrhaft Gute der Bodenftedt'fchen Ueberfetzung aus der Schlegel-Tieck'fchen entnommen ift, dafs die Veränderungen zum Theil unwefentlich, launenhaft und eigenfinnig, zum Theil fchädlich und unpoetifch, zum Theil geradezu verderblich und entftellend find.

Ich wähle Othellos Monolog im Schlafgemach:

Schlegel-Tieck'fche Ueberfetzung.	Bodenftedt'fche Ueberfetzung.
Othello.	*Othello.*
Die Sache will's, die Sache will's, mein Herz!	Die Sache will's, die Sache will's, mein Herz —
Lafst fie mich euch nicht nennen, keufche Sterne! —	Lafst mich fie euch nicht nennen, keufche Sterne!
Die Sache will's. — Doch nicht ihr Blut vergiefs' ich;	Die Sache will's. Ihr Blut vergiefs' ich nicht,

---

*) Der obige Satz ift dem Auffatze: »Wie foll man Shakefpeare überfetzen?« entnommen, welchen Friedrich Bodenftedt vor einigen Jahren im Morgenblatt der »Bayerifchen Zeitung« und fpäter als Separatabdruck in Brochurenformat noch einmal veröffentlichte. (Siehe die Morgenblätter der »Bayerifchen Zeitung« Nr. 160 — Nr. 163 vom 12—16 Juni 1865.)

Noch ritz' ich diefe Haut fo
  weifs wie Schnee,
Und *fanft* wie eines Denkmals
  Alabafter. —
Doch fterben mufs fie, fonft be-
  trügt fie Andre.
Thu' aus das Licht, und dann
  — Thu' aus das Licht; —
Ja, löfch' ich dich, *du flammen-*
  heller Diener —
Kann ich dein vorig Licht dir
  wiedergeben,
Sollt' ich's bereu'n; — doch *dein*
  Licht ausgethan,
Du reizend Mufter herrlichfter
  Natur,
Nie find' ich den Prometheus-
  funken wieder,
Dein Licht zu zünden. Pflückt'
  ich deine Rofe,
Nie kann ich ihr den Lebens-
  wuchs erneu'n,
Sie mufs, mufs welken; *dufte*
  mir vom Stamm!
O würz'ger *Hauch*, der felbft
  Gerechtigkeit
Ihr Schwert zu brechen zwingt!
  — Noch einen! einen!
Sei wann du todt bift fo, dann
  tödt' ich dich,
Und liebe dich nacher — noch
  einen und den letzten!
So füfs war nie fo tödtlich. Ich
  mufs weinen.
Doch find's graufame Thränen;
  diefer Schmerz
Ift wie *des Himmels*, ftrafend,
  wo er liebt. — Sie wacht. —

Noch ritz' ich ihre Haut, weifser
  als Schnee
Und *glatt* wie eines Denkmals
  Alabafter;
Doch fterben mufs fie, fonft be-
  trügt fie Andre.
Thu aus das Licht, und dann
  thu aus das Licht; —
Dienftbare Flamme, löfch' ich
  dich, fo kann ich
Dein Licht aufs neu' anzünden,
  wenn mich's reut;
Doch hab' ich einmal *dein* Licht
  ausgethan,
Du wundervolles Bildwerk der
  Natur!
Wo fänd' ich den Prometheus-
  funken, dich
Neu zu entzünden? Pflückt ich
  deine Rofe
Kann ich den Lebenswuchs ihr
  nicht erneun,
Sie mufs verwelken. — *Noch am*
  Baume riech' ich —
Balfamifcher Hauch, der die
  Gerechtigkeit
Faft zwingt, ihr Schwert zu bre-
  chen! — Noch, noch einen! —
Sei fo im Tode, und ich will
  dich tödten,
Und weiter lieben. — Einen noch,
  den letzten;
So füfs war nie fo tödtlich. Ich
  mufs weinen,
Doch find's graufame Thränen;
  diefer Schmerz
Ift *himmlifch*: ftrafend, wo er
  liebt. — Sie wacht.

Die erste Abänderung ist, wie man sieht, die: daß Othello, nach Schlegel-Tieck, von Desdemonas Haut sagt: sie sei »*sanft*« wie eines Denkmals Alabaster (*smooth as monumental alabaster*), während Bodenstedt »*glatt*« sagt. Ich finde, daß diese Aenderung die Dichtung nicht verschönt hat. Den poetischen Ausdruck für die flammende Kerze »*thou flaming minister*«, für welchen der alte Ueberetzer den ebenso schönen »*du flammenheller Diener*« gefunden hat, giebt Bodenstedt, der nun wiederum ohne jeden Anlaß von seinem Princip, wörtlich zu übersetzen, abweicht, mit »*dienstbare Flamme*« wieder. Auch hierin vermag ich eine Verbesserung nicht zu erkennen. Der »würzige Hauch« (*balmy breath*) der alten Ueberetzung ist mir, weil deutscher, auch viel lieber als der »balsamische Hauch« Bodenstedt's.

Ungleich poetischer ist die Uebertragung der Shakespeare'schen Worte: »*this sorrow's heavenly; it strikes where it doth love*« bei Baudiffin als bei Bodenstedt. Daß »*haevenly*« »himmlisch« heißt, wird der alte Ueberetzer ohne Zweifel gewußt haben; aber nicht ohne Grund hat er trotzdem in der Ueberetzung das Eigenschaftswort nicht gebraucht. Wir können in Deutschland eine »himmlische Freude« empfinden; daß unter »himmlischem Schmerz« aber der Schmerz, welchen der Himmel empfindet, zu verstehen ist, das muß uns im Deutschen gesagt werden. Deswegen übersetzt der Alte nicht wie Bodenstedt: »Dieser Schmerz ist *himmlisch*, strafend wo er liebt,« sondern besser: »Dieser Schmerz ist *wie des Himmels*, strafend, wo er liebt.«

Am schlimmsten aber, bei Weitem am schlimmsten ist die Ueberetzung von: »*I'll smell it on the tree.*« Das ist wieder eine jener Stellen, die sich im Deutschen wörtlich gar nicht wiedergeben lassen. Die wundervolle Umschreibung: »*Dufte mir vom Stamme!*« ist einer der sprechendsten Beweise für die feinfühlige Meisterschaft der alten Uebersetzung.

Bodenstedt macht daraus: »*noch am Baume riech' ich.*«

Mit dem »Riechen« — ein fürchterliches Wort, das in der pathetischen Poesie im Deutschen niemals gebraucht werden kann, unter keinen Umständen — mit dem »Riechen« hat Bodenstedt in seiner Uebersetzung wirklich kein Glück gehabt. Der Himmel hält sich bei ihm die Nase zu und Othello riecht noch am Baum!

Wer dieses »Riechen am Baum« nicht lächerlich findet, dem ist nicht zu helfen. »Die Aufgabe des Uebersetzers ist, Ausdrücke zu finden, welche denselben, oder wenigstens einen möglichst ähnlichen Eindruck erzeugen, wie die Worte des Urtextes. Wo das bei wörtlicher Uebertragung möglich ist, da ist diese natürlich vorzuziehen. Wo aber die wörtliche Uebertragung einen lächerlichen Beigeschmack hat, wie in vorliegendem Falle, da ist sie zu vermeiden, selbst wenn im Lexikon dasselbe Wort englisch und deutsch steht und beides ursprünglich ein und dieselbe Bedeutung hat.«

Vortrefflich, ganz vortrefflich! Und auch das schreibt — Friedrich Bodenstedt im Morgenblatt der »Bayerischen Zeitung«;*) und derselbe Mann, der das geschrieben hat, übersetzt »*I'll smell it on the tree*« mit »noch am Baume riech' ich«.

Ich glaube, es wäre verlorene Mühe, über diese Seltsamkeiten noch ausführlicher zu sprechen. Die Bodenstedt'sche Arbeit selbst ist auch verlorene Mühe, die ganze

---

*) »Bayerische Zeitung« Nr. 162 vom 14. Juni 1865.

Ueberfetzung ift überflüffig; und das hat mich am meiften Wunder genommen. Es ift gar kein Grund vorhanden, den »Othello« anders zu überfetzen, als er überfetzt war. Mit demfelben Rechte, wie Bodenftedt heute die Schlegel-Tieck'fche Ueberfetzung mit einigen recht unglücklichen Umgehungen wiederholt hat, kann morgen ein unberufener Dritter kommen und den Shakefpeare nochmals mit Umfchreibung der Bodenftedt'fchen Uebertragung im Deutfchen wiederzugeben fuchen. Und übermorgen ein Vierter, überübermorgen ein Fünfter — dem ift gar kein Ende abzufehen. Es liegt auch gar keine Veranlaffung vor, jemals damit aufzuhören. Man könnte ja den Monolog, nachdem ihn nun Baudiffin, Bodenftedt, Jordan, und wie fie alle heifsen, überfetzt haben, noch einmal anders überfetzen, und dann würde die Sache vielleicht fo ausfehen:

»Die Angelegenheit verlangt's, mein Herz!
Jedoch ›erfchweig' ich fie vor euch, ihr Sterne,
Die ihr fo reinlich und fo zweifelsohne.
Die Angelegenheit verlangt's! Doch nicht
Will ich vergiefsen ihren »eignen Saft«,
Noch kratzen die fchneeweifse Haut, polirt
Wie Marmor von des Steinmetz kund'ger Hand.
Doch, da es möglich wär', dafs, wenn fie lebte,
Sie Andre noch beträge, mufs fie fterben!
Dreh' aus die Lampe und — blas aus das Licht.
Du knechtifch Licht! hab' ich dich ausgepuftet,
Entzünd' ich dich auf's Neue, wann's mir pafst,
Doch dreh' ich deinen Docht herunter, dann,
Du Meifterftück der lieblichen Natur,
Dann ift's vorbei; denn ich bin nicht Prometheus
Und kann nicht mir nichts dir nichts Leben blafen.
Wenn ich vom Strauche dich, o Rofe, pflücke
So läfst du bald dein theures Köpfchen hängen
Und welkft. — Lafs mich an diefem Strauche riechen.«

Nun, das Unglück ist geschehen. Die Bodenstedt'sche Ueberſetzung ist gedruckt und es läſst sich daran nichts mehr ändern. Ich bin auch weit von der Anmaſsung entfernt, daſs ich die Fähigkeit besitzen könnte, künftigem Unheil auf dem Gebiete der Shakeſpeare-Ueberſetzungen vorzubeugen. Aber ich habe es für richtig gehalten, doch einmal *rückſichtslos* die Sache darzulegen, wie ſie ist; und die aufrichtige Sympathie, welche ich für den Dichter des »Mirza Schaffy« empfinde, hat mich nicht verhindern können, meine Anſicht über den Ueberſetzer des »Othello« unumwunden auszuſprechen.

Ich fürchte nicht, daſs Bodenstedt die ehrliche Tendenz meiner Arbeit miſsverſtehen wird; er wird begreifen, »daſs man einem groſsen Dichter wie Shakeſpeare mit ehrfurchtsvoller Hingebung lieben und über ſeine Miſshandlung in Sorge gerathen kann.« Dies ſind ſeine eigenen Worte in dem ſchon mehrfach erwähnten Auffatze: »Wie ſoll man Shakeſpeare überſetzen?« — eine wohlaufzuwerfende Frage, die ich dahin beantworten möchte: man ſoll ihn überſetzen ſo wie Bodenstedt es theoretiſch auseinandergeſetzt und nicht ſo wie er es praktiſch gethan hat.